결혼과 가족

슬기로울 결혼생활

이유리

. Marriage and Family .

박영사 x 어울림경영연구소

머리말

　인간은 사회적 동물이다. 즉 인간은 혼자 생존할 수 없으며 인류가 시작된 이래로 집단을 이루어 상부상조하는 공동체의 원리를 유지하며 존속하여 살아왔다. 결혼은 두 사람이 동반자 관계를 맺고 생활공동체를 이루겠다는 공약이다. 하지만 오늘날 청년세대의 라이프스타일이 다르며, 결혼과 가족을 바라보는 관점이 다르다. 법적인 결혼제도를 거부하고 결혼의 대안적 삶을 선택하는 이들이 점차 증가하고 있다. 그런데도 변하지 않는 것은 인간은 혼자 살아갈 수 없고, 생활공동체를 형성하여 상부상조하면서 살아간다는 것이다.

　이 책에서는 함께 살아가기 위한 기술을 다루고자 한다. 특히 결혼생활은 끊임없는 변화에 따른 적응, 크고 작은 갈등에 따른 타협이 요구되므로 이를 대처할 수 있는 슬기가 필요하다. 이를 위해 가장 기본적으로는 자립의 중요성을 강조하고 있다. 왜냐하면, 진정한 자립이 가능할 때 공동체 안에서 평등하고 건강한 관계를 형성할 수 있기 때문이다. 또한, 친밀한 관계를 형성하고 사랑하기 위해 자기성찰과 성숙이 중요하다. 마찬가지로 배우자를 선택하더라도 무조건 상대의 조건을 따질 것이 아니라 자신의 상호작용 방식과 내면의 욕구를 숙고해야 한다. 그리고 결혼제도뿐 아니라 다양한 생활공동체를 이루며 살아갈 때, 중요한 주제인 의사소통과 갈등해결, 성과 몸의 대화, 가족의 노동과 여가, 소비생활과 가계재무관리, 부모역할과 자녀양육, 친밀한 폭력, 이혼과 재혼 및 졸혼, 즉 헤어짐과 새로운 결합, 노년기와 웰다잉의 문제를 다룬다. 이상의 주제는 비단 결혼생활에 국한되는 것이 아니며 생활공동체의 삶에서 우리 모두 함께 고민해야 할 인생의 주제이다.

　아무쪼록 미래에 결혼을 선택할, 또는 결혼을 선택한 이들에게는 슬기로운 결혼생활을 잘 이어나가는 데에 도움이 되었으면 한다. 또한, 대안적인 생활공동체의 삶을 선택할, 또는 선택한 이들에게도 친밀하게 상호작용하면서 건강한 연대를 이루기 위한 기술을 익히는 데 도움이 되기를 바란다. 끝으로 이 책이 출판되도록 도와주신 (주)박영사 임직원 여러분께 감사를 드린다.

2024년 2월
저자 이유리

차례

01 장

결혼의 의미와 변화

오늘날 결혼의 의미가 많이 변화하고 있다. 과거에는 일정한 나이가 되면 결혼을 하고 가족을 형성하는 것이 일종의 통과의례이자 당연한 의무로 여겨졌다. 하지만 이제 결혼은 더는 필수가 아닌 선택의 문제이다. 오히려 결혼보다는 비혼이나 동거를 선택하는 젊은 세대들이 지속해서 증가하고 있다.

인생의 갈림길이 될 결혼과 비혼의 결정은 심사숙고해야 한다. 사람들은 '왜 결혼하는가?'라는 질문에 대해 '사랑하니까', '인생의 동반자를 얻기 위해', '보다 안정된 삶을 위해' 등의 이유를 제시한다. 많은 전문가는 결혼이 실패하는 이유는 결혼에 대한 동기가 바르지 못하거나 결혼에 대해 잘못된 믿음 또는 신화를 갖고 있기 때문이라고 한다. 반면 비혼을 선택하는 사람들은 '구속되기 싫어서', '결혼의 필요성을 느끼지 못해서', '경제적으로 부담스러워서', '마음에 드는 사람이 없어서' 등의 이유를 말한다. 당신에게 결혼은 어떤 의미인가? 당신이 꿈꾸는 결혼 또는 비혼 생활은 어떠한가? 당신이 바라는 결혼 또는 비혼 생활의 모습은 현실적인가?

이 장에서는 결혼의 의미와 동기, 잘못된 통념, 결혼의 변화 추이, 결혼과 비혼에 대한 인식, 비혼과 동거현황을 살펴보면서 결혼에 대한 개인적 의미를 숙고해 보고자 한다.

주제어

결혼의 의미, 결혼의 동기, 결혼의 통념, 만혼, 비혼과 동거

미리 생각해 보기

1. 당신에게 결혼이란 무엇인가요?

2. 사람들이 결혼을 선택 또는 선택하지 않는 이유는 무엇일까요?

1. 결혼의 의미

1) 결혼의 개념

학문적으로 결혼은 자신이 태어나 성장한 출생가족(원가족: family of origin)을 떠나 배우자와 더불어 새로운 가족을 형성하는 법적·사회적 결합이다(김명자 외, 2009). 흔히 '제2의 탄생'이라 일컫는 결혼은 성인남녀가 부모나 형제자매와 함께 해왔던 원가정을 떠나 배우자와 더불어 자신들만의 새로운 가족(생식가족: family of procreation)을 형성한다는 점에서 새로운 인생을 출발하는 것이라 할 수 있다. 또한, 결혼이란 적절한 연령에 도달한 성인남녀가 이성교제와 배우자 선택의 과정을 통해 애정과 신뢰를 확인하고 정신적·육체적으로 결합하는 것이다(정옥분, 정순화, 홍계옥, 2009). Olson 외(2014)는 결혼을 '정서적·육체적 친밀감, 다양한 과업, 경제적 자원을 공유하는 두 사람의 정서적이고 법적인 공약'이라고 정의하였다. 한편 가족치료전문가이자 사회학자인 Broderick(1992, 1993)은 결혼이 내포하고 있는 중요한 의미와 특징을 다음과 같이 제시한다.

- 결혼은 인구학적 사건이며 하나의 사회적 단위를 만들어낸다.
- 결혼은 두 가족과 사회관계망의 결합이다.
- 결혼은 부부와 국가 간의 법적 계약이다.
- 결혼은 경제적인 결합으로서 부부는 하나의 재정적 단위가 된다.
- 결혼은 가장 보편적인 성인의 동거형태이다.
- 결혼은 대부분 인간의 성적 활동 환경이다.
- 결혼은 노동력 재생산의 단위이다.
- 결혼은 자녀를 사회화시키는 단위이다.
- 결혼은 친밀하고 공유하는 관계를 발전시키는 기회이다.

이처럼 결혼이란 두 남녀의 육체적·정서적·경제적·사회적·법적 결합을 의미한다. 결혼은 자유의지를 갖고 선택하는 하나의 생활양식이자 사회제도이며 합법적인 성적 욕구의 충족, 자녀출산과 양육을 통한 가계계승, 생식행위를 통한 사회구성원의 충원, 정서적 안정과 친밀한 관계 형성 등의 중요한 의미가 있다. 따라서 결혼을 통하여 개인적 욕구 충족과 이에 대한 법적 승인 및 사회적 인정을 획득함과 동시에 사회적인 의무와 법적인 책임을 지게 된다.

한국에서 법적으로 결혼이 갖는 의미를 정리하면 다음과 같다(민법, 대한법률구조공단 참조). 우선 민법 제779조(가족의 범위)에 의하면 결혼을 통해 배우자와 가족이 되며, 상대 배우자의 사촌 이내의 혈족과 혈족의 배우자 사이에 친족관계가 형성된다(제769조, 제777조). 민법 제974조(부양의무)에 따라 가족 및 생계를 같이 하는 친족은 상호부양의무가 발생한다. 참고로 촌수는 부부간 무촌, 직계 위아래는 1촌, 형제자매는 2촌이다. 자기를 기준으로 해당하는 촌수를 더해서 계산한다.

제779조(가족의 범위) ① 다음의 자는 가족으로 한다.

1. 배우자, 직계혈족 및 형제자매

2. (생계를 같이 하는 경우) 직계혈족의 배우자, 배우자의 직계혈족 및 배우자의 형제자매

제769조(인척의 계원) 혈족의 배우자, 배우자의 혈족, 배우자의 혈족의 배우자를 인척으로 한다.

제777조(친족의 범위) 친족관계로 인한 법률상 효력은 이 법 또는 다른 법률에 특별한 규정이 없는 한 다음 각호에 해당하는 자에 미친다.

1. 8촌 이내의 혈족

2. 4촌 이내의 인척

3. 배우자

제826조(부부간의 의무) ①항에는 "부부는 동거하며 서로 부양하고 협조하여야 한다."고 명시하고 있다. 첫째, 결혼은 함께 살아간다는 동거의 의미가 있다. 만약 정당한 이유 없이 동거하지 않을 때는 가정법원에 동거 의무이행 또는 이혼을 청구할 수 있도록 하고 있다. 둘째, 서로 부양해야 할 의무이다. 부양은 경제적 부양뿐 아니라 정서적 부양까지 포함하여 해석할 수 있다. 만약 부부의 일방이 부양의 의무를 이행하지 않으면 가정법원에 부양에 관한 심판 또는 이혼을 청구할 수 있다. 셋째, 서로 협조해야 할 의무이다. 배우자가 협조 의무를 이행하지 않으면 가정법원에 협조에 관한 심판 또는 이혼을 청구할 수 있다. 넷째, 정조의 의무이다. 이를 위반한 경우에는 이혼을 청구할 수도 있고 민법상 손해배상을 청구할 수 있다.

한편 부부는 일상의 가사에 관하여 서로 대리권(제827조)이 있다. 예를 들어 생활비, 자녀교육비 등 부부 공동생활을 위한 빚을 얻을 때 일일이 부부 모두의 동의를 확인하지 않는다. 이에 부부의 일방이 일상의 가사에 관하여 제삼자와 법률행위를 할 때는 다른 일방

은 이로 인한 채무에 대하여 연대책임이 있다(제832조). 또한, 배우자에게 상속권(제1003조)이 부여되며 혼인 기간에 이룩한 재산은 공동 노력하여 형성한 것으로 인정되기 때문에 이혼 시 재산분할신청이 가능하다(제839조의2). 이는 부부 한쪽이 전업주부라 할지라도 예외가 아니다.

이상과 같이 두 연인이 사적인 합의로 동거하는 것과 달리 결혼은 법적으로 신고절차를 거쳐 서로 정조를 지키며 부양 및 협조하며 연대책임을 갖는 생활공동체로 살아갈 것을 공약하는 것이다.

2) 결혼의 동기

일반적으로 인생의 여정을 홀로 가는 것보다 누군가와 함께 가기를 원하기 때문에 결혼할 것이다. 인간은 불완전하고 상호의존적이기 때문에 일상적으로 누군가에게 끊임없이 관심을 받고 친밀한 관계를 유지하기를 원한다. 그러한 정서적 관계를 법적으로 보장받기 위해 결혼을 선택한다. 또한, 인간의 기본적인 욕구인 성욕을 합법적으로 충족하기 위한 목적도 있으며 나아가 자녀를 갖기 위한 동기도 있을 것이다. 대부분 사람이 결혼을 선택하는 주된 동기를 살펴보면 다음과 같다(이기숙 외, 2001).

첫째, 사랑의 실현이다. 결혼을 하는 가장 큰 이유는 바로 사랑하는 사람과 함께 살고 싶기 때문이다. 두 사람은 결혼이라는 사회제도 속에서 상대방에 대한 애정이나 헌신, 몰입, 책임감 등을 표현하면서 친밀감 욕구가 충족되고 서로에게 인생의 동반자가 된다.

둘째, 성적 욕구의 충족이다. 성적 욕구는 결혼 이외의 관계에서도 충족될 수 있다. 하지만 결혼이라는 사회제도를 통해 서로 간의 성적 독점성과 다른 성적 관계에 대한 배타성을 하나의 권리로 인정받게 된다.

셋째, 정서적 · 경제적 안정이다. 결혼을 선택하는 사람의 대부분은 정서적 안정과 경제적 안정을 기대하게 된다. 생의 동반자인 배우자로부터 이해와 정서적인 지지를 받으면서 자신이 소중한 사람이라는 정서적 안정감을 얻을 수 있다. 또한, 경제적 부양공동체로서 가계의 수입과 지출을 함께 관리하고 자산 증식을 위해 함께 노력하며 물질적 안정감을 취하게 된다.

넷째, 부모됨의 성취이다. 자녀를 갖고 부모가 된다는 것이 인생의 중요한 목표가 되기도 한다. 전통사회에서는 자녀출산을 통해 가계를 계승해 나가는 것이 결혼의 중요한 동기였다. 현대사회에서는 자녀출산이라는 결혼의 동기가 상당히 약화하였지만, 미혼상태에서 자녀를 가지게 되었을 때 법적으로 안정적인 환경하에서 자녀를 양육하고자 결혼을 선택하기도 한다. 한편 자녀출산은 결혼의 개인적 동기 외에, 사회구성원 충원이라는 매우 중요한 사회적인 의미를 내포한다.

다섯째, 성인으로서의 신분 획득이다. 한국은 법적으로 만 19세 이상 된 자를 성년으로 인정한다. 하지만 혼인을 할 수 있는 나이는 남녀 만 18세로 부모의 동의가 있다면 미성년이라 할지라도 혼인할 수 있다(민법 제807조). 또한, 민법 제826조의2에 의하면 미성년이 혼인할 때는 성년으로 인정하여 부모가 혼인한 미성년 자녀의 법정 대리인 역할을 하지 않도록 하고 있다. 이는 역연령(曆年齡)을 기준으로 한 성년의 신분 인정 이상의 의미로 사회적 기준의 성인 신분 획득의 의미가 포함된다. 즉 사회적으로 결혼을 통해 성인으로 인정을 받을 수 있고, 부모에게서 독립한다는 의미가 있다.

여섯째, 사회적 기대의 부합이다. 전통적으로 사회적 규범이나 가치는 성인이 되면 결혼을 하는 것이 정상적인 것으로 간주했다. 특히 집단주의가 강한 한국에서는 적절한 시기에 결혼하지 않으면 주위 사람이나 사회로부터 압력을 받게 된다. 최근 이러한 압력이 다소 약화하긴 했지만, 일정한 나이에 도달한 성인남녀가 결혼하기를 기대하는 것은 여전히 사회적인 통념으로 존재하며 이에 부합하기 위해 결혼을 선택하기도 한다.

하지만 이러한 결혼의 일반적인 동기와는 달리 결혼생활의 안정성을 위협하는 바람직하지 않은 부정적인 동기도 있다. 예를 들어 헤어진 사람에 대한 복수, 사회경제적 지위 상승의 수단, 순간적인 열정, 혼전 임신, 상대방에 대한 동정심, 부모의 지나친 통제로부터의 도피, 불행한 가정환경에서의 탈출 등의 이유(정옥분 외, 2009)를 들 수 있다. 이러한 부정적 동기들은 도구적 동기라고 할 수 있다. 도구적 동기에 의해 결혼을 선택한 경우 결혼 이후에 이차적인 문제를 발생시킬 수 있다.

결혼의 동기와 관련하여 향후 원만하고 조화로운 결혼생활을 영위하기 위해서는 결혼 전에 자신이 결혼하고자 하는 명확한 이유와 결혼을 통해 충족하고자 하는 중요한 욕구에 대한 진지한 자기성찰이 필요하다. 아울러 자신에게 적합한 배우자상을 분명히 정립하고 혹시라도 결혼에 대한 비현실적인 기대나 환상을 가진 것은 아닌지에 대한 사전점검이 필수라고 할 수 있다.

3) 결혼생활에 대한 잘못된 통념

통념이란 많은 사람이 가진 일반적인 생각이나 개념이며, 결혼생활에 대해서도 대부분 사람이 생각하는 통념이 있다. 이러한 결혼생활에 대한 통념에는 실제 기혼자 대다수의 결혼생활 경험에 근거하지 않고 대중매체를 통해 왜곡되거나 미화된 결혼생활의 장면을 통해 형성된 잘못된 통념들이 있다. 특히 결혼생활을 실제 경험하지 못한 미혼자들은 이러한 대중매체에 그대로 노출되어 잘못된 통념을 사실이라고 받아들이며 결혼생활에 대한 비현실적인 기대를 품게 된다. 이러한 비현실적인 기대는 훗날 실제 그들의 결혼생활에 갈등을 일으키고 부정적인 영향을 미치게 된다. Olson & Stephens(2001)이 제시한 결혼생활에 대한 잘못된 통념을 네 가지로 재정리하면 다음과 같다(신희천 외 역, 2009).

첫째, "사랑이 있다면, 결혼생활은 큰 노력이 필요하지 않다." 흔히 낭만적 사랑으로 연애 시절을 보낸 부부들은 강렬하고 열정적인 사랑이 결혼생활의 모든 문제를 해결해주리라 기대한다. 따라서 결혼생활에 심각한 문제를 겪을 때 문제의 원인은 더는 서로를 사랑하지 않기 때문으로 착각한다. 서로 다른 원가족 환경에서 성장하였으며 결혼에 대한 훈련조차 안 된 두 사람이 매일 상호작용하며 결혼생활을 이어나가는 것이 쉬운 일이 아니라는 것을 거의 인식하지 못한다. 사랑의 열정이라는 요소는 점차 줄어들기 마련이고, 이러한 잘못된 통념에 집착할수록 상대방의 사랑을 불신하게 되고 자신의 선택에 대해 절망하게 된다. 열정적으로 사랑하더라도 지금까지 경험하지 못한 결혼생활의 어려움은 당연하며, 함께 공부하고 준비하며 결혼생활을 만들어나가기 위한 노력을 해야 한다.

둘째, "배우자는 내 모든 욕구를 충족시켜 주어야 한다." 대체로 결혼을 앞두고 연애 중인 커플은 상대방에게 강한 성적 에너지를 느끼고 완전히 홀린 상태에서 배우자가 멋진 성적 파트너, 가장 좋은 친구, 훌륭한 양육자, 헌신적인 가족부양자, 유능한 재정지원자, 완벽한 살림꾼, 아플 때 극진한 간병인의 역할 등 나의 모든 욕구를 충족시켜 주리라 기대한다. 그러나 배우자는 가정에서 내 옆에만 머무를 수 있는 사람이 아니며 자신의 에너지를 직장에서, 사회적 관계에서, 다른 가족원에게 그리고 개인 생활에 나눠 사용해야 하므로 내가 기대하는 모든 욕구를 충족시키기란 거의 불가능한 일이다. 또한, 욕구란 매우 다양하고 끝이 없으며 어떤 욕구는 자신도 확실하게 무엇이 결핍된 것인지, 어떻게 충족시킬 수 있는지 모를 수도 있다. 따라서 이러한 잘못된 통념에 집착할수록 상대방과 자신에 대한 불만족은 더욱 높아지며 결혼생활에 대한 불행감을 느끼게 된다. 욕구는 상대적인 것이며, 자신의 채워지지 않는 결핍의 원인이 무엇인지 스스로 자신의 정서를 들여다볼 필요가 있다.

셋째, "내가 더 열심히 노력하면 배우자를 바꿀 수 있다." 많은 사람이 은밀하게 마음에 품고 있는 대표적으로 잘못된 통념 중 하나이다. 위에 열거한 것처럼 사랑하는 배우자가 내 인생의 모든 것을 충족시켜 주리라는 잘못된 통념이 어긋나기 시작하면서 '배우자가 이렇게만 바뀌면 나의 결혼생활은 문제가 없을 것'이라는 조건적 공식을 만들기 시작한다. 어떤 이들은 결혼 전 발견한 상대방에게서 마음에 들지 않는 점도 결혼하여 내가 노력하면 바꿀 수 있다고 생각한다. 이 때문에 그들은 배우자를 변화시키기 위해 더욱 열심히 노력하지만, 상대방을 변화시키려고 애를 쓰면 쓸수록 더 큰 좌절감을 경험하면서 관계는 더욱더 악화한다. 단언컨대 상대를 변화시키기 위해 노력하는 것보다 자기 생각을 바꾸거나 자신이 변화하는 것이 더 빠르게 관계를 변화시킬 수 있으며 행복한 길이다.

넷째, "부부간의 역할은 지속하고 결혼생활에 변화는 없다." 많은 연인이 결혼할 당시에는 부부 둘만의 생활을 꿈꾸며 지금처럼 살면 행복한 결혼생활에 문제가 없을 것으로 생각한다. 하지만 결혼생활은 사람의 인생 주기처럼 형성에서 부부의 사망까지 계속 새로운 국면을 맞이하며 적응해 나가야 하는 발달과업이 존재한다. 또한, 가족생태학적 관점에서 결혼생활은 여러 환경체계와 상호작용하며 영향을 주고받는다. 예를 들어 자녀의 출생과 성장, 직업의 변화와 문제, 신체적 노화, 연로해 가는 부모님, 가족원의 죽음 등을 겪으며 끊임없이 부부의 역할은 변화하며 융통적으로 적응해 나아가야 한다. 결혼생활에 변화가 없을 것이라고 믿는 사람들은 무지한 상태에 있는 것이다. 건강한 결혼생활을 위해서는 이 통념의 정체를 바로 알고 결혼생활에 대한 이해와 적응하는 노력이 뒷받침되어야 한다는 것을 인식해야 한다.

2. 결혼의 변화 추이

1) 혼인건수

통계청(2023)에 의하면 2022년 혼인건수는 19만 2천 건으로 전년도보다 0.4% 감소했으며, 1970년 통계청 조사 이래 가장 낮은 것으로 나타났다. 인구 1천 명당 혼인건수를 의미하는 조혼인율을 살펴보면, 1970년 9.2건이었고, 1980년에는 10.6건으로 역대 최고치를 나타냈다. 하지만 1997년 IMF 외환 경제위기 이후 1990년대 후반부터 2000년대 중반까지 급격히 감소하였다. 2003년 6.3건에 불과하였고, 급기야 2022년에는 3.7건으로 떨어져 점진적으로 감소추세이다. 이러한 현상은 주 혼인 연령층인 20~30대 인구의 감소, 경제활동과 학업 연장 등에 따른 만혼(晩婚)이나 자발적 독신 및 비혼(非婚) 선택 등 결혼에 대한 태도 변화에 기인하는 것으로 볼 수 있다(그림 1-1 참조).

그림 1-1　혼인건수 및 조혼인율 추이(1970~2022)

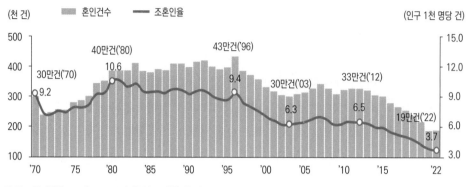

출처: 통계청(2023). 2022년 혼인·이혼 통계.

2) 혼인연령

혼인연령 추이를 살펴보면 2022년 초혼 남녀의 평균연령은 남자 33.7세, 여자 31.3세로 전년도와 비교해 남성은 0.4세, 여성은 0.2세씩 상승한 것으로 나타났다. 여자 초혼연령은 2015년에 처음으로 30대에 진입하였으며 지속해서 높아지고 있다. 또한, 10년 전인 2012년에 비해 남자는 1.6세, 여자는 1.9세 상승한 것으로 나타났으며, 남녀 간의 평균 초혼연령 차이는 2022년 2.5세로 점진적으로 작아지고 있다(표 1.1 참조). 이처럼 한국사회에서 초혼연령이 늘어지는 만혼(晩婚)은 장기간에 걸쳐 증진적으로 진행됐음을 알 수 있다.

표 1.1　평균 초혼 연령(2012~2022)

(단위: 세)

구분		'12	'13	'14	'15	'16	'17	'18	'19	'20	'21	'22	증감	
													전년 대비	10년전 대비
초혼 연령	남자	32.1	32.2	32.4	32.6	32.8	32.9	33.2	33.4	33.2	33.4	33.7	0.4	1.6
	여자	29.4	29.6	29.8	30.0	30.1	30.2	30.4	30.6	30.8	31.1	31.3	0.2	1.9
	차이	2.7	2.6	2.6	2.6	2.7	2.7	2.8	2.8	2.5	2.3	2.5	0.2	−0.3

출처: 통계청(2023). 2022년 혼인·이혼 통계.

3) 혼인연령의 차이

남녀 간 혼인연령의 차이를 살펴보면, 2022년 초혼 부부 중 남자연상 부부는 64.4%, 여자연상 부부는 19.4%, 동갑 부부는 16.2%의 비중으로 여전히 남자연상이 절반 이상을 차지하고 있다(그림 1-2 참조).

그림 1-2 초혼부부의 연령차이별 혼인 구성비(2012~2022)

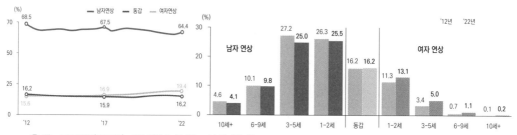

출처: 통계청(2023). 2022년 혼인·이혼 통계.

구체적으로 2022년 연령차이별 혼인 구성비는 남자 1~2세 연상 부부(25.5%)가 가장 많았으며, 다음으로 남자 3~5세 연상(25.0%), 남녀동갑(16.2%), 여자 1~2세 연상 부부(13.1%)의 순으로 나타났다(그림 1-2 참조). 부부의 연령은 동갑 및 1~2세 남자연상이거나 여자연상의 경우가 과반수(54.8%)를 차지하여 2012년과 비교했을 때 전반적으로 부부의 연령차이가 작아졌음을 알 수 있다. 또한, 남자연상 부부 비중은 감소했지만, 여자연상 부부는 증가 추세인 것을 알 수 있다. 이러한 현상은 집안의 가장은 남성이며 나이 면에서 남자가 더 윗사람이어야 한다는 전통적 성역할의 변화와 더불어 남성이 여성보다 경제력이 더 있어야 한다는 전통적 결혼관의 변화에 기인한 것으로 볼 수 있다.

4) 결혼관

통계청(2022)의 「2022 사회조사결과」에 따르면, 결혼을 '해야 한다'고 생각하는 비중은 50.0%로 2년 전(2020년)보다 1.2%p 감소하였다. 또한, '하지 말아야 한다'는 응답 비중은 2020년(4.4%)보다 0.8%p 감소하였다. 대신 '해도 좋고 하지 않아도 좋다'는 응답 비중이 43.2%로 2020년(41.4%)보다 1.8%p 증가하여 상대적으로 결혼에 대한 중립적 입장이 더욱 증가했다고 볼 수 있다.

결혼을 '해야 한다'고 생각하는 여성(44.3%)이 남성(55.8%)보다 11.5%p 낮은 수치인데, 미혼 남녀의 경우 견해차는 14.8%p로 더 큰 격차를 나타내고 있다. '결혼하지 말아야 한다'는 견해에 대해 여성(4.4%)의 비율은 남성(2.8%)보다 1.6%p 높았으며, 미혼여자(8.1%)는 미혼남자(4.4%)보다 3.7%p 높은 것으로 나타났다(표 1.2 참조). 즉 여성은 남성보다 결혼에 부정적이며 향후 자발적 비혼을 선택할 가능성이 더욱 크다고 할 수 있다.

표 1.2 결혼에 대한 견해

(단위: %)

구분	계	해야 한다[1]	해도 좋고 하지 않아도 좋다	하지 말아야 한다[2]	잘 모르겠다
2020년	100.0	51.2	41.4	4.4	3.0
2022년	100.0	50.0	43.2	3.6	3.2
남자	100.0	55.8	37.7	2.8	3.8
여자	100.0	44.3	48.7	4.4	2.6
미혼남자	100.0	36.9	51.3	4.4	7.4
미혼여자	100.0	22.1	64.5	8.1	5.2

주: 1) '반드시 해야 한다'와 '하는 것이 좋다'를 합한 수치
　　2) '하지 않는 것이 좋다'와 '하지 말아야 한다'를 합한 수치
출처: 통계청(2022). 2022 사회조사결과.

또한, 미혼남녀를 대상으로 결혼을 하지 않는 이유를 분석한 결과(표 1.3 참조) 남성은 '결혼자금이 부족해서'가 35.4%로 가장 크고, 다음은 '결혼 필요성을 못 느껴서'가 15.2%, '고용상태가 불안정해서' 13.4%의 순으로 나타났다. 여성은 '결혼의 필요성을 못 느껴서'가 23.3%, '결혼자금이 부족해서'가 22.0%, '출산 · 양육부담'이 12.5%의 순으로 나타나 여전히 남성에게 경제적 역할, 여성에게 가사와 육아 등의 가정내 역할을 강조하던 전통적인 성역할 부담이 결혼 의향에 걸림돌로 작용함을 알 수 있다.

한편 2020년과 2022년의 결혼문화에 대한 견해를 비교하여 살펴보면(표 1.4 참조), '결혼하면 자녀를 가져야 한다' 2.7%p 감소, '외국인과 결혼할 수 있다' 4.6%p 증가, '결혼생활은 부부보다 가족 간의 관계가 우선시되어야 한다' 7.2%p 감소한 것으로 나타났다. 전반적으로 진보적인 방향으로 변화하고 있으며 특히 '결혼생활은 부부보다 가족 간의 관계가 우선시되어야 한다'의 변화 폭이 크게 나타나 부부중심의 가족가치가 중요해지고 있음을 알 수 있다. 또한, 전반적으로 남성과 여성의 응답률 차이가 있는데, '결혼하면 자녀를 가져야 한

다'에서 가장 큰 격차(8.5%p)가 나타났다. 즉 결혼하지 않거나 결혼을 해도 자녀가 없는 삶에 대해 여성이 남성보다 더 긍정적인 태도를 보인다고 할 수 있다.

표 1.3 미혼남녀의 결혼을 하지 않는 이유

(단위: %)

구분	결혼자금이 부족해서	고용상태가 불안정해서	결혼의 필요성을 느끼지 못해서	출산과 양육이 부담되어서	결혼하고 싶은 상대를 만나지 못해서	행동과 삶의자유를 포기할 수 없어서	결혼생활과 일을 동시에 잘하기어려움	배우자 가족과의 관계가 부담되어서	결혼하기에 나이가 어리거나 많아서
미혼 남자	35.4	13.4	15.2	9.3	11.3	8.4	4.7	0.6	1.1
미혼 여자	22.0	7.7	23.3	12.5	11.9	11.2	9.1	1.6	0.6

출처: 통계청(2022). 2022 사회조사결과.

표 1.4 결혼문화에 대한 견해

(단위: %)

계			동의	전적으로 동의	약간 동의	반대	약간 반대	전적으로 반대
결혼하면 자녀를 가져야 한다	2020년	100.0	68.0	25.5	42.6	32.0	22.1	9.8
	2022년	100.0	65.3	21.6	43.8	34.7	23.9	10.8
	남자	100.0	69.6	22.9	46.8	30.4	22.7	7.7
	여자	100.0	61.1	20.3	40.8	38.9	25.1	13.8
외국인과 결혼할 수 있다	2020년	100.0	71.0	24.9	46.1	29.0	20.6	8.4
	2022년	100.0	75.6	24.9	50.7	24.4	17.5	6.9
	남자	100.0	77.3	24.7	52.6	22.7	16.8	6.0
	여자	100.0	73.9	25.1	48.8	26.1	18.2	7.9
결혼생활은 부부보다 가족 간의 관계가 우선시되어야 한다	2020년	100.0	50.6	10.0	40.6	49.4	37.4	12.0
	2022년	100.0	43.4	9.0	34.4	56.6	41.7	14.9
	남자	100.0	46.3	9.7	36.6	53.7	41.7	12.0
	여자	100.0	40.5	8.2	32.3	59.5	41.7	17.8

출처: 통계청(2022). 2022 사회조사결과.

3. 비혼과 동거

최근 결혼의 변화 추이와 결혼관을 종합해보면 만혼, 비혼, 동거가 핵심 키워드라고 할
수 있다. 만혼은 앞서 살펴본 남녀 초혼연령의 증가 현상이다. 여기에서는 비혼과 동거에
초점을 맞추어 살펴보고자 한다.

1) 비혼

결혼의 여부를 기준으로 하여 비혼과 미혼은 모두 결혼을 하지 않은 상태이다. 하지만,
미혼(未婚)은 결혼한다는 전제를 두고 아직 결혼을 안 한 상태이며, 비혼(非婚)은 결혼을 원
하지 않으며 결혼을 선택하지 않겠다는 것이다. 결과적으로, 미혼과 비혼은 모두 제도적으
로 결혼을 하지 않은 상태이지만, 자발성 여부의 차이를 갖는다. 혼인상태와 관련한 통계
청의 공식조사는 제도적인 결혼 여부만을 기준으로 하여, 미혼상태의 경우 자발성 여부를
구분하지는 않는다. 따라서 현재 통계청에서 분석하고 있는 한국의 미혼인구 중 일부는 향
후 결혼의 상태로 변화하기도 하고, 일부는 계속 비혼을 유지할 것이다.

표 1.5　연령 및 성별 미혼인구(15세 이상)

(단위: 천 명, %)

구분		계	15~19세	20~29세	30~39세	40~49세	50~59세	60~69세	70세 이상
2020년	계	13,688 (31.1)	2,421 (100.0)	6,140 (92.8)	2,815 (42.5)	1,427 (17.9)	618 (7.4)	197 (3.0)	70 (1.3)
	남	7,855 (36.0)	1,259 (100.0)	3,329 (95.5)	1,738 (50.8)	953 (23.6)	436 (10.4)	118 (3.7)	23 (1.0)
	여	5,834 (26.3)	1,162 (99.9)	2,811 (89.8)	1,077 (33.6)	474 (12.1)	183 (4.4)	79 (2.4)	47 (1.4)

출처: 통계청(2021). 2020년 인구주택총조사 표본 집계 결과: 인구 · 가구 기본특성항목.

5년 주기로 이루어지는 인구주택총조사에 의하면(통계청, 2021), 2020년 15세 이상 미혼
인구는 13,688천 명(31.1%)로 남성(36%)이 여성(26.3%)보다 약 10%p 미혼비율이 높았다.
연령대별 10대의 약 100%, 20대의 92.8%, 30대의 42.5%, 40대의 17.9%, 50대의 7.4%, 60

대의 3%, 70세 이상 1.3%가 미혼으로 나타났다(표 1.5 참조). 30대 미혼율은 눈에 띄게 증가하여 1990년 남녀 평균 6.8%에서 2020년 42.5%로 증가하였다(그림 1-3 참조). 특히 2020년 25~49세 인구 중 남성의 47.1%, 여성의 32.9%가 평생 혼인경험이 없는 것으로 나타났다(통계청, 2023).

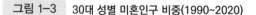

그림 1-3 30대 성별 미혼인구 비중(1990~2020)

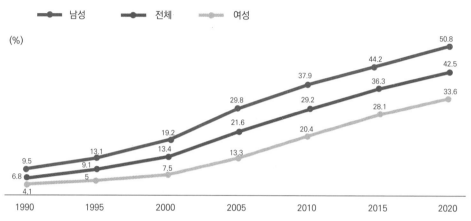

출처: 통계청(2021). 2020년 인구주택총조사 표본 집계 결과: 인구 · 가구 기본특성항목.

초식남과 절식남

초식남(草食男)은 일본의 칼럼니스트인 후카사와 미키가 2006년 '초식계 남자'라는 표현을 사용하면서 널리 사용된 용어이다. 초식동물의 성향에 비유하여 연애에 소극적이고 수동적이며 외부활동보다 그냥 방 안에서 노는 것을 좋아하는 남자를 의미한다. 일본은 장기 불황 이후 연애를 꺼리는 초식남이 늘어나면서 비혼과 만혼이 증가했다고 분석하고 있다. 최근에는 이보다 한 단계 더욱 진화한 절식남(絶食男)이라는 용어가 유행하는데, 연애나 성적 관계에 전혀 관심이 없는 남성을 가리킨다. 일본 내각부의 조사(2022)에 의하면 일본의 20대 남성 중 40%가 데이트 경험이 전혀 없는 것으로 나타났다.

한편 2024년 미혼남녀 1,000명을 대상으로 조사한 듀오휴먼라이프연구소의 결과에 의하면, 결혼당위성에 대해 남성의 40.6%와 여성의 71.4%가 부정적 응답을 하였다. 또한, 결혼 후 행복에 대한 기대감은 남성의 43%, 여성의 23.8%만이 긍정적으로 응답하였다. 갑수

록 결혼에 대해 회의적인 경향이 높아지는 가운데, 특히 여성은 남성보다 자발적 비혼선택의 가능성이 증가할 것을 예측할 수 있다.

결혼식 말고 비혼식!

　　최근 밀레니얼 세대에서 경제적 및 사회적 이유로 자발적 비혼자가 증가하고 있다. 또한, 가족과 지인을 초대해 자신의 비혼 의사를 전달하는 비혼식을 하기도 한다. 즉 전통적인 결혼식처럼 싱글웨딩을 하는 것이다. 이러한 싱글웨딩은 공식적으로 결혼을 하지 않을 것을 선언하는 의미가 담겨져 있다. 모기업에서는 최근 비혼을 선택하는 구성원 비중이 커지면서 직원의 다양성을 존중하는 방안으로 결혼과 마찬가지로 비혼축의금과 비혼휴가를 지원하고 있다. 롯데멤버스 리서치 플랫폼 라임(2020)에 의하면 비혼식에 대한 긍정적 응답은 20대가 83.9%로 가장 높았고, 30~35세가 76.4%, 35세 이상이 75.9%로 나타났다. 또한, 비혼식을 원하는 이유를 분석한 결과, '결혼 압박을 벗어나기' 위한 이유가 가장 높았고, 다음으로 '즐거운 추억 쌓기', '축의금 회수'의 순으로 나타났다.

출처: 엘페이 엘포인트(2020.03.05.). https://blog.naver.com/lpoint_korea/221838300912

---

2) 동거

　　동거(同居)란 법적인 부부관계를 맺지 않고 남녀가 함께 사는 것을 의미한다. 한국사회는 법률혼 외에 동거에 대한 부정적인 시선이 있으므로 '동밍아웃(동거 커밍아웃)'에 소극적인 것이 사실이다. 하지만 통계청의 사회조사(2022)에 의하면, 동거에 대한 태도는 전반적으로 허용적인 방향으로 변화하고 있다. 즉 '결혼을 하지 않더라도 함께 살 수 있다'고 응답한 비율이 2012년 45.9%에서 2022년에는 65.2%로 증가하여 절반을 훨씬 웃돌고 있다. 특히 청년층의 동거에 대한 인식을 분석한 결과(통계청, 2023), '결혼을 하지 않더라도 함께 살 수 있다'에 동의하는 비율은 80.9%로 매우 높게 나타났다. 성별로는 남성 81.9%, 여성 79.8%로 남성이 2.1%p 더 높았다. 연령별 19~24세 81.8%, 25~29세 81.4%, 30~34세 79.5%가 동의하여 연령이 낮을수록 동의비율이 높았다. 참고로 '결혼하지 않고도 자녀를 가질 수 있다'에 동의하는 비율은 39.6%로 나타났으며, 남성 40.2%, 여성 38.8%로 남성이 1.4%p 더 높았다. 연령별 19~24세 38.8%, 25~29세 39.6%, 30~34세 40.3%가 동의하여 연령이 낮을

수록 동의비율이 낮았다. 이는 결혼여부와 상관없이 자녀에 대한 가치관이 점차 부정적으로 변화하고 있는 영향으로 해석된다.

여성가족부가 전국의 현재 동거 중인 1,022명을 대상으로 조사한 결과는 다음과 같다. 동거기간은 1~2년이 37.5%로 가장 높았으며, 다음으로 2~5년 28.1%, 6개월 미만 11.6%, 6개월~1년 미만 10.9%의 순이었다. 동거 사유(1+2+3순위)는 '별다른 이유 없이 자연스럽게'가 38.6%로 가장 높았다. 다음으로 '아직 결혼하기에는 이르다고 생각하여' 27.4%, '집이 마련되지 않아서' 25.6%, '데이트 비용이나 생활비를 줄이기 위해서' 24.4%, '곧 결혼할 것이라서' 23.3%, '형식적인 결혼제도에 얽매이기 싫어서' 22.6%의 순으로 나타났다. 동거의 긍정적인 면은 '상대방과 함께함으로써 정서적 유대감과 안정감을 느낀다'에 88.4%, '상대방의 생활습관 및 라이프스타일 파악을 통해 결혼 여부의 결정에 도움이 된다'에 84.9%, '주거비, 생활비 등을 공동부담함으로써 경제적 부담이 적다'에 82.8%, '각자의 독립적인 생활이 존중된다'에 65.0%, '상대방과 집안일을 명확하게 구분하여 분담한다'에 66.4%가 동의한다고 응답하였다. 특히 성별 차이가 두드러지게 나타난 항목은 '자녀를 낳아야 하는 부담감을 느끼지 않는다'로 남성 18.9%, 여성 35.3%가 '매우 동의'하였고, '헤어짐을 위한 별도의 법적 절차가 없어 자유롭다고 느낀다'는 남성 18.4%, 여성 27.0%가 '매우 동의'하였다. 생활비 부담방식은 '각자의 소득을 합하여 사용'(75.3%)이 가장 높았으며, 소득관리는 '각자 알아서 관리'(58.8%)가 가장 높았다. 현재 동거로 인한 불편한 점으로는 부정적 시선, 법적 보호자로 인정받지 못하는 점, 주택청약, 주거비 대출 등 주거지원제도를 이용하는 데 어려움, 가족혜택(보험회사 및 통신사할인, 가족수당, 인적공제 세제혜택 등)을 받지 못하는 점 등이었다. 동거에 대해 부모에게 알린 경우는 64.4%, 지인 중 일부에게만 알린 경우는 58.8%였으며 아무에게도 알리지 않은 경우는 16.1%로 나타났다(한국여성정책연구원, 2021).

한편 혼인의 의사 없이 한집에 같이 사는 단순한 동거와 사실혼 관계의 동거는 분명히 다르다. 사실혼의 판단기준은 양가 가족들이나 친지들과의 왕래가 있었는지, 주변 지인들이 부부로 인식하고 있는지, 함께 생활하고 있는지, 경제적인 공동체를 이루었는지, 함께 산 기간이 얼마나 되는지, 같은 주소로 주민등록이 되어있는지, 결혼식을 했는지 등이다. 핵심은 주관적으로 당사자들이 혼인의사가 있느냐와 객관적으로 사회통념상 부부공동의 생활을 했느냐이다. 부부공동생활이라는 것은 법률혼에서 부부간 의무로 규정하고 있는 동거와 부양 및 협조, 부부로서의 상호 윤리적, 도덕적 의무의 이행을 전제한다. 건강보험 피부양자 등록 등의 가족혜택, 이혼 시 재산 및 채무분할, 위자료 등을 보장받기 위해서는 이상과 같이 사실혼의 여부를 법정에서 판단하여 인정을 받아야 한다.

3) 다양한 생활공동체 삶을 보호하기 위한 서구의 제도

프랑스, 스웨덴, 네덜란드 등의 서구사회는 동거의 삶에 대한 인식 변화와 함께 이들을 위한 제도적 안전장치가 마련되어 있다. 프랑스의 팍스, 스웨덴의 삼보, 네덜란드의 동반자 등록법, 덴마크의 파트너 등록법, 미국의 시민결합법, 영국의 시빌 파트너십, 독일의 생활동반자법, 호주의 연방가족법 등이다. 즉 전통적인 결혼과 가족의 형태가 아니더라도 가족의 해체라고 보기보다 다양한 생활공동체의 삶으로 인정하고 이에 대한 법적 보호와 사회적 혜택을 부여하는 것이다. 결혼이라는 제도와 다른 점은 계약과 해지가 간단하며 동거하는 두 사람의 관계 외 법률적으로 어떠한 친족관계도 발생하지 않는다는 점이다.

자유로운 결혼과 다양한 가족 형태를 존중하고 지원하는 서구사회의 사회제도들을 간략히 소개하면 다음과 같다(이승연, 2018; 전영수, 2020; 황두영, 2020).

프랑스의 팍스(PACS: Pacte civil de solidarité, 시민연대계약)는 2013년 동성결혼이 합법화되기 이전인 1999년에 동성커플의 법적인 지위를 보장하기 위해 똘레랑스 정신을 기반으로 도입한 제도이다. 팍스제도는 동성 또는 다른 성을 가진 성인 두 사람의 공동생활을 맺기 위해 체결되는 계약이며, 함께 살아가는 동거가 전제된다. 파트너간 부양의무가 있고, 건강보험과 자녀수당 등의 사회보장제도, 세액공제, 외국인 파트너에 대한 팍스비자, 한 사람이 외국 체류 시 함께 비자 발급 등 결혼부부와 동일한 수준의 혜택을 보장한다. 다만, 결혼한 부부와 달리 파트너의 유산상속권은 부여하지 않으며 팍스를 파기하더라도 위자료나 양육비 부담을 법적으로 강제하지 않는다.

스웨덴의 삼보(Sambo: samboförhållande, 비혼동거)는 1988년에 도입되었으며 동거 커플의 재산과 주택분배 보호를 위한 파트너십 제도이다. 세무서에 파트너와 동일한 주소를 등록하고 일정 기간이 지나면 삼보 커플이 된다. 삼보 커플의 경우 외국인도 가능하다. 스웨덴의 파트너가 초청장을 보내면 비자 신청 당사자는 자국에서 인터뷰를 진행한다. 이후 삼보 비자를 받고 파트너와 스웨덴에서 살아갈 수 있다. 삼보 관계는 상대방이 주소를 바꾸거나 재산 분할을 신청하는 경우 종료되고, 팍스처럼 서로의 유산을 상속받을 권리가 없다.

네덜란드의 동반자 등록법(National Registered Partnership)의 경우 1998년에 도입되었다. 결혼하지 않은 부부의 사실혼 관계를 인정해 주는 것으로, 결혼한 부부와 동일한 수준의 법적 의무와 권리를 가지고 있다. 계약서를 작성하여 시청에 관련 서류를 제출하면 되는데, 사실혼 관계보다 결합 정도가 더 낮은 동거 계약(Cohabitation Agreement)이라는 옵션도 있다. 동거 계약은 동거하면서 재산을 함께 관리하고 싶은 커플이 공동재산권을 보호하기 위해 선택한다.

영국에는 시빌 파트너십(civil partnership)이 있다. 2004년 당시 동성커플을 위해 도입된 제도였으나 이후 이성커플로 확대되었다. 시빌 파트너십은 결혼식을 거치지 않고 서명만으로도 법률상 부부와 동일한 대우를 받게 되는데, 특히 자녀를 낳고 키우는 데 전혀 법적 차별이 없다.

종합하면 한국은 근래 사회경제적 환경의 변화로 말미암아 결혼에 대한 가치관이 변화하고 있으며, 전통적인 성역할 및 가족문화의 관행이 지속하고 있어 결혼의 장애요인으로 작용하고 있다. 이에 오늘날에는 결혼을 미루는 만혼화, 또는 결혼을 선택하지 않는 비혼화와 결혼의 대안적인 동거생활의 경향이 나타나고 있다. 결혼을 장려하기 위해서는 청년층의 고용 불안정, 주거비용 부담 등의 문제를 해결하려는 사회적 차원의 노력이 중요하며, 성평등한 가족문화의 조성이 매우 시급히 요구된다. 한편 서구의 팍스, 삼보, 동반자 등록법, 시빌 파트너십 등은 다양한 형태의 생활공동체에 대한 존중과 함께 차별하지 않고 이들을 위한 사회적 지원방안을 마련하고 있다. 한국사회도 다양한 삶의 형태에 대한 국민의 수용도 증진과 함께 법적 · 제도적 뒷받침이 이루어져야 할 것이다. 나아가 자기 내적 욕구에 의해 자발적으로 동거가족을 형성했다면, 자율적으로 가족을 유지하며, 그에 따른 책임감을 가지는 것은 무엇보다도 중요할 것이다(홍주현, 2019).

워크시트 01

다음은 결혼에 대한 평소 생각을 질문하는 것입니다. 항목마다 당신에게 해당하는 점수를 기재하세요.
당신의 연인도 응답할 수 있습니다.

전혀 그렇지 않다	그렇지 않다	보통 이다	그렇다	매우 그렇다
1	2	3	4	5

항목	나	연인
1. 결혼은 해야 한다.		
2. 결혼하지 않더라도 함께 살 수 있다.		
3. 결혼하지 않고도 자녀를 가질 수 있다.		
4. 결혼하면 자녀를 가져야 한다.		
5. 결혼생활은 원가족보다 부부관계가 우선시되어야 한다.		

　　해당 점수를 바탕으로 결혼의 의미에 대해 나의 생각을 정리해 보세요. 가능하다면 연인과 함께 이야기 나눠보세요.

_____

_____

_____

_____

02 장

가족의 의미와 변화

늘날 다양한 가족형태가 출현하고 있다. 이에 미래사회 가족이라는 집단은 완전히 사라질 것이라는 예측이 나오기도 하였다. 그러나 가족의 핵심 개념은 혈연과 외적인 형태가 아니며, 연대의식과 생활공동체이다. 황두영(2020)은 인간은 누구나 외롭지 않을 권리가 있으며 상호돌봄이 필요하므로 굳이 성적 관계가 있는 연인만이 아니라 다양한 구성원이 생활공동체를 이루며 살아간다고 하였다. 그리고 이 점에서, 왜 결혼제도를 통해야만 생활공동체(가족) 단위로 인정하느냐고 반문하였다.

이는 현대사회 '가족'의 핵심요소인 '구성원의 형태와 상관없이 연대의식을 갖고 일상생활을 공동영위하는', '우애적 가족', '건강가정' 개념과 맞닿은 지점이다. 이에 황두영(2020)은 프랑스의 팍스제도를 모티브로 한 '생활동반자법'의 도입을 주장하였다. 생활동반자법은 혈연 또는 법적 혼인관계가 아니더라도 생활동반자라는 의식을 갖고 함께 동거하는 사람들이 기존의 가족관계와 마찬가지로 법적 보호와 사회적 혜택을 받을 수 있도록 하는 것이다.

이 장에서는 과거와 현대 가족의 의미와 시대적 변화를 알아보면서 오늘날 한국가족의 주요 변화 양상과 추이를 살펴보고자 한다.

주제어

생활공동체, 정상가족 이데올로기, 제도적 가족, 우애적 가족, 건강가정, 가족센터, 가족의 응집성과 적응성

미리 생각해 보기

1. '가족'을 생각하면 떠오르는 키워드는 무엇인가요?

2. 당신은 지금 누구와 살고 있습니까? 당신에게 가족이란 누구인가요?

1. 과거와 현대 '가족'의 의미

1) 가족의 어원과 산업사회에서의 변화

인간은 사회적 동물이다. 즉 인간은 혼자 생존할 수 없으며 인류가 시작된 이래로 집단을 이루어 상부상조하는 공동체의 원리를 유지하며 존속됐다. 여기에는 인간의 근원적인 고독고, 종족보존, 경제적 기능 등이 작용한다. 따라서 인간은 본능적으로 이성 간의 결혼이라는 제도를 통해 가족을 형성하면서 고독고와 종족보존을 해결하고 대가족을 이루어 상부상조하면서 생존과 부의 축적을 위한 경제적 기능을 유지하였다. 또한, '우리'라는 공동체 의식을 통해 다른 집단으로부터 자신의 가족을 보호하고 가문을 이어갔다.

한편 가족을 의미하는 영어단어 'family'의 라틴어 어원은 한 울타리 안에서 함께 살아가는 모든 생명체를 포함하는 'familia'이다. 구체적으로 가장이 거느리는 한 울타리 안에서 생계와 거주를 함께하는 혈연관계의 사람뿐만 아니라 하인이나 노예, 가축 등을 모두 아울러서 'familia'라고 일컬었다. 고대 가족의 기원은 자급자족을 위해 함께 살아가는 '생활공동체'의 의미를 강조하는 개념이었으며 대가족 형태가 특징적이라고 할 수 있다.

18세기 중엽 산업혁명 이후 산업사회를 거치면서 가족을 바라보는 관점의 변화가 일어나기 시작하였다. 근대화 과정에서 사회체계를 유지, 발전하는 것에 초점이 맞추어지면서 거대한 사회체계를 구성하는 개별 가정의 사회적 기능이 강조되었다. 가정은 사회조직을 이루는 가장 기본단위로서 사회의 발전을 위한 사회구성원 보충 및 생산적 기능이 강조되고 가족제도의 유지를 위한 가족원의 구성과 외형적인 형태가 중요시되었다.

또한, 과거 모든 가족구성원이 노동력이 되어 자급자족하던 농경사회에서는 형태적으로 대가족을 이루며 가족구성원의 역할이 이분법적으로 구분되지 않았다. 하지만 산업사회에서는 가정과 일터가 분리되어 누군가는 일터에 나가서 경제적 역할을 하고 누군가는 가정에 남아 가사노동 및 자녀를 돌보아야 하는 역할분업이 이루어지기 시작한다. 미국의 사회학자 Parsons의 구조기능주의에 따르면 그 당시 가족 안에서 남편은 도구적 역할, 부인은 표현적 역할을 하는 것이 사회적 기능을 위한 가정 내 가장 합리적인 분업이었다. 즉, 남편은 사회에 노동력을 제공하여 가정의 경제적 역할을 담당하고 부인은 애정으로 자녀와 남편을 돌보는 정서적 역할을 담당하는 것이 대내외적으로 가장 기능적이라는 것이다.

특히 산업사회에서는 핵가족 형태가 사회적으로 더욱 기능적인 것으로 여겨지면서 핵가족에 기반을 둔 가족의 정의가 이루어지기 시작하였다. Murdock은 "가족이란 공동의 거주·경제적 협력·생식의 특성을 갖는 사회집단으로써 성관계를 허용받은 최소한의 성인 남녀와 그들에게서 출생하였거나 양자로 된 자녀로 이루어진다.”라고 하였으며 Mead는 “가족은 가장 견고한 제도로, 인성에 강한 영향력을 미친다. 인간은 그 가족으로부터 양육되어 하나의 인격체로 성장하며 가정생활을 통하여 남성·여성으로서의 행동을 배우고 결혼생활을 하고, 자녀를 양육한다.”라고 정의하였다(이정우, 김명자, 계선자, 2001, 재인용). 즉 Murdock의 정의에서는 핵가족 형태의 가족구성원을 강조하고 있고, Mead는 가정의 자녀 사회화의 기능을 강조하고 있다.

마찬가지로 한국의 유영주는 “가족이란 부부와 그들의 자녀로 구성되는 기본적인 사회집단으로서 이들은 이익 관계를 떠난 애정적인 혈연집단이며, 동거동재집단이고 그 가족만의 고유한 가풍을 갖는 문화집단이라고 할 수 있다. 또한, 가족생활을 통하여 인간의 기본적인 인성이 형성되므로 인간발달의 근원적 집단이기도 하다.”고 정의하면서(이정우 외, 2001, 재인용) 핵가족 형태의 가족구성원과 가족의 기능을 강조하였다.

이처럼 산업사회를 거치면서 가족의 의미는 형태적으로 부부와 자녀로 구성된 혈연적 관계의 구성원이 부각되고 기능적으로 사회구성원을 출산하고 양육하는 사회적 기능이 강조되었다. 더불어 ‘표준가족(benchmark family)’이라는 개념 아래 결혼에 의한 부부와 혈연의 자녀로 구성된 가족만이 정상적인 가족이라는 ‘정상가족 이데올로기’가 등장하게 되었다. 정상가족 이데올로기는 결혼에 의한 부부와 혈연의 자녀로 구성되지 못한 가족은 비정상 가족이며 결손가족이 되는 결론에 이르게 한다. 또한, 정상가족 범위에서 벗어나는 경우는 사회적으로 문제를 양산하는 가족으로 낙인찍히게 되면서 사회적 기능을 위해 정상적인 가족의 틀을 강조하는 ‘제도적 가족’이 중요가치로 자리 잡게 된다.

2) 현대사회, 다시 함께 살아가는 ‘생활공동체’ 의미

개인의 행복과 다양성이 존중되는 현대사회에서 가족의 의미도 변화하기 시작한다. 과거 산업사회에서는 ‘제도적 가족(institutional family)’을 강조하면서 가족관계가 소원하고 개별 구성원들이 행복하지 않더라도 가족이라는 제도하에서 각 개인은 희생을 감수하며 가족의 틀을 유지하는 것에 가치를 두었다. 일례로 부부관계가 불만족스럽더라도 부모와 자녀로 구성된 가족이라는 틀을 유지하기 위해 이혼이라는 선택을 쉽게 결정하지 못했다. 그러나 현대사회에서는 가족의 틀 유지보다는 가족구성원의 행복과 가족관계의 만족 정도가 중요해지면서 ‘우애적 가족(companionship family)’으로 가족가치의 초점이 변화하였다.

제도적 가족 관점은 가족은 사회체계를 이루는 기본단위로써 사회적 기능을 수행하고 가족의 틀을 유지하기 위한 도구적 기능을 수행해야 함을 강조한다. 따라서 가족이라는 제도를 무너뜨리지 않고 계속 유지해 나가는 것을 최우선의 가치로 여기며 가족의 영속성, 문화계승, 전통적 규범과 풍습을 중시한다. 또한, 가족관계는 권위적인 가부장권에 근거한 수직적 위계구조를 이루며 부모자녀관계가 중심이 된다. 그러나 우애적 가족 관점은 가족이라는 제도의 유지보다는 가족원 개개인의 행복과 친밀한 가족관계를 중시한다. 따라서 가족원 간의 정서적 표현기능의 수행을 강조하며 가족관계는 민주적이고 평등한 수평적 구조를 이루며 부부관계가 중심이 된다.

표 2.1   제도적 가족에서 우애적 가족으로의 변화(Burgess & Locke)

제도적 가족	우애적 가족
• 가족의 틀 유지를 위한 도구적 기능 수행 강조 • 가족의 영속성, 문화계승, 전통적 규범과 풍습 중시 • 권위적인 가부장권에 근거한 가족 • 부모자녀관계 중요	• 가족원 간 정서적 표현기능 수행 강조 • 개개인의 행복을 우선시, 친밀한 상호관계 중시 • 민주적인 평등과 애정에 근거한 가족 • 부부관계 중요

과거 정형화된 가족구성원과 형태를 강조하던 제도적 가족에서 가족원 간 관계의 질을 중요시하는 우애적 가족으로 가족가치가 변화한 것이다. 따라서 현대사회에서는 상대적으로 가족의 틀이 약화하고 가족 구성원이 누구로 이루어져야 하는지는 그리 중요치 않다. 부부관계가 행복하지 않다면 이혼을 선택할 수 있으며 부모와 자녀로 이루어지지 않은 다양한 형태의 가족이 등장하고 있다. 더 나아가 일상생활을 공동 영위하면서 연대의식을 지닌 공동체 집단이라면 법적 또는 혈연관계가 아닐지라도 서로를 가족으로 여기기 시작하고 있다. 여성가족부(2021)가 실시한 다양한 가족에 대한 국민인식조사 결과, '법적인 혼인, 혈연관계가 아니더라도 함께 거주하고 생계를 공유하는 관계이면 가족이 될 수 있다'에 68.5%가 동의한다고 응답하였다. 2019년에 비해 1.0%p 상승한 결과이다. 이에 반해 '법적인 혼인, 혈연으로 연결되어야 가족'이라는 의견에 2019년 67.3%, 2021년에 64.6%가 동의하여 감소 추이를 보였다.

결론적으로 현대사회에서 가족의 의미는 형태나 구성원이 기준이 아닌 함께 살아가는 '생활공동체'의 의미가 다시 중요해지고 있다. 한편 사람들이 이렇게 함께 살아가는 목적은 과거 생산의 목적이나 사회적 기능 유지를 위해서가 아니다. 따라서 오늘날 가족이 존속되기 위해서는 제도를 유지해야 한다는 의무감에 의해서가 아니라 가족의 친밀한 상호관계가 중요하며 이를 위한 가족의 내적 기능의 수행이 강조되고 있다.

2. 건강가정의 등장과 중요성

1) 건강가정의 배경과 특성

한국사회는 과거, 겉으로 보이는 정형화된 가족구성원을 갖추고 가족제도를 유지한다면 문제가 없는 가정으로 여겨 왔다. 또한, 가정은 사적인 영역이며 가정의 문제는 가정이 알아서 해야 하고 가정 내에서 문제가 해결되지 않을 때 사후치료적 정책으로 국가가 개입하겠다는 패러다임이었다.

하지만 1997년 IMF 외환위기를 경험하면서 경제적 위기에 쉽게 무너지고 해체된 가정들이 많았다. 이를 통해 가족이라는 빈껍데기가 중요한 것이 아니라 원활한 가족관계를 유지하고 위기가 닥쳤을 때 이를 극복하고 다시 회복할 수 있는 가정의 내적 건강성이 중요함을 깨닫게 되었다. 또한, 가정이 건강해야 사회가 건강하며 가정을 건강하게 하기 위해서는 사회와 가족 모두가 함께 노력해야 하고 사전예방 차원의 정책이 중요하다는 가정복지 패러다임의 전환을 불러왔다.

이와 더불어 오늘날 가족의 형태는 무자녀가족, 입양가족, 동거가족, 분거가족, 한부모가족, 재혼가족, 조손가족, 비혈연 공동체가족 등 다양화되었다. 이에 현대사회에서 가족이라는 표현은 'the family'가 아니라 'families'라는 표현이 적절하다. 과거 산업화 시대를 거치면서 강조되었던 부모와 자녀로 이루어진 '정상가족'이라는 용어는 잘못된 용어이며, 오늘날 부모와 자녀로 이루어진 가족의 비율은 전체 가족형태 중 절반에도 미치지 못하고 있다.

이처럼 가정의 내적 건강성이 중요해지고 가족의 형태가 다양화되면서 '건강가정'이라는 개념이 새롭게 등장하였다. 2004년에는 건강가정기본법이 제정되기에 이르고, 2005년부터 전국적으로 가족센터(구. 건강가정·다문화가족지원센터)를 설치하여 지역사회 가정의 건강성 회복과 유지를 위한 건강가정사업이 이루어지게 되었다.

건강가정기본법(2004)에 의하면 "건강가정은 가족구성원의 욕구가 충족되고 인간다운 삶이 보장되는 가정"이다. 유영주(2004)는 "건강가정은 가족원 개개인의 건강한 발달을 도모하고, 가족원 간의 상호작용(의사소통, 의사결정, 스트레스 대처 등)이 원만하여 집단으로서의 가치체계를 공유하며, 친족·사회체계와도 원활한 상호작용을 이루면서 생활해 가는 체계"라고 하였다. 지역사회와 상호교류하며 원만한 관계를 유지하는 것은 가족이기주의를 극복하고 지역사회와의 네트워크 구축을 통한 상부상조의 공동체 삶을 형성하는 데 중요한 요소이다. Olson(2004)은 "건강가족 여부는 외적 구조가 아니라 내적 기능이 평가기준이다. 즉 가족구성원들이 친밀감, 응집성, 위기관리능력을 두루 갖추었다면 동성애 가족이나 한부모 가족도 건강가족이다."라고 하였다. 한편 조희금 외(2010)는 건강가정을 이루기 위한 기본 토대로 안정적인 의식주생활 및 경제적 안정을 강조하고 있다.

이상과 같이 학자마다 건강가정을 이루기 위해 강조하는 요소가 조금씩 다르지만, 가족원 간의 원활한 상호작용에 초점을 맞추고 있음은 분명하다. 종합하면 건강가정은 가족 간의 친밀감을 느끼고, 개방적인 의사소통이 이루어지며, 변화에 대한 적응력을 갖춘 가정이라고 할 수 있다. 또한, 매일의 기본적인 의식주 생활이 가능할 정도의 경제적 안정을 갖추고 지역사회와의 원만한 관계를 유지하는 것도 건강가정의 특성이라고 할 수 있다.

2) 가족의 응집성과 적응성의 균형

가족의 응집성과 적응성은 가족의 내적 기능과 관련한 주요한 특성으로 건강가정이 갖추어야 할 요소이다. 구체적으로 가족의 응집성은 가족관계적인 측면으로 가족원 간의 감정적인 친밀감, 유대감, 결속력이라고 할 수 있으며 그 정도는 상황에 따라 달라진다. 즉 모든 상황에서 항상 강한 결속력을 유지하는 것이 아니며 보통 외부의 위기상황에 처했을 때 결속력이 높아진다. 가족의 적응성은 가족 내외적 변화에 대한 가족의 개방성 정도라고 할 수 있으며, 상황을 고려하여 가장의 리더십, 가족원의 역할수행, 가족규칙은 어느 정도 달라질 수 있다. 다시 말해 내·외부의 변화에 무조건 따르며 변화하는 것이 아니라 그 상황에 따라 가족은 개방 정도를 조절하게 된다.

Olson 외(1998)는 가족의 응집성과 적응성을 x축과 y축으로 놓고 가족의 상황에 따라 응집성과 적응성의 정도가 달라진다는 것에 초점을 두고 이러한 변화에 따라 가족지도를 그리는 가족순환모델을 제시하였다(그림 2-1 참조). 즉, 한 가족이 평생 같은 응집성과 적응성을 유지하는 것이 아니며 내·외부의 상황 및 가족생활주기에 따라 역동적으로 변화한다는 것이다. 예를 들어 신혼기에 부부의 응집성은 매우 높고 적응성은 융통적인 수준이었다가 자녀를 출산한 직후에는 연결된 정도의 응집성, 혼돈된 적응성으로 변화할 수 있다.

그림 2-1 가족순환모델(Family Circumplex Model)

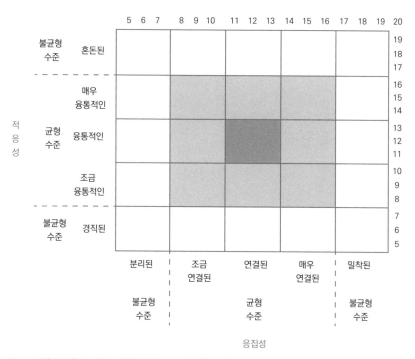

출처: Olson 외(1998). 21세기가족문화연구소 편역(2002). 행복한 결혼 건강한 가족.

응집성의 측면에서 항상 밀착하는 가족이 건강한 가족은 아니다. 항상 밀착된 가족은 '우리'라는 집단의식이 강하고 모든 것을 공유하려고 하므로 서로의 사생활을 배려하지 못하며 서로에게 의존된 관계라고 할 수 있다. 따라서 개인의 독립과 성장을 저해할 수 있으며 밀착된 관계를 불편해하는 가족원이 생길 수 있다.

반대로 항상 분리된 가족도 건강한 가족이 아니다. 항상 분리된 가족은 가족 간 유대감이 없고 공유하는 것이 없으므로 가족 간에 친밀감이 매우 낮고 서로에 대한 충성도가 낮다. 따라서 함께 생활한다는 공동체의 의미를 찾아볼 수 없으며 쉽게 해체될 수 있다. 건강한 가족은 양극단의 분리와 밀착의 균형을 이루는 가족이다. 즉 적절하게 유대감과 결속력을 갖추면서 개인의 생활을 존중하며 우리라는 연대의식을 갖는 것이다.

마찬가지로 적응성 측면에서 모든 변화에 무조건 개방적인 혼돈된 가족은 건강한 가족이 아니다. 이러한 가족은 가족의 규칙이 없고 역할규정이 명확하지 않으며 평소 리더십을

갖고 이끄는 가족원이 없으므로 변화가 닥칠 때마다 갈피를 잡지 못하고 혼란에 빠지기 쉽
다. 반대로 모든 변화를 강하게 거부하는 경직된 가족도 건강한 가족이라고 할 수 없다. 경
직된 가족은 가족의 규칙이 너무 강하고 역할규정이 매우 고정적이고 가장만이 리더십 권
한을 갖고 있어서 변화를 받아들이지 못하고 정체되어 있으며 심각한 갈등을 일으킬 수 있
다. 따라서 건강한 가족은 혼돈과 경직의 균형을 이루는 가족이다. 즉 적절하게 변화를 받
아들이면서 안정을 추구하는 융통적인 가족이라고 할 수 있다.

3. 현대 한국 가족형태의 변화

1) 무자녀가족

무자녀가족(childless family)이란 자녀가 없는 부부중심의 가족이다. '자발성'기준에서 보
면, 자녀를 갖지 않기로 한 자발적 무자녀가족과 자녀를 가질 의사는 있으나 생물학적 또
는 사회경제적 이유로 현재까지 자녀가 없는 비자발적 무자녀가족으로 구분해볼 수 있다.
장래가구추계(통계청, 2022)에 의하면, 자녀 없이 부부만 살아가는 가구의 비율은 증가하는
추세이다. 전체 가구유형 중 부부가구의 비율은 2020년 16.8%에서 2030년 20.0%, 2050년
23.3% 수준으로 계속 증가할 것으로 전망된다(그림 2-2 참조).

그림 2-2 　주요 가구유형별 구성비 (2020~2050)

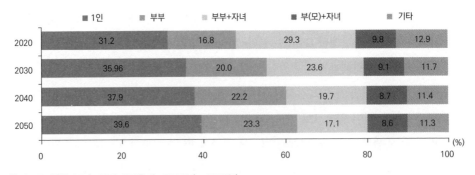

출처: 통계청(2022). 장래가구추계: 2020년~2050년.

최근 자녀가치관이 변화하면서, 신혼부부의 자발적 무자녀가족이 증가하고 있다. 결
혼 5년 차까지 초혼 신혼부부 중 자녀가 없는 부부의 비중은 2022년 46.4%로 2018년보다

3.2%p 증가하였다. 또한, 무자녀 비중은 맞벌이의 경우 50.2%, 주택 미소유의 경우 50.5%로 외벌이(40.6%)와 주택 소유(40.4%)의 경우보다 높은 것으로 나타났다(통계청, 2023).

　　자녀를 갖지 않는 주된 선택 동기를 세 가지로 정리하면 다음과 같다(김정미, 양성은, 2013; 최규련, 2007). 첫째, 자녀 필요성의 부재 및 약화이다. 2022년 19~34세 미혼 청년의 53.5%(남성 54.6%, 여성 65.0%)가 결혼하더라도 자녀를 가질 필요가 없다고 응답하였다. 이는 2018년 30.5%보다 4.2%p 증가한 수치이다(통계청, 2023). 이는 기혼여성의 자녀가치관(자녀 필요성)에 대한 태도에서도 살펴볼 수 있는데, '자녀가 꼭 있어야 한다'는 질문에 2015년 60.2%에서 2018년 49.9%로 큰 폭의 감소(10.3%p)가 나타났다. 여기에는 부모역할에 대한 회의감이나 노후부양에 대한 비관적 인식이 영향을 미친 것으로 보인다(이소영 외, 2018). 둘째, 자녀 출산 및 양육의 역할 책임에 집중하는 가족생활이 아니라 부부중심의 친밀한 관계와 만족스러운 결혼생활을 영위하기 위해서이다. 또한, 자녀에게 경제적 자원이 들어가지 않으므로 부부 둘만의 더욱 여유로운 경제적 생활이 가능하고 노후준비도 더욱 잘할 수 있기 때문이다. 셋째, 부부 각자의 일과 개인의 자아실현을 위해서이다. 즉 인생의 에너지를 자녀에게 분산하여 투입하는 것이 아니라 사회참여와 일에 완전히 몰입하여 성취와 자기계발, 자아실현을 이루고자 하는 것이다. 이와 관련하여 자녀를 갖지 않고 맞벌이를 하는 부부인 딩크족(DINK: Double Income No Kids)이 증가하는 것이라 할 수 있다.

　　한편 만혼의 영향으로 비자발적인 무자녀 가족을 이루기도 한다. 즉 생물학적 가임능력의 저하로 인해 자연임신이 잘되지 않는 상황이다. 세계보건기구(WHO)의 정의에 의하면 난임(불임)이란 가임기의 남성과 여성이 최소 1년 이상 정상적인 성관계를 함에도 임신이 되지 않는 상태이다. 박종서 외(2021)의 조사결과에 따르면 기혼여성의 17.2%가 난임을 경험하였으며 초혼연령과 난임경험률은 정적 상관관계를 보여 35세 이상 기혼여성의 33.1%가 난임을 경험한 것으로 나타났다. 건강보험심사평가원의 조사결과(2023)에 따르면, 불임 환자 수는 2018년 22만 7,922명 대비 2022년 23만 8,601명으로 4.7% 증가했고, 난임시술 환자 수는 2018년 12만 1,038명 대비 2022년 14만 458명으로 16.0%가 증가했다. 성별 불임 환자는 2022년 남성이 35.8%, 여성이 64.1%였고 난임 환자는 남성이 45.7%, 여성이 54.3%이었다. 결혼을 늦게 할수록 난임을 경험하는 비율이 높아지는데 초혼연령이 상승하는 현시점을 고려할 때 난임으로 인한 무자녀가족은 더욱 증가할 전망이다. 결혼하면 자연적으로 임신이 되는 것이 아니므로 자녀를 원한다면 산전검사를 통해 임신가능성을 미리 확인할 필요가 있다.

2) 미혼부·모가족

미혼부·모 가족은 18세 이하 자녀의 친모와 친부의 혼인상태가 법적으로 미혼인 가정이다. 2022년 인구주택총조사(통계청, 2023)에 따르면, 미혼부·모는 총 26,021명으로 미혼모(77.4%)가 미혼부(22.6%)보다 3.4배 많은 것으로 나타났다.

임신기 및 출산 후 미혼모의 생활 실태를 파악하기 위해서 9세 이하의 자녀를 키우는 미혼모를 대상으로 조사한 연구결과(이미정 외, 2018)에 의하면 미혼모는 산전후로 아이 아버지와 관계가 거의 단절되는 것으로 나타났다. 임신 사실을 처음 알게 되었을 때 미혼모는 아이 아버지에 대한 미움, 부모와 형제자매의 비난에 대한 두려움, 지인과 세상의 시선에 대한 두려움, 계획하지 않은 임신에 따른 혼란 등을 경험한 것으로 응답하였다. 임신기와 출산 후 마음을 터놓고 상의한 사람이 없었던 경우가 절반 이상으로 고립을 경험한 것으로 나타났다. 또한, 과반수의 미혼모가 출산 후 취업을 시도하지만 42%가 미혼모라는 이유로 취업을 거부당했다고 응답하였다. 시설의존도(산전후 지원 시설, 미혼모공동생활가정, 모자원 등)는 주거환경이 안정되지 않은 10대 및 20대 초반의 어린 미혼모에서 높았다. 정책제언으로 미혼모 욕구에 적합한 시설서비스 제공, 양육 미혼모 주거 지원 강화, 부성 책임 강화, 사회적 인식 및 공무원 태도 개선, 원가족 관계 회복 프로그램 지원 등을 제안하였다.

한편, 2024년 출생통보제와 함께 익명으로 출산할 수 있는 보호출산제가 시행되었다. 즉 출생통보제에 따라 의료인은 해당 의료기관에서 출생한 출생자 모의 진료기록부 및 출생자 정보를 건강보험심사평가원에 제출해야 하며, 심사평가원은 출생자 모의 주소지 관할 시·읍·면의 장에게 출생사실을 통보하여 관리하도록 한다(가족관계의 등록 등에 관한 법률 제44조의3). 하지만 미혼모, 혼외자 출생 등 위기임부의 경우 본인의 개인정보노출을 꺼려 병원검진 및 출산 관련 부작용이 발생할 우려가 있으므로 보호출산제도를 병행 도입하였다. '위기 임신 및 보호출산 지원과 아동 보호에 관한 특별법'에 따라 보호출산을 원하는 사람은 지역상담기관의 장에게 보호출산을 신청할 수 있으며 신청인은 비식별화된 정보로 의료기관에서 산전 검진 및 출산을 할 수 있다.

3) 입양가족

대한민국법원에 의하면 입양은 법률적으로 친자관계를 인정하여 혈연적 친자관계가 없는 자에 대하여 혼인 중의 출생자와 같은 지위를 취득하게 하는 신분행위이다. 즉 입양이란 친생관계가 아닌 아이를 법률적으로 자녀로 삼기 위해 친자의 관계를 맺는 것이다.

한국은 5월 11일 '입양의 날'로 지정하고 있는데, 이는 건전한 입양문화의 정착과 국내입양의 활성화를 위해서이다(입양특례법 제5조의1). 국민의 입양견해를 살펴보면(통계청, 2022), '자녀를 원하지만, 출산이 어려운 경우 적극 고려해 보겠다'는 응답 비중은 19.4%, '자녀유무에 상관없이 여건이 허락되면 입양을 하고 싶다'는 9.5%가 동의하였다. 2018년에는 각각 17.5%와 10.5%가 응답하여(통계청, 2018) 그사이 자녀를 원할 경우는 입양을 적극적으로 고려하는 방향으로 변화(1.9%p 증가)하였지만 자녀유무 상관없이 입양을 선택하는 것에는 소극적인 방향(1.0%p 감소)으로 변화하였다. 입양하고 싶지 않은 이유에 대한 질문에는 '입양의 필요성을 못 느껴서(41.0%)'가 가장 높았고, 다음으로 '친자녀처럼 양육할 수 있을지 걱정이 되어서(38.6%)', '경제적으로 부담이 되므로(12.3%)' 순이었다(통계청, 2022).

양친이 될 자격(입양특례법 제10조)

① 이 법에 따라 양친이 될 사람은 다음 각 호의 요건을 모두 갖추어야 한다.

1. 양자를 부양하기에 충분한 재산이 있을 것

2. 양자에 대하여 종교의 자유를 인정하고 사회의 구성원으로서 그에 상응하는 양육과 교육을 할 수 있을 것

3. 양친이 될 사람이 아동학대 · 가정폭력 · 성폭력 · 마약 등의 범죄나 알코올 등 약물중독의 경력이 없을 것

4. 양친이 될 사람이 대한민국 국민이 아닌 경우 해당 국가의 법에 따라 양친이 될 수 있는 자격이 있을 것

5. 그 밖에 양자가 될 사람의 복지를 위하여 보건복지부령으로 정하는 필요한 요건을 갖출 것

② 양친이 될 사람은 양자가 될 아동이 복리에 반하는 직업이나 그 밖에 인권침해의 우려가 있는 직업에 종사하지 아니하도록 하여야 한다.

③ 양친이 되려는 사람은 입양의 성립 전에 입양기관 등으로부터 보건복지부령으로 정하는 소정의 교육을 마쳐야 한다.

보건복지부의 입양통계에 따르면(표 2.2 참조) 2022년까지 총 249,959명을 입양했으며, 근래 국내입양과 국외입양의 비율은 약 55대 45로 국내입양이 더 높다. 하지만 이러한 변화는 2000년대 들어 국내입양 활성화 노력(입양축하금, 양육수당 및 의료비 지원 등)과 2007년 국내입양우선추진제 및 국외입양쿼터제 시행으로 인해 2007년부터 국내입양 비중이 국외입양보다 높아지게 되었다. 2012년에는 입양특례법을 전부개정하여 국내입양도 가정법원의 최

종 허가를 받는 절차를 도입하여 입양요건을 강화하고 아동이 출생일부터 1주일이 지나고 나서 입양동의가 이루어지도록 하였다. 또한, 2020년 '정인이'사건 이후 입양 절차(입양 신청, 예비 양부모와의 상담·조사, 양부모와 아동의 결연, 사후관리)를 정부와 지방자치단체가 대부분 맡도록 하는 국내입양특별법으로 2023년 전부개정하였다.

표 2.2　연도별 국내·외 입양현황

(단위: 명, %)

구분	계	2012년 이전	2013	2014	2015	2016	2017	2018	2019	2020	2021	2022
국내	81,532 (32.6)	77,082 (31.8)	686 (74.4)	637 (54.4)	683 (64.6)	546 (62.0)	465 (53.9)	378 (55.5)	387 (55.0)	260 (52.9)	226 (54.4)	182 (56.1)
국외	168,427 (67.4)	165,367 (68.2)	236 (25.6)	535 (45.6)	374 (35.4)	334 (38.0)	398 (46.1)	303 (44.5)	317 (45.0)	232 (47.1)	189 (45.5)	142 (43.8)
계	249,959	242,449	922	1,172	1,057	880	863	681	704	492	415	324

출처 : 보건복지부 홈페이지. https://www.mohw.go.kr/menu.es?mid=a10711030500

　한편 예비입양부모는 대부분 1세 미만의 여아를 선호하며 입양동기는 난임과 이타심이었으며 유자녀 입양의 경우 이타심에 기인한 것으로 나타났다. 절반 이상이 기독교인이며 직계 및 확대가족 또는 가까운 지인 가족에서 입양사례가 있는 경우가 많았다(박영호, 신동면, 2017). 입양가정에서는 입양사실 공개와 관련한 갈등, 입양자녀의 부적응 행동, 사회적 편견 등의 어려움을 겪는 경우가 많았다(김향은, 2006). 공개입양의 경우 양부모의 심리적 불안을 해소하고, 입양인의 건전한 정체성 확립에 이바지하며 알 권리를 보장해준다는 점에서 바람직한 입양형태로 자리 잡고 있다(정선기, 2007). 공개입양의 장점은 입양아의 충격완화, 비밀유지의 고충으로부터의 자유 등이다(김향은, 2006). 실제로, 공개입양 가정이 비밀입양 가정보다 양부모의 입양에 대한 만족도가 높았으며, 양부모와 입양아동 간 애착 및 입양아동의 적응도가 높았다(황재필, 2005).

　현재 국가에서는 입양을 준비하는 부모는 입양자녀의 건강한 발달 및 적응 지원을 위한 입양부모교육을 필수로 이수하도록 하고 있다(아동권리보장원 사이트). 입양가정의 위기상황이 발생하더라도, 가족구성원이 서로 존중하고 문제를 악화시키지 않기 위해 노력하여 가족위기를 극복하고 가족을 결집할 수 있다(구미향, 2006, 2008). 특히 가족응집력과 의사소통이 중요한 것으로 밝혀지고 있다. 가족구성원 간 갈등이 적으며 응집력이 강하고, 효과적인 의사소통이 이루어지는 가정은 입양에 대한 만족도가 높았다(O'Brien & Zamostny, 2003). 또한, 입양모 대상의 연구결과(박미정, 2009), 입양모의 온정과 자율성 존중의 양육행동, 입양모-자녀 간 의사소통의 개방성 등이 입양아동의 적응에 영향을 미치는 중요한 요인으로 나타났다.

4) 분거가족

분거가족(commuter family)이란 부부나 미혼자녀가 장기간 서로 떨어져서 다른 지역에 거주하는 것으로, 비동거 생활의 기간이 6개월 이상 지속하는 가족을 말한다(유영주, 2017). 분거가족을 비동거 가족이라고도 하며, 여기에는 주말부부 가족, 기러기 가족, 해외취업자 가족 등이 포함된다.

대표적인 분거가족 형태는 1990년대부터 유행한 자녀의 조기유학을 목적으로 아내와 자녀는 외국으로 떠나고 경제적 역할을 위해 남편은 한국에 남는 '기러기 가족'이라고 할 수 있다. 요사이도 자녀의 교육환경이 가족생활의 어떤 영역보다 중요해지면서 맞벌이 부부의 경우 남편이나 아내의 근무지가 다른 지역으로 바뀌더라도 자녀교육 기준으로 분거를 결정하는 부부가 증가하고 있다(성미애, 최여진, 2015). 또한, 미혼자녀가 직장 혹은 학업의 이유로 가족과 떨어져 분거가족을 형성하기도 한다(김슬기, 최형재, 2020).

통계청의 사회지표(2019)에 따르면, 2018년 배우자나 미혼자녀와 따로 떨어져 사는 가구의 비율은 20.1%로 10년 전(2008년 16.5%)보다 3.6%p 증가하였다. 구체적으로 2018년 배우자 분거가구 비율은 6.2%, 미혼자녀 분거가구 비율은 16.4%로 10년 전(2008년)과 비교하여 각각 2.4%p, 2.3%p 증가하였다. 분거의 이유는 62.9%가 직장 때문이었고, 다음은 학업이 약 30%로 나타나 직장과 자녀 학업의 이유로 떨어져 사는 경우가 대부분이었다. 한편 가족 간 불화는 7.7%로 2016년과 비교해서 2.5%p 증가하였다.

분거가족은 각자의 목표 지향적인 삶을 영위함과 동시에 자유로운 생활을 즐길 수 있는 장점이 있지만, 가족 구성원 간의 역할 갈등과 다양한 긴장으로 인해 가족문제를 일으킬 가능성이 있다(김슬기, 최형재, 2020). 분거가족에 있어서 장기적인 비동거 생활로 인한 문제점을 예방하기 위해서는 무엇보다 분거상황이지만, 가족구성원이 유대감과 친밀감을 유지하기 위한 노력을 함께 하는 것이 중요하다. 특히 분거가족의 경우 함께 살지 않기 때문에 서로의 일상생활에서 일어나는 사건이나 정보를 자연스럽게 알기 어렵다는 점이 이들의 유대감과 친밀감을 저해할 수 있다. 이에 전화, 문자, 이메일, 편지, 인터넷 화상채팅, SNS 활동 등의 다양한 통신 수단을 이용하여 개인적인 일상사를 어느 정도 공유하는 노력이 필요하다.

5) 한부모가족

한부모가족(single parent family)이란 이혼, 별거, 사망, 유기 등을 이유로 부모 중 한 사람과 18세 이하의 자녀로 구성된 가정을 말한다. 한부모가 어머니인 경우는 '모자가정'으로, 아버지인 경우는 '부자가정'이라고 칭한다.

여성가족부의 한부모가족 실태조사결과에 의하면, 2021년 한부모 가구주의 평균연령은 43.6세로 자녀 수는 평균 1.5명으로 나타났다. 구체적으로 살펴보면, 한부모 가구주의 연령대는 40대가 60.7%로 가장 많았고, 그다음은 30대 이하(23.7%), 50대 이상(15.7%)이었다. 혼인상태는 이혼이 81.6%로 월등히 높았고, 다음으로는 사별(11.6%), 기타(미혼자 등 6.8%)로 나타났다. 가구 구성은 '모자중심가구(모자+기타가구 포함)'가 67.4%이며, '부자중심가구'(부자+기타가구 포함)가 32.6%로 나타났다(한국여성정책연구원, 2021).

한부모가족은 양부모 가족과 비교해서 경제적 및 시간적 자원이 빈곤한 상태이다. 여성가족부의 한부모가족 실태조사 결과(2021)를 살펴보면, 한부모가족의 월평균 소득은 245.3만 원으로 전체 가구 평균 소득(2021년 가계금융·복지조사 결과) 416.9만 원의 58.8% 수준이다. 특히, 한부모의 77.7%가 취업 중이지만, 대부분 고용 안정성이 낮고 소득이 비교적 낮아 근로빈곤층(워킹푸어) 특성을 보였고, 근무시간이 길어 일·가정양립이 어려운 것으로 나타났다.

한편 한부모가족의 경우 가구주로서 가족의 생계를 책임져야 하는 노동자의 역할뿐 아니라 자녀양육 및 가사노동 등 양육자의 역할도 혼자 담당함으로써 양부모 가족과 비교할 때, 자녀와 함께 할 수 있는 시간의 확보가 어려우며 시간부족감이 높다(김외숙, 박은정, 2018). 실제로 한부모가족의 시간빈곤에 대한 사례연구(이영호, 2015)에서 한부모가족은 시간빈곤으로 인해 스트레스, 불안 등의 심리적 상태의 어려움, 수면부족, 자녀와의 시간부족을 경험하며, 자녀양육·가정관리·자녀와의 관계·개인의 건강 등의 다양한 측면에 영향을 받고 있었다.

6) 비혈연 공동체가족

공동체의 사전적 의미는 생활이나 행동 또는 목적 따위를 같이하는 집단이다(표준국어대사전). 대표적으로 혼인과 혈연으로 맺어진 가족공동체와 구별되는 비혈연으로 구성된 공동체가족이 있다. 공동체가족을 분자가족 또는 테트리스가족이라고 부르기도 한다. 최근 공동체가족이 증가하고 있는데, 그 이유로는 개인 또는 핵가족 단위의 고립과 단절을 극복, 생활의 일부를 공동으로 해결, 혹은 특정한 관심을 가지고 공동의 이익을 도모하는 등 집단화하는 모임이 늘고 있기 때문이다(이여봉, 2006).

일본의 협동조합형태의 법인 시프트(cift)는 비혈연 확장가족이라고 할 수 있다. 시프트는 건물 한 동에 공유공간과 전용공간을 나눠 함께 생활하는 형태로 일본 시부야 및 카마쿠라에 3개 지점이 운영되고 있다. 서로 비혈연이지만 함께 공동 주거하면서 자신의 약점을 꺼내놓기도 하고 서로 배려하고 도와주는 생활공동체 가족이다. 이를 통해 자기변화와 마음의 확장, 감정의 확장을 경험한다는 장점이 있다. 임대료 외에 매월 조합비를 내며 혈연가족과 달리 가입과 탈퇴가 자유롭다(HUFFPOST, 2018.12.31.).

한편, 최근 비혼의 인식 변화와 함께 비혼자가 함께 거주하는 비혼 타운이 증가하고 있다. 일례로 '공덕동하우스', '에미프(emif)', '비컴트루(Become True)' 등 비혼지향생활공동체가 있으며, 비혼자끼리 연대를 도모하는 비혼 공동체 모임이 이루어지고 있다(중앙일보, 2020.01.03). 이들은 공동으로 일상생활을 영위하는 것 외에 친목 도모나 정보 공유를 넘어서 비평지 발간, 비혼 인식 개선 프로젝트 등의 활동을 하고 있다. 혼자 사는 삶이 힘들거나 외롭다는 비혼의 이미지가 아닌 자신의 정체성을 가지고 자신들만의 새로운 공동체 형성을 통해 연대감을 이루는 교류를 하는 것이다.

요컨대 비혈연 공동체가족은 개별 가족에서 충족하기 어려운 부분을 공동으로 해결하고자 한 대안의 '생활공동체'라는 유사점이 있다. 생활양식이 점차 다양화함에 따라 이러한 모임은 지속적으로 시도될 것이고, 가족의 개념을 느슨하게 규정한다면 이들 역시 하나의 가족 형태로 받아들여질 것이다(이여봉, 2006). 5년 주기로 이루어지는 여성가족부의 2020년 가족실태조사에 의하면, 비혈연 공동체가족(비혼동거 포함)의 비율은 0.5%로 나타났다. 그리고 '우리 가족'의 범위에 대해 2015년 3.3%, 2020년 3.5%가 '함께 살고 있는 비혈연자'를 가족이라고 응답하였다(한국여성정책연구원, 2021).

7) 1인 가구

최근 1인 가구의 증가가 가장 큰 변화이다. 인구주택총조사(통계청, 2022)에 의하면, 2022년 1인 가구의 비율은 34.5%(750만 가구)로 전년 대비 4.7%가 증가하였다. 2015년(27.2%) 이후 전체 가구 중 가장 높은 비중을 차지하고 있다(그림 2-3 참조). 또한, 통계청의 장래가구추계(2022)에 의하면 2050년 1인 가구의 비중은 약 40%에 육박할 것으로 예측된다.

그림 2-3   가구원수별 가구 구성비(2000-2022)

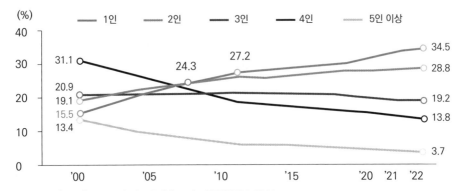

출처: 통계청(2023). 2022년 인구주택총조사: 등록센서스 방식.

　　2022년 한국 1인가구 보고서(이신애, 황원경, 정승환, 2022)에 따르면, '혼자가 편해서', '독립을 원해서' 등의 자발적 동기로 1인 생활을 한다고 응답한 비율은 61.4%로 나타났다. 하지만 '학교나 직장 때문에', '배우자를 못 만나' 등의 비자발적 동기도 82.7%가 해당한다고 복수응답하였다. 2020년에 비해 자발적 동기는 5.9%p가 감소하였으며 비자발적 동기는 14.8%p 증가한 수치이다. 1인 생활 지속 의향이 높다고 응답한 비율은 전체적으로 56.3%이었으며 여성이 남성보다 지속 의향이 높았다. 구체적으로 20대는 여성 70.4%, 남성 58.1%, 30대는 여성 71.1%, 남성 47.0%, 40대는 여성 65.6%, 남성 44.9%, 50대는 여성 66.8%, 남성 43.6%로 매우 큰 격차를 나타냈다. 반면 1인 생활을 지속하고 싶지 않은 이유로는 '결혼하고 싶어서' 53.7%, '외로워서' 52.4%의 순으로 나타났으며 2020년에 비해 각각 1.3%p, 6.6%p 증가하였다. 향후 1인 생활 지속 예상 기간에 대해 전체 응답자의 40.9%가 단기(4년 이내), 21.7%가 중기(5~10년), 37.4%가 장기(10년 초과)였는데, 2020년 대비 장기는 6.7%p 감소, 단기는 4.7%p 증가하였다. 즉 1인 가구의 장점은 잠시 누리고 싶지만, 장기적으로는 1인 가구를 벗어나고자 하는 의향이 증가한 것으로 보인다.

　　한편 1인 가구의 증가는 의식주 생활의 다양한 문화와 제품을 파생시켰다. 나홀로 문화(혼술, 혼밥, 혼행 등)와 나홀로족의 일상 삶을 관찰하는 TV 프로그램 등의 방영은 '혼자'라는 의미를 단순히 거주의 문제를 떠나 즐기고 향유하는 하나의 문화 현상으로 자리 잡게 하였다(박세진, 2017). 그뿐만 아니라 소형가전제품, 1인 먹거리 포장, 간편식품 등은 혼자 사는 것에 대한 불편함을 덜어준다. 또한, SNS 매개체를 통해 일상생활을 비대면으로 공유하는 네트워크를 형성하며 외로움을 달래기도 한다. 하지만, Putman(2013)은 '나혼자 볼링'이라는 저서에서 개인은 공동체의 사회참여를 통해 타인과의 상호작용을 맺으며 관계망을 형성하는 사회자본을 획득할 수 있으며, 이를 통해 형성된 사회자본은 개인의 삶에 중요한 역할을 한다고 강조하였다.

밥 정(情)을 공유하는 청년

편의점에서 인스턴트로 간단히 해결하는 '혼밥'은 영양섭취의 불균형뿐 아니라 심리·정서적으로 부정적인 영향을 미친다. 이에 혼족을 위한 소셜다이닝(social dining)을 통해 '밥 정(情)'을 공유하는 청년세대가 증가하고 있다. 협동조합의 공유부엌에서 음식을 함께 나누며 타인과의 관계망을 형성하는 것이다. 서로 모르는 사이이지만 SNS라는 매개체를 통해 비대면으로 만나고, 소셜다이닝 공간에서 면대면의 만남으로 이어져 함께 식사를 만들고 나누며 인간관계를 맺는 형태이다(더유니브, 2018.08.21.). 여기서는 식사만을 하는 것이 아니라 다양한 주제를 가지고 토론을 하기도 하고, 올바른 식생활 및 건강 식재료를 소개하는 '1인 가구 식사키트' 강의 프로그램이 진행되기도 한다. 건강한 식탁과 더불어 타인과의 소통을 통해 관계망을 형성하는 것이다.

출처: KBS 1 다큐세상(2020.01.25.). 혼자 밥먹는 시대, 청춘을 말하다. 더유니브(2018.08.21.).

8) 펫팸족

고양이나 개를 가족처럼 여기는 사람들이 늘어나면서 새롭게 등장한 가족이 바로 펫팸(petfam)족이다. 펫팸족은 '애완동물(pet)'과 '가족(family)'의 합성어로 '반려동물을 가족으로 받아들인 사람'을 지칭한다. 그야말로 가족의 핵심 개념으로 구성원의 자격이 아니라 생활공동체 의식이 중요해지면 반려동물을 가족구성원처럼 대하고 정서적으로 상호작용하면서 평생 함께 살아가는 것이다. 특히, 결혼 및 출산을 포기하면서 반려동물을 기르는 현상이 증가하고 있는데 아이를 낳지 않고 반려동물을 키우는 맞벌이 부부인 딩펫족(dinkpet), 결혼하지 않고 혼자 살면서 반려동물을 기르는 혼펫족이 있다.

농림축산식품부에 따르면, 2022년 기준 반려동물을 키우는 가구는 25.4%로 나타났다. 이 중 75.6%가 개를 기르고 27.7%가 고양이, 7.3%가 물고기 등이었다. 반려동물 1마리당 월평균 양육비용은 약 15만 원이며 20대의 양육비는 월평균 약 21만 원으로 다른 연령층보다 많았다. 최근 1년 이내 반려동물 관련 서비스 이용경험은 동물병원(71.8%), 미용업체(51.3%), 동물놀이터(28.3%) 순으로 나타났다.

펫코노미(petconomy) 시장은 펫푸드나 펫상품뿐 아니라 펫카페, 펫쇼핑몰, 펫보험, 호텔, 유치원, 장례식까지 다양하다. 펫팸족은 자신이 반려동물의 의식주 생활을 관리하고 제공하는 집사 역할을 하지만, 그들과 자신은 함께 살아가면서 돌봄과 위로를 서로 주고받는 관계, 즉 '가족'이라고 말한다. 꼭 함께 즐길 수 있는 사람이 없더라도 반려동물과 함께 여행 등의 여가생활을 즐기고, 일상생활을 외롭지 않게 지낼 수 있다는 것이다.

2018년 반려동물 보유 현황 및 국민인식조사보고서(문화체육관광부, 농촌진흥원, 한국펫사료협회, 2019)에 의하면, 반려동물이 있는 경우에 생활하면서 내게 가장 기쁨을 주는 대상을 질문한 결과 1순위 기준 41.6%가 반려동물이라고 응답하였고, 다음이 가족(24.8%)으로 나타났다. 또한, 반려동물 보유 전후 자신의 변화에 대한 질문결과, 외로움(73.7%)과 스트레스(63.6%) 감소의 변화가 나타났다. 고령자 가족(65세 이상 가족)에서도 외로움 감소(78.2%)가 가장 크게 나타났으며, 다음이 정서 안정(72.2%), 스트레스 감소(63.2%), 운동량 증가(54.9%) 등으로 나타났다. 반려동물의 존재가 기쁨, 정서적 안정, 심리적 위로 등에 도움이 된다고 할 수 있다.

9) 반려 로봇

초고령사회인 일본에서는 로봇이 이미 가족의 테두리 안으로 들어와 가족과 같은 역할을 하고 있다. 소프트뱅크사가 2015년에 개발한 세계 최초의 감정인식로봇 '페퍼(Pepper)'는 소셜 로봇이라고 할 수 있다. 사람과 의사소통이 가능하여 혼자 살거나 외부활동이 어려운 노인에게 말동무가 돼주고 노래도 같이 부른다. 1999년 소니가 내놓은 세계 최초의 감성지능형 '아이보(AIBO)'는 인간과 감정을 나누는 로봇강아지로 높은 인기를 끌었다. 아이보는 기쁨, 슬픔, 화남, 놀람, 두려움, 싫음 등 감정을 표현할 줄 알고 머리를 쓰다듬거나 촉각센서를 자극하면 자기 기분에 따라 애교 섞인 소리를 내며 좋아하거나 무시하기도 한다. 일본의 고령노인들에게 아이보는 여생을 함께 할 동반자이자 삶의 활력소로서의 의미였다. 아이보 수리서비스가 2014년 중단되자 아이보를 위한 합동장례식을 치르기도 하였다. 이후 고령노인과 1인 가구의 아이보에 대한 그리움과 요청으로 인해 2018년부터 신형 아이보가 다시 판매되고 있다. 또한, '파로(Paro)'는 불안정한 심리상태를 치료해 주는 로봇이다. 일본의 한 요양시설에서 70세 이상 노인을 대상으로 실험연구한 결과, 파로가 노인들의 사회활동의 증가와 스트레스의 감소에 긍정적인 영향을 미치는 것으로 나타났다 (경향신문, 2017.05.22.).

인류의 가족은 그 가치가 붕괴되는 게 아니라 그 범주와 개념이 확장되는 것일지 모른다. 또는 로봇과 가족이 될 만큼 가족이 필요한 것은 아닌지 진지하게 고민해봐야 한다. 가족은 없어선 안 될 소중한 존재이긴 하지만 전통적인 가족의 개념과 그 대상을 바꾸고 싶을 만큼 힘든 존재이기도 하다. 즉 과거 혈연으로 맺어진 가족형태의 부정적 결과 때문에 다양한 형태의 가족들(families)이 계속 생겨나고 있다. 물론 형태의 변화만으로 건강한 가족 기능의 회복을 보장하지는 않는다. 하지만 외적인 가족의 형태에 대해 '옳다, 그르다' 판단할 수 없다. 저마다 본인들이 선택한 삶이며, 주변의 편견이나 선입견이 그들을 더욱 소외시키고 좌절시킬 수 있다. 가족의 형태에 대해 '옳다, 그르다'를 판단하기보다는 행복을 좇으며 건강한 가족이 되기 위해 우리 모두 함께 노력할 때이다.

엘리자베트 벡 게른샤임은 「가족 이후에 무엇이 오는가」(박은주 역, 2005) 저서에서 다음과 같이 주장한다. "가족 이후에 가족이 온다. 그때의 가족은 역할에만 충실하면서 서로 의존하고 상처를 주고받는 가족이 아니라, 서로의 차이를 인정하고 개체성을 인정하며 존중하고 협력하는 새로운 가족이다. 과거 가족 내에서 해결하다가 공동의 영역으로 넘어가면서 복지라는 이름으로 제도화된 양육, 주택, 교육, 노후 문제를 서로 돌보는 새로운 가족이다."

랜선족

최근 들어 주변 사람들과 직접 교류하며 감정을 나누고 공유하는 것에 부담을 느끼는 사람이 늘고 있다. 오프라인 관계에 지친 사람들은 랜선으로 맺어진 관계에 더 친밀감과 편안함을 느끼기도 한다. 또한, 혼자 살아가는 1인 가구의 증가와 함께 랜선친구, 랜선아빠, 랜선엄마, 랜선이모, 랜선삼촌, 랜선여친, 랜선남친, 랜선집사 등 랜선족(族)이 유행이다. 예를 들어 '랜선집사'는 개나 고양이를 직접 돌봐야 하는 책임감을 갖거나 걱정할 필요가 없다. 자신이 필요할 때 접할 수 있고, 필요가 없어지면 잠시 꺼둘 수 있다. 캐나다의 앤드루 허먼(Andrew Herman) 교수(2016)는 1인 미디어 방송의 다양한 콘텐츠는 '적당한 거리'의 관계를 희구하는 1인 가구의 욕망이 반영된 것이라고 하였다.

출처: 주간조선(2017.05.04.). 랜선이모, 랜선맘, 랜선집사…1인 가구가 부른 랜 가족 시대.
https://weekly.chosun.com/news/articleView.html?idxno=11497

다음은 가족의 건강성을 점검하는 질문입니다. 항목마다 당신의 가족에게 해당하는 점수를 기재하세요.
다른 가족원도 응답할 수 있습니다.

전혀 그렇지 않다	그렇지 않다	보통 이다	그렇다	매우 그렇다
1	2	3	4	5

항목	나	가족원
1. 우리 가족은 서로 터놓고 원하는 것을 대화할 수 있다.		
2. 우리 가족은 서로를 가깝게 느끼고 친밀감이 있다.		
3. 우리 가족은 어떠한 어려움이 생겼을 때 침착하게 대처한다.		
4. 우리 가족은 기본적인 의식주 생활에 경제적 어려움이 없다.		
5. 우리 가족은 이웃 등의 지역사회와 원만하게 지낸다.		

　　해당 점수를 바탕으로 당신 가족의 강점과 보완해야 할 점을 정리해 보세요. 가능하다
면 가족원과 함께 이야기 나눠보세요.

_____

_____

_____

_____

03 장

건강한 연대와 진정한 자립

보통 인간은 태어나서 1차적으로 원가족이라는 생활공동체에 속하여 부모의 돌봄을 받으며 성장하는데, 이 시기 동안 자립의 준비를 하게 된다. 그리고 2차적으로 성인이 되어 원가족을 떠나, 누군가와 결혼이라는 법적 약속의 연대를 통해 또 다른 생활공동체를 이루게 된다. 한편 근래 함께 거주하지 않고 1인 가구로 거주하는 싱글족이 급증하고 있다. 1인 가구는 공동거주가 아니라 단독으로 살아가는 형태이지만 엄밀하게 말하자면 주변인 및 지역공동체와 연대하면서 살아가는 것이다.

우리는 어떠한 삶의 형태를 선택하더라도 친구, 연인, 가족, 동료, 이웃과 연대를 이루며 살아가야 한다. 이때 각자 개인의 존엄과 자유의지, 자립을 유지하면서 공동체에 매몰되지 않도록 건강한 연대를 맺는 것이 중요하다. 하지만 혈연과 법적으로 맺어진 가족공동체 안에서 정서적으로 융합된 구성원들은 자립이 더욱 어려워진다. 성인기 자녀는 결혼 이전부터 원가족과의 삶에서 건강한 연대를 통해 진정한 자립을 이루어야 한다.

이 장에서는 Erikson의 청년기 발달과업인 '친밀감' 및 Bowen의 '자아분화' 개념과 관련하여 성인기의 적응과제라고 할 수 있는 건강한 연대와 진정한 자립의 중요성을 설명하고자 한다.

주제어

건강한 연대와 진정한 자립, 개인주의와 이기주의, 청년기 발달과업, 성인진입기, 자아분화와 정서적 융합

미리 생각해 보기

1. 청년기 발달과업은 무엇일까요?

2. 진정한 자립이란 무엇이라고 생각하나요?

1. 건강한 연대와 개인주의

오늘날 사회는 끈끈한 관계보다는 '따로 또 같이'를 추구한다. 「느슨한 연대(Weak Ties)」의 저자(김용섭, 2019)는 느슨한 연대란 서로 연결되어 있지만 아주 긴밀하거나 끈끈하지 않은 관계, 떨어져 있지만 얼마든지 연대하는 것이라고 하였다. 사람과 사람이 맺는 '관계'의 장점은 취하되 그런 연결이 주는 부담과 복잡함을 덜어내겠다는 것이다.

마찬가지로 건강한 가족이란 상황에 따라 '따로 또 같이'를 잘 조절하는 생활공동체라고 할 수 있다. 특히 가족순환모델(Family Circumplex Model)에 의하면 응집성의 측면에서 항상 밀착된 가족은 건강한 생활공동체라고 볼 수 없다(Olson, 2011). 건강한 연대는 구성원들이 서로의 개인 생활을 존중하면서 동시에 적절한 유대감과 결속력을 갖춘 분리와 밀착의 균형을 이루는 것이라고 할 수 있다.

오늘날 가족은 제도적으로 유지해야 한다는 의무감에 의해서가 아니라 가족원 개개인의 행복과 친밀한 가족관계에 의해 유지될 수 있다. 과도하게 밀착된 부모자녀 관계보다는 조금은 느슨한 유대를 통해 관계의 질 향상을 높일 수 있다(성미애, 이강이, 정현심, 2019). 나아가 과거 혈연이라는 생물학적 특징을 기반으로 한 '우리' 가족의 배타적이고 폐쇄적인 모습은 도리어 구성원에게 큰 부담으로 다가온다. '우리'라는 가족에서 벗어나 서로 다른 '개인'으로서의 '너'와 '나'가 모인 포용적이고 개방적인 공동체로서의 새로운 가족의 모습이 바람직할 것이다(홍주현, 2019).

한편 건강한 연대를 잘하기 위해서 개인주의와 이기주의를 구분할 필요가 있다. 사전적으로 '이기주의(egoism)'는 자기만의 이익을 중심에 두고 다른 사람이나 사회의 이익은 고려하지 않는 태도를 말한다. 이와 달리 '개인주의(individualism)'는 가치 또는 권리적인 면에서 집단보다는 개인의 입장을 우선하여 취하는 것으로 집단주의와 비교되는 개념이다.

여기에서 개인은 그저 개별적 존재를 의미하는 개체가 아니다. '개인'은 독립을 추구하는 자율성을 지닌 존재로서의 인간이다. 삶에서 자기 의지를 구현하고 책임질, 즉 자립할 능력이 있는 사람이다(김혜경 외, 2014). 홍주현(2019)에 의하면 1776년 「국부론(The Wealth of Nations)」에서 애덤 스미스가 지향하는 바는 사회적 동물인 인간이 '개인'으로서 연대하는 모습이다. 그의 노동 분업 주장에서 분업은 하나의 제품을 완성하기 위해 서로를 의지하는 시스템이다. 하지만 서로 의존하는 것은 아니며, 각자가 맡은 역할을 충실히 해냄으로써 완성품을 만들어내는 구조이다. 여기에서 '의지'와 '의존'은 다르다. 만약 각자가 맡은 역할을 충실히 수행하지 못하거나 다른 사람에게 의존한다면 완성품은 나올 수 없다. 모두가 스스로 자기실현을 할 의지와 책임이 있는 상태인 '개인'으로 존재하면서 동시에 협력할 때 건강한 연대가 가능한 것이다.

2. 친밀감과 진정한 자립

자립의 사전적 의미는 남에게 예속되거나 의지하지 아니하고 스스로 서는 것을 말한다(표준국어대사전). 홍주현(2019)은 자립이란 자기 욕구를 해결하고 그에 책임지는 상태라고 하였다. 즉 진정한 자립은 누군가 도와줄 때까지 기다려야 하거나 어떤 우월한 사람의 관심이나 선의, 동정이 없어도 자기 의지를 구현할 수 있는 상태라고 할 수 있다. 이와 관련하여 성인 전기, 즉 청년의 진정한 자립 준비는 매우 중요한 의미가 있다. 성인기는 취업과 결혼을 거치며 원가족으로부터 물리적으로 독립하여 정서적·기능적·경제적으로 자립하는 시기에 해당하기 때문이다.

Erikson(1963)에 의하면 청년기의 발달과업은 친밀감(intimacy) 대 고립감(isolation)이다. 청소년기에는 자기 자신에 대한 깊이 있는 고민과 자신의 미래에 대한 탐색을 통해 자아정체감을 형성한다. 이후 청년기에는 이러한 자아정체감을 바탕으로 다양한 타인과의 관계에서 친밀감 형성의 적응과제를 거치게 된다. 즉 선후배, 친구, 연인 등 여러 관계망 속에서의 타인들과 진정으로 마음을 열고 이기적이지 않게 배려하면서 친밀감을 공유하는 능력을 발달시켜 나가는 것이다.

하지만 친밀한 관계를 성공적으로 형성하지 못하면 타인과의 관계에서 위축되고 고립감을 느끼게 된다. 고립은 되도록 사회적인 상황을 회피하고 소수의 아는 사람들과 건성으로 상호작용하는 것이다. 특히 성인 초기에 해당하는 대학생 시기에는 고등학교 시절보다 더욱 확장된 사회적 관계망을 새롭게 접하면서 친밀감 형성의 어려움을 겪거나 고독감을 경험하는 경우가 발생한다.

성인 초기에 원가족을 넘어서 다양한 대인관계 속에서 경쟁과 협동, 긴밀한 유대감, 사랑 등의 경험을 쌓아나가면서 더욱 성숙하고 성공적인 연대 관계를 발달시켜 나갈 수 있다. 따라서 이 시기에 더욱 긴밀하고 지속적인 친밀감 기술을 발달시키는 것은 이후 원가족으로부터 독립하여 새로운 생활공동체를 형성하는 데에 매우 큰 영향을 미치게 된다.

특히 데이트 및 연애 과정을 통해 다른 어떤 관계보다 훨씬 더 긴밀한 정서적 친밀감을 경험하게 된다. 사랑하는 사람과 서로의 감정을 나누고 이해하며 가치관을 교류하는 과정에서 공유된 정체감을 경험하고 친밀감을 형성하게 된다. 또한, 친밀한 인간관계와 함께 발생하는 갈등이나 문제를 직면하고 해결하며 성장, 성숙하게 된다. 이 때문에 성인 초기에 연애 경험은 자신의 새로운 모습을 발견하는 기회를 제공하여 진정한 나를 발견하는 데 중요한 계기가 될 수 있으며, 친밀감을 경험적으로 배울 수 있으므로 매우 중요하다고 할 수 있다. 반면 연애의 반복된 실패 경험의 부작용으로 이 시기의 발달과업인 친밀감을 획득하지 못하게 되면 자신의 사회적 행동과 적응에 대해 걱정하고 불안해하여 원만한 사회적 상호작용을 이루지 못하고 고립될 위험이 커진다(최연화, 2012). 참고로 인구보건복지협회(2022)에 의하면 19~34세 청년 중 현재 65.5%가 연애를 하고 있지 않으며 29.1%는 연애 경험이 전혀 없는 것으로 나타났다.

나아가 학교를 졸업하고 사회에 진출하는 이 시기의 성인은 직장이라는 새로운 사회관계를 경험하게 된다. 이전과는 또 다른 다양한 연령대, 성장배경 및 경험 등을 지닌 직장동료와 업무를 함께 하면서 사회적 관계의 친밀감을 형성할 때 성공적인 직장생활이 가능하다(성미애 외, 2019). 즉 청년기의 친밀감 대 고립감의 발달과업은 성인기 취업 및 결혼이라는 생애사건에 큰 영향을 미치며, 이는 결과적으로 이들의 자립에도 영향을 미친다는 점에서 그 중요성이 대두된다.

Erikson의 심리사회적 인간발달 8단계에 따른 발달과업

1단계 0~1세 : 신뢰감 대 불신감

2단계 2~3세 : 자율성 대 수치심

3단계 4~5세 : 자발성 대 죄책감

4단계 6~12세 : 근면성 대 열등감

5단계 13~19세 : 정체감 대 정체감 혼미

6단계 20세~성인기 : 친밀감 대 고립감

7단계 중년기 : 생산성 대 침체성

8단계 노년기 : 자아통합감 대 절망감

한편 Erikson에 의하면 청소년기의 적응과제인 자아정체감을 확립하지 못한 경우에 타인과의 친밀감 형성에 더욱 어려움을 겪는다. 특히 자신의 부모가 규정한 비전, 가치 및 역할에 너무 일찍 몰입하여 깊이 있는 고민과 정체성 위기를 겪지 않고 정체성 유실(identity foreclosure) 상태에 있는 청소년은 가족과 강하게 연결되어 있고, 인지적으로 경직되어 있으며, 틀에 박혀있고, 가치관이 유연하지 못하다. 이러면 점진적으로 사회적인 고립을 가져올 가능성이 크다. 한편 정체성에 대한 분명한 관심이 없고 정체성을 위한 투쟁이 결여된 정체성 혼미(identity diffusion)의 상태에 있는 청소년은 부모와 소원하고 도덕적 추리의 수준이 낮으며, 정서적 친밀도가 낮은 경우가 많다. 정체성 유예(identity moratorium)의 경우는 위기의식은 있으나 깊이 있게 몰입은 하지 못하여 계속 정체성을 탐색하는 상태라고 할 수 있다. 이에 반해 자신의 정체성에 대한 깊이 있는 고민과 위기를 겪으면서 정체성 성취(identity achievement)를 경험한 청소년은 인지적으로 더 유연하고, 더 높은 수준의 도덕적 추리가 가능하며, 정서적으로 친밀한 관계를 맺는 능력이 있다(Marcia, 1980, 1991; Weiten & Lloyd, 2003; 김정희 외 역, 2006 재인용).

표 3.1 Marcia의 네가지 정체성 상태

구분	위기 있음	위기 없음
몰입 있음	정체성 성취	정체성 유실
몰입 없음	정체성 유예	정체성 혼미

출처: Weiten & Lloyd(2003). 김정희 외 역(2006). 생활과 심리학.

Bartholomew와 Horowitz(1991)는 Bowlby(1980)의 애착이론에 착안하여 타인과의 친밀한 관계 유형을 연구하였다. 태어나서 부모와의 애착관계를 통해 자기와 타인에 대한 긍정적 · 부정적 이미지를 발달시키는데, 이를 기준으로 하여 네 가지 유형의 성인애착모형을 발표하였다(그림 3-1 참조).

안정형은 자기와 타인에 대한 긍정적 이미지를 바탕으로 타인과의 관계에 대해 편안함을 느끼고 친밀감을 유지하면서 개인의 자율성을 가지고 있다. 이에 반해 집착형은 타인에 대해서는 긍정적 이미지를 가지고 있지만 자기에 대해서는 부정적이다. 따라서 타인과의 관계에 과도하게 몰두하고 관계가 깨질까 봐 불안해한다. 거부적 회피형은 자기이미지는 긍정적이지만, 타인이미지는 부정적이어서 상호의존 관계를 귀찮게 생각하며 친밀한 관계 형성을 거부하는 유형이다. 공포적 회피형은 자기의 이미지와 타인의 이미지 모두 부정적이며, 타인과의 관계가 불편하고 두려우므로 친밀한 관계 형성을 회피하는 유형이다.

그림 3-1 성인애착모형(타인과의 친밀한 관계 유형)

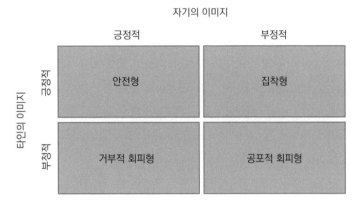

자기의 이미지

	긍정적	부정적
타인의 이미지 긍정적	안전형	집착형
타인의 이미지 부정적	거부적 회피형	공포적 회피형

출처: Bartholomew & Horowitz(1991). Attachment styles among young adults.

성인진입기(emerging adulthood)

　　Arnett(2000)는 미국 청년 대상의 조사연구결과에 기반을 두어 Erikson이 이야기한 심리사회적 유예기(psychosocial moratorium)의 개념을 더욱 확장해 청소년기와 성인기의 사이에 성인진입기라는 새로운 발달단계를 주창하였다. 선진사회에서 교육 기간은 계속 증가하고 있고 연쇄적으로 취업 및 혼인 나이가 점차 늦어지고 있다. 또한, 경제적·주거적 불안정 속에서 "성인 연령이 되었지만 성인으로서의 역할과 책임을 다하지 못하고 성인이라는 자각을 완전히 하지 못하는 상태"라고 느끼는 청년들이 늘어나고 있다(유민상 외, 2022).

　　Arnett(2000, 2004, 2007)는 성인진입기를 10대 후반에서 20대 후반까지의 기간이라고 보고 이 시기에 여전히 정체성을 탐색하는 불안정한 시기이지만 자기 자신에게 집중하고 미래에 대한 가능성을 낙관하며 다양한 역할 실험을 하는 시기라고 하였다. 특히 성인진입기는 청소년기에 시작된 자아정체성 탐색이 본격적으로 실천되고 검증되는 시기이다. 구체적으로 성인진입기에는 더욱 진지하고 깊이 있는 연애 경험을 통해 관계적인 정체성을 형성한다. 또한, 고등교육에 진학하여 더욱 현실적으로 직업탐색을 하면서 직업을 선택하고 사회적인 정체성을 완성해나간다.

　　더욱 성숙한 인간관계란 상대를 신뢰하고 관계에 몰입하지만 각자 개인의 자족과 독립이 유지되는 것이다. 따라서 건강한 연대가 가능하기 위해서는 진정한 자립이 전제 조건이 되어야 한다. 또한, 친밀감 대 고립감이라는 성인기 발달과업과 자립은 밀접한 관련성이 있다. 자기정체성을 잃지 않고 타인과 친밀감을 갖고 연대하면서 살아가는 것이 건강한 연대이며 진정한 자립이라고 할 수 있을 것이다.

3. 원가족으로부터의 자아분화

Bowen은 다세대 가족치료이론을 주창하면서 원가족으로부터의 자아분화의 개념을 매우 중요하게 강조하였다. 자아분화(differentiation of self)란 개인이 원가족의 정서적 융합에서 벗어나서 자기만의 방식으로 자율적으로 기능하게 되는 과정을 의미한다. 구체적으로 Bowen에 의하면 자아분화는 개인내적 측면(사고기능이 감정기능에서 분리되는 정도)과 대인관계적 측면(다른 사람과 구별되는 신념과 자주적이고 독립적인 행동)으로 구분하여 살펴볼 수 있다.

개인내적으로 자아분화가 높은 사람은 감정적으로 휘말리지 않고 객관적으로 상황을 판단할 수 있다. 하지만 자아분화가 낮은 사람은 감정이나 정서에 의해서 쉽게 영향을 받으며, 스트레스에 직면하면 이에 민감하게 반응하여 객관성, 독립성, 이성적 사고 등을 상실하게 된다. 또한, 대인관계적으로 자아분화가 높은 사람은 자신의 정체성을 상실하지 않고 타인과의 관계를 유지할 수 있다. 하지만 자아분화가 낮은 사람은 타인과의 상호작용에 대해 과도하게 반응하고 결국 불편한 관계를 만들어 스스로 고립감에 빠지게 된다. 즉 자아분화는 사고로부터 감정을 분리할 수 있고, 타인과 구별되는 확신과 신념, 자주성을 지닌 정도라고 할 수 있다.

Bowen의 다세대 가족치료이론에 의하면 모든 문제는 개인적 원인이 아니라 정서적 체계에 있으며, 가족 정서체계의 변화를 통하여 개인의 변화를 이룰 수 있다고 하였다. 따라서 다세대 가족치료의 목적은 세대를 거치면서 누적된 불안을 감소시키고 자아분화 수준을 높여서 삼각관계에서 벗어나도록 하는 것이다. 또한, 개인의 자율성과 성장을 통해 미분화의 세대전수를 막는 것이 중요하다.

1) 정서적 융합

Bowen은 자아분화와 대비되는 개념으로 미분화된 자아로 인한 타인과의 정서적 '융합

(fusion)'을 핵심적인 문제로 지목하였다. 정서적 융합이 클수록 다른 가족원을 자기 자신의 연장된 존재로 여기며 그들에게 지나치게 의존적으로 영향을 받는다. 이러한 정서적 융합은 세대를 거치면서 미성숙한 부모가 자신의 미분화와 불안을 무의식적으로 가장 취약한 자녀에게 정서적으로 에너지를 집중하는 투사과정을 통해 세대 간 악순환을 일으키게 된다. 융합이 심하게 일어났던 자녀는 그로 인한 불안과 긴장을 줄이기 위해 정서적 단절을 시도하게 된다. 또한, 자신의 정체성을 상실할지도 모른다는 두려움과 두려움에 대한 방어를 위해서 정서적 단절을 시도한다. 즉 부모와 물리적으로 거리를 두어 멀리 떨어져 살거나, 또는 같이 살면서도 접촉을 피하거나 정서적으로 자신을 고립시키고, 부모가 중요시하는 것을 부인하거나 거부하는 등의 행동을 하게 된다.

이러한 목적으로 자신의 부모에게서 벗어나기 위해 결혼을 선택하는 경우도 많다. 하지만 미분화된 자아로 인해 배우자에 대한 정서적 애착과 의존 정도가 심하며 이로 인해 결혼생활에 긴장과 문제가 발생할 가능성이 크다. 또는 일반적으로 자신과 비슷한 자아분화 수준의 상대를 배우자로 선택할 가능성이 크다. 자아분화 수준이 낮은 두 사람이 결혼하면 부부간 융합도는 더욱 증가하여 매우 감정적으로 의존하면서 부부간 불만과 불안이 고조되고 이는 또다시 자녀에게 부정적으로 영향을 미치게 된다.

특히 자아분화가 낮은 부부는 긴장이 계속 증가하거나 스트레스 상황에 직면하게 되면 제3자를 끌어들여 이러한 불안을 완화하려고 시도하게 된다. 즉 이러한 삼각관계에서 제3자의 역할을 맡게 되는 자녀는 희생양(scapegoat)이 되어 가족문제의 장본인으로 지목되며 미분화의 병리적 증상을 나타내게 된다. 하지만 자아분화가 잘 되어있는 가족은 심각한 스트레스 상황에 노출되더라도 서로 정서적 분리를 유지하면서 합리적으로 해소하는 전략을 사용할 수 있다.

2) 자아분화의 영향

핵심은 자아분화가 청소년기 및 청년기의 발달과업인 자아정체감과 친밀감의 형성과 직접적인 관련이 있다는 점이다. 따라서 자아분화 정도는 자아존중감, 대인관계, 미래설계 등 인생의 다각적인 측면에 영향을 미친다. 우선 자아분화 수준은 개인의 자아존중감에 영향을 미친다. 낮은 자아분화는 동질화 압력이 강하여 정체성이 약하므로 가짜 자기를 발전시킨다. 즉, 타인에 대한 의존성이 높아 감정적으로 또는 타인의 압력에 의한 의사결정을 하는 경향이 있으므로 자아존중감이 낮을 가능성이 크다. 반면에 높은 자아분화는 진짜 자기를 발전시켜 자신의 내면에서 결정된 삶을 살고 지적체계와 감정체계의 교류가 활발하게 일어난다. 이에 타인의 지지가 약해도 자신의 신념을 유지할 수 있으며 진정한 친밀관계를 형성해 나갈 수 있기 때문에(Bowen, 1978; Kerr & Bowen, 1988) 자아존중감이 높을 가능성이 크다. 즉 자신의 정체성을 확고하게 유지하고 있는 자아분화 수준이 높은 사람은 타인과의 관계에서 독립적이지만 상호존중의 관계를 이끌어 나가기 때문에 자신의 가치를 높게 인정하는 자아존중감도 높다는 것이다(남상인, 2003).

또한, 자아분화 수준은 스트레스 및 갈등에 대한 대처방식에 영향을 미친다. 실제 대학생을 대상으로 한 연구(배옥현, 홍상욱, 2008)에 따르면 자아분화가 높은 집단이 낮은 집단보다 부모자녀문제, 진로문제, 교우문제, 학업문제, 경제문제에 대한 스트레스 수준이 낮고 스트레스가 발생했을 때 적극적인 대처방식을 사용하는 것으로 나타났다. 성인초기 자아분화 수준은 사회적 문제해결능력의 하위요인 중 긍정적 문제지향, 합리적 문제해결기술과는 정적 상관을 나타냈고, 부정적 문제지향, 충동·부주의적 반응양식, 회피적 반응양식과는 유의미한 부적 상관을 나타냈다(이유리, 홍정순, 2016).

자아분화 수준이 높은 사람은 독립성과 융통성을 가지고 생활하며, 갈등에 직면하여 효율적으로 대처할 수 있는 데 반해 자아분화 수준이 낮은 사람은 의존적이고, 긴장이나 갈등을 일으키는 상황에 적응하지 못하고 갈등을 해결하기 위한 노력보다는 회피하는 경향이 있다(Bowen, 1976). 자아분화 수준이 낮은 사람은 친밀한 관계에 대한 두려움으로 정서적 단절과 회피전략을 사용할 가능성이 크다는 것이다(최연화, 2012). 이와 같이 자아분화 수준이 낮은 사람은 부정적인 대처방식 때문에 친구나 이성교제, 나아가 부부 및 가족관계 등에서 발생한 갈등을 건설적으로 해결하지 못하고 친밀감 형성에 문제가 발생한다. 자아분화가 높을수록 동료 및 친구 등 타인과의 갈등관계를 원만하게 처리하여 정서적 친밀감을 형성한다(김선희, 2013; 김성은, 박은민, 2018). 대학생의 자아분화와 이성교제를 살펴본 연구(안혜림, 2011)에서 자아분화 수준이 높은 집단이 긍정적 갈등해결 전략을 많이 사용하고, 부정적 갈등해결 전략을 적게 사용하는 것으로 나타나 자아분화가 이성교제 시 갈등 상황에서 더 원만하게 문제를 해결하는 데 도움을 주는 것으로 나타났다.

마찬가지로 자아분화 수준은 부부갈등 및 대처방식과 밀접한 관련성이 있으며, 나아가 결혼적응과 결혼만족도에 영향을 미치는 중요한 기제가 되는 것으로 규명되고 있다(김남진, 김영희, 2010; 오종현, 2016; 이소미, 고영건, 2009; 한영숙, 2007). 조은경과 정혜정(2002)에 의하면 기혼남녀의 자아분화 수준이 높을수록 부정적인 대처방안보다는 긍정적이고 합리적인 대처방안을 사용하며, 결혼만족도와 결혼안정성이 높은 것으로 나타났다. 특히 자아분화의

하위요인 중 정서적 단절과 타인과의 융합이 기혼남녀의 결혼적응을 예측하는 중요한 요인으로 나타났다. 또한, 부모가 원가족으로부터 분화 수준이 낮은 경우 자녀의 문제행동이 유발된다는 점을 밝힌 연구(이혜경, 이은희, 2011)에서 부와 모의 낮은 자아분화는 감정적 대처행동을 통하여 부부갈등을 심화시키고, 심화한 부부갈등이 자녀의 문제행동을 유발하는 방식으로 자녀의 문제행동에 간접적 영향을 미치는 것으로 밝혀졌다.

4. 경제적 자립

　진정한 자립은 심리적 자립만큼 경제적 자립도 중요하다. 성인으로서의 자립을 상징하는 것에 대해 청년들은 '부모와 타인으로부터 경제적으로 독립하는 것'을 가장 최우선으로 선택했고, 다음으로 '첫 일자리를 갖게 되는 것'이라고 응답하였다. 또한, 성인이 되는 이정표로서 '생계를 유지할 수 있는 일자리를 얻게 되는 것'을 가장 중요한 요인으로 꼽았고, 다음으로 '자신의 행동에 대해 책임지게 되는 것'과 '독립적인 의사결정을 하게 되는 것'을 중요한 요인으로 응답하였다(유민상 외, 2022).

　경제적 자립은 다음과 같은 요인들이 복합적으로 작용하면서 정서적 독립성과 기능적 독립성을 높이는 것이라 할 수 있다(차승은, 한경혜, 1999). 첫째, 자녀의 경제활동에 따른 부모와의 상호작용 감소가 자녀의 독립적 지각 및 행동을 가져온다. 둘째, 자녀의 소득 증가로 인해 부모로부터의 경제적 지원이 줄어들면서 부모로부터 성인 대접을 받게 된다. 셋째, 경제활동 행위 자체가 학습 과정으로서 책임감 및 독립성 증가를 가져온다.

　최근 청년세대의 경제적 자립이 주목받고 있는 점은 이후의 결혼 및 출산의 선택에 큰 영향을 미치기 때문이다. 조성호, 김유경(2017)에 의하면 경제적 자립이 이성교제에 큰 영향을 미치고, 특히 부모에게서 분가하지 않은 경우에 이성교제를 하는 경향이 유의하게 낮은 효과가 있었다. 그런데 분가를 하고 싶어도 경제적 부담으로 부모와 계속 거주하는 경향이 있는 것으로 나타나 부모와의 동거와 경제적인 요인이 상관성이 있다고 보고하였다. 더욱이 소득구조의 분석에서 부모와 동거하고 있는 경우, 연령이 높을수록 소득이 낮은 것으로 나타나 부모와의 동거와 경제적 요인과의 관계를 뒷받침하고 있다.

　초혼시기의 결정 기제를 보면(조성호, 김유경, 2017), 첫 취직은 초혼시기에 큰 영향을 미치고, 특히 남성의 영향력이 여성보다 5배 이상 크게 나타났다. 그리고 첫 직장이 비정규직이면 정규직보다 초혼시기가 늦어졌으나 이것은 남성에서만 통계적 유의성을 보였으며, 여성에서는 영향을 미치지 않았다. 미혼취업자를 대상으로 분석한 연구(이유리, 이성훈, 박은정, 2017)에서도 미혼취업자의 사회경제적 지위 및 정규직 여부에 따라 이들의 연애 및 결혼, 출산 및 양육의 자신감에서 유의한 차이가 밝혀졌다. 사회경제적 지위가 낮은 집단에 비해 높은 집단이, 정규직 집단의 경우 비정규직 집단보다 연애 및 결혼, 출산 및 양육의 자신감이 높게 나타나 경제적 자립과 가족형성 간 관련성이 있는 것을 알 수 있다.

한편 통계청(2024)에 의하면 2023년 평균 실업률은 2.7%이고, 청년층 실업률은 5.9%로 나타났다(표 3.2 참조).

표 3.2 **연령별 실업률 추이**

(단위: %)

구분	2019	2020	2021	2022	2023
15~64세	3.8	4.0	3.7	2.9	2.7
15~29세	8.9	9.0	7.8	6.4	5.9
25~29세	8.0	8.1	7.3	6.0	5.9

출처: 통계청(2024). 2023년 12월 및 연간고용동향.

프리터, 워킹푸어, 은둔형 외톨이, 니트족

프리터(free+arbeiter)란 자유로운(free) 임시노동자(arbeiter)를 말한다. 아르바이트와 같은 단기간의 노동으로 생계를 유지하는 현상에서 시작되었으며 비정규직도 포함된다. 프리터를 '워킹푸어(Working Poor)'라고도 표현하는데, 이는 노동은 하지만 저임금으로 인해, 생계의 어려움이 있기 때문이다.

은둔형 외톨이(히키코모리)의 사전적 의미는 정신적인 문제나 사회생활에 대한 스트레스로 인하여 사회적인 교류나 활동을 거부한 채 집안에만 틀어박혀 있는 사람을 말한다. 하지만 미취업에 대한 스트레스, 갑작스러운 실직 등으로 인한 은둔형 외톨이가 증가하고 있다. 또한, 니트족(NEET: Not in Education, Employment, and Training)이란 교육이나 훈련을 받는 것도 아니고 일을 하는 것도 아닌, 즉 일할 의지가 없는 무직자를 뜻한다.

실업률은 코로나가 시작됐던 2020년 정점을 찍고 2021년부터 차츰 감소추세를 보인다.

하지만 전체 실업률과 비교했을 때 청년층의 실업률은 여전히 2배 이상의 높은 수준을 유지하고 있다. 청년층의 실업은 성인기 자립에 심각한 문제를 발생시키는데 일본의 경우 1990년대 초부터 시작한 장기불황으로 인한 프리터와 워킹푸어 문제, 2000년대 들어 주목받게 된 은둔형 외톨이(히키코모리)와 니트 문제 등이 대표적인 사례라고 할 수 있다. 즉 경제 불황과 고용 불안은 청년실업률을 증가시켰으며, 경제적 자립의 문제는 성인기 자립의 어려움으로 연결되었다. 불경기가 지속화되면서 기존 청년층의 부모에 대한 경제적 의존 문제가 40대 이상의 중장년층까지 이어져 사회적 문제로 대두된 것이다.

한국의 고용 불안도 니트족을 증가시키고 있다. OECD의 니트족 기준(취업하지 않거나 정규 교육기관에 등록하지 않은 15~29세)으로 분석한 결과에 따르면(정재현 외, 2021), 2020년 한국의 니트족 비율은 20.9%로 12개 비교국가 중 콜롬비아(29.8%), 멕시코(22.1%) 다음으로 높은 것으로 나타났다(표 3.3 참조).

표 3.3 OECD 주요 국가 청년(15~29세) NEET 비중

(단위: %)

연도	호주	캐나다	콜롬비아	독일	스페인	프랑스	핀란드	이탈리아	영국	멕시코	미국	한국
2013	13.0	12.5	21.6	9.7	27.2	16.3	12.3	26.1	15.6	22.3	17.0	17.7
2014	12.6	13.4	21.4	9.2	24.3	16.3	13.0	27.7	14.4	22.4	16.4	17.5
2015	11.8	13.3	21.0	8.6	22.8	17.2	14.3	27.4	13.7	21.9	15.6	18.9
2016	11.4	13.1	21.2	9.6	21.7	17.2	13.2	26.0	13.2	21.8	14.7	18.8
2017	10.9	12.2	21.9	9.3	19.9	16.5	12.6	25.1	12.2	21.2	13.7	19.1
2018	10.8	11.9	22.7	9.2	19.1	16.1	11.9	23.8	12.6	20.9	13.5	19.1
2019	10.4	11.3	23.7	8.2	18.3	15.4	11.0	23.7	12.3	20.7	13.4	19.6
2020	14.2	13.6	29.8	–	18.5	15.0	10.8	23.5	12.4	22.1	13.4	20.9

출처: 정재현 외(2021). 청년고용정책 사각지대 발굴 및 정책 제언.

청년기본법에 근거하여 2022년부터 매 2년 주기로 전국 19~34세 대상의 청년 삶에 대한 실태조사에 의하면, 은둔형 청년 비율은 2.4%로 나타났다. 은둔생활 이유는 취업이 잘 되지 않아서가 35.9%로 가장 높고, 인간관계 어려움 10.0%, 학업중단 7.9%의 순이었다(한국보건사회연구원, 2022). 후속연구로 2023년에 실시된 전국단위 고립·은둔 청년 대상(19~39세)의 조사결과(한국보건사회연구원, 2023), 25~29세 연령 집단이 전체 37%로 가장 높은 비율을

나타냈고 여성 비율이 72.3%, 대학교 졸업자가 75.4%를 차지하였다. 또한, 본인을 경제수준 하층으로 인식하는 비율은 75.7%이었으며 가족은 중상층이나 본인은 하층으로 인식하는 비율도 24.2%에 해당하였다. 약 64%가 정신건강에 문제가 있다고 하였으며 미래희망이 없고(66.3%), 타인 시선 두려움(62.0%), 절망감(59.0%), 대인 접촉 두려움(47.8%), 외로움(45.2%), 지인 대면 어려움(44.2%) 등으로 심리정서적 어려움을 호소하였다. 주로 하는 활동은 OTT 등 동영상 시청, 온라인 활동, PC/모바일 게임 등이며 일상생활은 불규칙한 식사생활 72.4%, 혼자 식사 80.3%, 밤낮이 바뀐 생활 52.3%로 나타났다.

취업의 연기와 실업 등 불안정한 고용이 성인기 진입을 앞둔 청년에게 미치는 가장 두드러진 인간발달적 영향이 바로 '정체성 유예기의 연장'이다. 청소년기로부터 시작된 정체성 유예 기간이 경제적 자립의 지연으로 인해 무기한 연장되는 현상이 벌어지고 있다(이준석, 김현주, 2016). 즉 청년세대의 경제적 자립의 어려움은 결과적으로 성인기로의 진입을 미루는 것이라고 할 수 있다(김지경, 정연순, 이계백, 2015). 이준석, 김현주(2016)에 따르면 18~26세 대학생 중 76%가 정체성 유예기를 경험하고 있는 것으로 나타났고, 유민상 외(2022)에 의하면 18~34세 대상의 주관적 자립 수준에 대한 질문에 51.2%가 전혀 독립적이지 않거나 약간 독립적이라고 응답하였다. 특히 이러한 주관적 자립 수준은 일자리 및 혼인상태에 따라 두드러진 차이가 나타났다. 즉 정규직 근로자나 사업경영자, 그리고 기혼자의 경우 주관적 자립에 대한 인식이 매우 높게 나타났다. 경제적 자립에 대한 불안한 전망으로 인해 청년세대의 정서 및 사회의 부적응 등의 다양한 측면의 문제가 예측되므로 청년세대의 성인기 이행에 대한 경제적 정책대응 방안이 강구되어야 할 것이다.

5. 진정한 자립을 위해

첫째, 자아정체감 확립이 중요하다. 청년기는 Arnett(2000, 2004, 2007)가 지적한 성인진입기로써 다각적인 측면에서 정체성을 실천하고 완성하는 시기이다. 청소년기와 달리 사랑과 결혼, 직업, 세계관이라는 삶의 영역에서 '나는 누구인가'에 대해 더욱 깊이 있게 성찰하는 과정이 필요하다. 보이는 타자로서 내가 아닌 그대로의 '나'를 직시하고 받아들이는 자아정체감 탐색과정을 거쳐야 한다.

둘째, 자아분화를 증진하기 위해 자신이 지각하는 개별성과 관계성을 점검하고 자아존중감을 향상하는 과정이 필요하다. 자신에 대한 믿음과 확신을 가지고 주체적으로 행동하고 결정하는 과정을 계속 거쳐야 한다. 그리고 스스로를 지지하고 격려하는 마인드컨트롤과 자기계발 노력이 필요하다.

셋째, 두려워하지 말고 친밀한 관계 형성을 시도해야 한다. 또한, 친밀감 형성의 기술을 습득해야 한다. 대인 간 상호작용에서 자립과 연대가 동시에 필요함을 깨달아야 한다. 친밀한 관계라고 할지라도 상대방에게 과도하게 의존하지 않고 상대방과의 차이를 받아들이며 서로 존중하는 태도가 중요하다. 구체적으로 친밀감 형성의 기술은 4장에서 다룰 것이다.

사랑에 관한 노르딕 이론

전형적인 노르딕 사람은, 수다스러울 정도는 아니지만 함께할 사람들을 무척 원하는 편이다. 집단적인 사고방식과 연대의식을 분명 갖고 있으며, 결코 극단적인 개인주의자가 아니다. 하지만 개인주의의 강력한 한 유형이 노르딕 사회의 토대임은 의문의 여지가 없다.

스웨덴 역사가 트래고드의 통찰은 왜 노르딕 국가들이 국제 경쟁력 및 삶의 질 조사에서 그렇게나 뛰어났는지를 알려준다. 모든 것이 사랑에 관한 노르딕적 사고방식으로 귀결되었다. 이 사고방식을 알려주는 완벽한 사례가 '말괄량이 삐삐'다. 핵심 개념은 진정한 사랑과 우정은 독립적이고 동등한 개인들 사이에서만 가능하다는 것! 노르딕 시민에게 인생의 가장 중요한 가치는 공동체의 다른 구성원과의 관계 면에서 개인의 자족과 독립이다. 삐삐가 변함없는 사랑과 순수함으로 우리 마음을 끌어당기고 감탄하게 만드는 까닭은 과장된 삐삐의 독립성 때문이다.

노르딕 사회의 원대한 목표는 개인을 가족이나 시민사회 내 모든 형태의 의존에서 자유롭게 하자는 것이다. 경제적 여유가 부족한 부모를 두었다는 불운한 우연 때문에 미리 기회를 뺏기지 않기를 기대할 수 있다. 아내는 남편에게 경제적으로 지나치게 의존하는 처지에 놓이지 않아야 한다. 이는 남편과 아내를 바꾸어도 마찬가지다. 그렇게 되면 원망이나 죄책감, 마음의 짐에서 홀가분한 관계들이 맺어진다. 결국, 사랑에 관한 노르딕 이론은 현재의 개인들이 인간관계를 맺는 방법에 관한 믿음직한 철학인 셈이다.

출처: 아누파르타넨 지음, 노태복 역(2017). 우리는 미래에 조금 먼저 도착했습니다 – 북유럽 사회가 행복한 개인을 키우는 방법. pp.61~68. 부분발췌.

넷째, 스트레스 및 갈등에 대한 적극적인 대처방식을 습득해야 한다. 감정에 휘둘리기보다 적극적인 사고와 의지로 상황을 파악하고 대처해야 한다. 대인 간 건설적인 갈등해결은 원활한 의사소통 기술(8장 참고)을 통해 이해하고 습득할 수 있다. 하지만 이해하는 것으로는 부족하며 반드시 실천하고 습관화하는 것이 중요하다.

다섯째, 건강한 연대와 진정한 자립을 위한 모든 원동력은 건강한 가족환경과 부모에게서 시작된다. 즉 자아정체감, 자아분화, 자아존중감, 친밀감 형성은 근원적으로 부모자녀관계에서 영향을 받는다. 어릴 때부터 가족 내에서 인지와 정서적 기능의 분화가 잘 이루어지도록 가족환경과 부모의 양육태도가 중요하다. 과거를 번복할 수는 없지만, 청년기 자아분화를 위해 현재 부모자녀관계 개선의 시도는 도움이 된다. 부모와 자녀가 함께 가족상담에 참여하여 자녀의 진정한 자립을 위한 부모의 역할을 깨닫고 가족 간의 지지와 격려, 원활한 의사소통 기술을 습득할 필요가 있다.

다음은 성인애착유형 검사 A입니다. 항목마다 당신에게 해당하는 점수를 기재하세요. 당신의 연인도 응답할 수 있습니다.

항목	나	연인
1. 내가 얼마나 호감을 가지고 있는지 상대방에게 보이고 싶지 않다.		
2. 나는 다른 사람과 가까워지는 것이 편안한 편이다.		
3. 상대방이 나와 친해지려고 노력하면 왠지 꺼려진다.		
4. 나는 다른 사람이 나와 매우 가까워지려 할 때 불편하다.		
5. 나는 다른 사람에게 마음을 여는 것이 편안하지 못하다.		
6. 나는 상대방과 가까워지기를 원하지만 생각을 바꾸어 그만둔다.		
7. 나는 다른 사람이 나와 너무 가까워졌을 때 예민해진다.		
8. 나는 다른 사람에게 내 생각과 감정을 이야기하는 것이 편안하다.		
9. 나는 상대방과 너무 가까워지는 것을 피하려고 한다.		
10. 나는 비교적 쉽게 다른 사람과 가까워지는 편이다.		
11. 나는 다른 사람에게 의지하기가 어렵다.		
12. 나는 다른 사람과 너무 가까워지는 것을 좋아하지 않는다.		
13. 나는 상대방에게 모든 것을 이야기하는 편이다.		
14. 나의 고민과 문제를 다른 사람들과 상의하는 편이다.		
15. 다른 사람에게 의지하는 것이 편안하다.		
16. 나는 상대방에게 위로, 조언 혹은 도움을 청하지 못한다.		
17. 내가 필요로 할 때 상대방에게 의지한다면 도움이 된다.		
18. 나는 위로와 확신이 필요할 때 상대방에게 의지할 수 있다.		

주: 2, 8, 10, 13, 14, 15, 17, 18번 항목은 '매우 그렇다' 1점~'전혀 그렇지 않다' 5점으로 역채점.
출처: http://typer.kr/test/ecr/. 저자 편집.

다음은 성인애착유형 검사 B입니다. 항목마다 당신에게 해당하는 점수를 기재하세요. 당신의 연인도
응답할 수 있습니다.

항목	나	연인
1. 나는 버림을 받는 것에 대해 걱정하는 편이다.		
2. 나는 다른 사람과의 관계에 대해 많이 걱정하는 편이다.		
3. 내가 다른 사람에게 관심을 갖는 만큼 그들이 나에게 관심을 갖지 않을까 봐 걱정이다.		
4. 나는 나와 친한 사람을 잃을까 봐 꽤 걱정이다.		
5. 나는 종종 내가 상대방에게 호의를 보이는 만큼 상대방도 그렇게 해주기를 바란다.		
6. 나는 상대방과 하나가 되기를 원하기 때문에 사람들이 때때로 나에게서 멀어진다.		
7. 나는 혼자 남겨질까 봐 걱정이다.		
8. 지나치게 친밀해지고자 하는 욕심 때문에 때로 사람들이 두려워하여 거리를 둔다.		
9. 나는 상대방으로부터 사랑받고 있다는 것을 자주 확인받고 싶어한다.		
10. 가끔 나는 다른 사람에게 더 많은 애정과 더 많은 헌신을 보여줄 것을 강요한다고 느낀다.		
11. 다른 사람들이 나를 떠날까 봐 걱정하는 일은 거의 없다.		
12. 나는 상대방이 나에게 관심을 보이지 않으면 화가 난다.		
13. 상대방이 내가 원하는 만큼 가까워지는 것을 원치 않는 것 같다.		
14. 나는 다른 사람과 교류가 없을 때 다소 걱정스럽고 불안하다.		
15. 상대방이 내가 원하는 만큼 가까이에 있지 않을 때 실망하게 된다.		
16. 내가 필요로 할 때 상대방이 거절한다면 실망하게 된다.		

17. 상대방이 나에게 불만을 나타낼 때 나 자신이 정말 형편없게 느껴진다.		
18. 나는 상대방이 나를 떠나서 많은 시간을 보냈을 때 불쾌하다.		

주: 11번 항목은 '매우 그렇다' 1점~'전혀 그렇지 않다' 5점으로 역채점.
출처: http://typer.kr/test/ecr/. 저자 편집.

이상에서 내가 체크한 점수 합의 평균(A점수, B점수)을 각각 계산합니다.
A점수와 B점수를 기준으로 성인애착유형은 다음과 같습니다.

⊙ 안정형 – A점수 2.33 미만, B점수 2.61 미만
⊙ 집착형 – A점수 2.33 미만, B점수 2.61 이상
⊙ 거부적회피형 – A점수 2.33 이상, B점수 2.61 미만
⊙ 공포적회피형 – A점수 2.33 이상, B점수 2.61 이상

이상의 결과를 바탕으로 당신의 애착유형에 대해 성장과정을 떠올리며 깊이 있게 성찰해 보세요. 가능하다면 연인과 함께 이야기 나눠보세요.

_____

_____

_____

_____

04 장

사랑과 친밀한 관계 형성

인간은 태어나서 죽을 때까지 누군가와 사랑을 주고받으며 살아가는 사회적 존재이다. Fromm은 "인간이란 근본적으로 고독한 존재이며, 그 고독과 공허함을 극복하기 위하여 사랑한다"라고 하였다. 현대사회에서 과연 사랑이란 무엇일까? 사랑은 우정보다 진한 관계라고 말한다. 그런데 어느 순간 우정보다 안정성이 낮고 식어버리기 쉬우며, 끝나면 우정보다 더 심한 상실감을 초래하기도 한다.

오늘날 영화, 드라마, 음악 등 대중매체 속에는 각양각색의 사랑 이야기로 가득하다. 어쩌면 우리는 무의식적으로 대중매체가 생산하는 사랑의 의미, 사랑 방정식, 사랑 이데올로기를 내면화하여 그와 비슷한 방식으로 각자의 사랑 이야기를 써 가고 있는지도 모른다. 우리는 지금 어떤 사랑을 하고 있는가? 나에게 사랑이란 어떤 의미일까? 나와 상대방의 사랑 의미는 일치할까? 사랑은 처음처럼 영원할 수 있을까?

이 장에서는 사랑의 의미와 이론, 유형에 대해 알아보고, 성숙한 사랑의 실천을 위한 친밀한 관계 형성 기술을 살펴보고자 한다.

주제어

사랑의 수레바퀴 이론, 사랑의 삼각형 이론, 에로스, 루더스, 스토르게, 매니아, 프래그마, 아가페, 실연의 단계, 친밀한 관계 형성 기술

미리 생각해 보기

1. 당신이 정의하는 사랑이란 무엇인가요?

2. 당신은 지금 어떤 사랑을 하고 있나요? 진정한 사랑이란 무엇일까요?

1. 사랑의 의미

1) 사랑의 개념

사랑은 우리 모두에게 친숙한 개념이지만 '사랑이 무엇인가'라는 물음에 답하기는 쉽지 않은 일이다. 사랑의 사전적 의미는 '어떤 사람이나 존재를 몹시 아끼고 귀중히 여기는 마음, 또는 그런 일'이다(표준국어대사전). 하지만 사랑의 정의는 학자마다 다르고 매우 다양하다. 사람마다 사랑의 경험이 다양한 만큼 사랑의 정의도 다양할 것이다. 이것은 사랑에 대하여 각 개인의 사고와 경험, 감정과 행동이 다르며 시대적·문화적 상황과 배경에 따라서도 달라질 수 있기 때문이다. 또한, 사랑의 대상이 누구인가에 따라 그 개념화는 달라질 수밖에 없다(김정옥 외, 2012).

사랑이란 무엇인가? 거기서 빠져나올 필요가 있는 그 무엇이다.
- S.T. Baudelaire

당신이 한 여인에게 아무것도 숨길 수 없게 될 때, 당신은 그녀를 사랑하는 것이다.
- P. Geraldy

사랑이란 또 다른 열망, 자기실현을 향한 투쟁, 자기 이상에 도달하려는
헛된 충동에 대한 대체물이다.
- T. Reik

사랑이란 타인의 존재에서 기쁨을 느끼는 것이며, 자기 자신의 것만큼
그 사람의 가치와 성장을 인정하는 것이다.
- R. May

사랑은 서로에게 상호이득을 주는 인간관계이다.
- A. Montagu

사랑은 수동적이기보다는 능동적이며, 빠지는 것이 아니라 참여하는 것이며, 받는 것이 아니라 주는 것을 통해 상대방의 감각이나 생활을 풍부하게 하고, 자신의 통합성을 유지하는 상태에서 합일을 이루게 하는 힘이다.

– E. Fromm

사랑은 '마음과 마음이 연결'되는 것이 아닌 '영혼과 영혼의 연결'이며, '영혼과 영혼의 연결'은 사랑하는 사람의 겉모습 뒤에 숨겨진 본질적인 아름다움을 발견하는 것이다.

– b. hook

사회심리학자이자 정신분석학자인 Fromm(1956)은 「사랑의 기술(The Art of Loving)」(황문수 역, 2019)에서 인간에게 주어진 사랑의 능력과 기술에 관해 이야기하고 있다. Fromm에 의하면 삶이 기술인 것과 마찬가지로 사랑도 기술이라는 것을 깨달아야 한다. 그리고 사랑의 기술을 익히고 싶다면 음악이나 미술, 건축, 공학기술을 배우는 것과 마찬가지로 습득 과정을 거쳐야 한다. 즉, 사랑은 정서적 감정이나 느낌이 아니라 의지와 노력의 산물인 기술이다. 또한, 사랑은 능동적으로 '참여하는 것'이지 '빠지는 것'이 아니다. 나의 의지와 상관없이 상대가 나를 좋아하면 사랑에 빠졌다고 착각하는 수동적 태도를 경계해야 한다. '내가 상대로부터 사랑받기 때문에 나는 사랑한다'와 '내가 상대를 필요로 하므로 나는 상대를 사랑한다'라는 사고는 미숙하고 유아적인 사랑이다. 성숙한 사랑은 '내가 사랑하기 때문에 나는 사랑받는다'와 '내가 상대를 사랑하기 때문에 나는 상대를 필요로 한다'가 성립한다.

Fromm은 언제나 모든 사랑의 형태에는 공통된 네 가지의 기본적 요소, 즉 보호, 책임, 존경, 지식이 내포되어 있다고 하였다. 보호(caring)란 사랑하는 대상의 생명과 성장에 대하여 적극적인 관심을 두고 보살피는 행동을 말한다. 책임(responsibility)은 사랑하는 대상에 대한 자발적인 감수성과 반응능력을 갖추고 있음을 의미한다. 존경(respect)은 사랑하는 대상을 있는 그대로 보고 그의 독특한 개성을 인정하는 것이다. 마지막으로 지식(knowledge)은 사랑하는 대상을 객관적으로 볼 수 있고 충분히 이해하는 것을 의미한다. '보호'에는 '책임'이 포함되어 있으며 '존경'이 없는 '책임'은 지배와 소유로 타락할 것이다. 또한, 상대를 모르는 상태에서 '보호'와 '책임'은 맹목이며 집착이라고 할 수 있다. 이처럼 Fromm은 사랑의 네 가지 요소들이 상호의존하면서 성숙한 사랑으로 발달한다고 주장하였다(황문수 역, 2019).

미국의 문화비평가이자 페미니스트인 hooks는 「올 어바웃 러브(All about Love)」(2000)에서 '설렘'과 같은 특별한 감정만으로 사랑을 정의하는 것을 경계한다. 그리고 사랑이란 "자기 자신과 다른 사람의 영적인 성장을 위해 자아를 확장하고자 하는 의지"라고 정의했다. 현실에서 쓰고 있던 가면을 벗는 것과 같은 성스러운 행위 즉 진실을 털어놓고 내면의 갈등을 함께 나누며, 자신의 욕구를 솔직하게 표현하면서 두 사람의 영혼이 더 깊은 곳에서 만날 수 있고 나아가 가장 높은 단계인 영적인 성장까지 할 수 있다. 이러한 사랑의 정의는 사람이라면 누구나 본능적으로 사랑을 하게 된다는 믿음과 정면으로 배치된다. 왜냐하면, 사랑을 갈망하는 것 그 자체가 바로 사랑은 아니기 때문이다. 사랑하려는 '의지'를 가지고 사랑을 '선택'할 때 사랑을 하게 되는 것이다(이영기 역, 2012).

이상의 Fromm과 hooks의 사랑 정의에서 중요한 점은 진정한 사랑이란 상대방에게 의존하는 수동적인 감정이나 현실을 벗어난 낭만적인 정서가 아니라는 것이다. 사랑하는 상대를 객관적으로 이해하며 있는 그대로 존중하면서 상대의 성장에 대해 적극적인 관심을 갖고 자발적으로 반응하는 것이다. 또한, 자기 자신과 상대방의 영적인 성장을 위한 의지를 갖추고 주체적이고 능동적인 실천을 하는 것이다. 파트너가 함께 성장하고 풍요로운 삶을 영위하는 사랑의 실현을 지향하는 것이다.

2) 사랑의 특성

보편적이며 일반적인 측면에서 사랑의 특성을 살펴보면 다음과 같다(김정옥 외, 2012, 이성희, 한희선, 2011).

첫째, 사랑의 형태는 다양하다. 학자마다 사랑의 정의가 다양한 것처럼 수많은 다양한 형태의 사랑이 존재하고 있다. 일례로 Sternberg(1986)는 사랑의 일곱 가지 형태를 제시하였고, Lee(1973)는 사랑을 여섯 가지 색의 에로스, 루더스, 스토르게, 매니아, 프래그마, 아가페로 유형화하여 소개하였다. 마찬가지로 사람마다 다양한 형태의 사랑을 경험하고 일생을 살아가며 어느 특정한 사랑만을 경험하는 것은 아니다. 예를 들어, 연애할 때는 소유적 사랑을 하다가 결혼할 시점에는 논리적 사랑을 할 수 있다. 또한, 동시에 여러 유형의 사랑을 하기도 한다.

둘째, 사랑은 발전하기도 하고 변화한다. 같은 상대에 대한 사랑이라고 할지라도 여러 단계를 거치면서 성숙한 방향으로 발전하는가 하면 또한 변하기도 한다. 즉 상대방에 대한 강렬한 사랑에서 안정적인 사랑까지의 여러 단계가 존재한다. Sternberg(1986)의 친밀감, 열정, 헌신의 세 가지 요소 중 사랑의 초기단계에는 열정의 감정이 급상승하지만, 점차 하강하고 후기단계에는 헌신의 의지가 점점 상승해가며 사랑의 유형이 변화한다. 또한, Reiss(1960)는 사랑의 단계를 순환적으로 거치면서 발전하는 것이라고 하였다.

셋째, 사랑은 성장 과정에서 학습된다. 사랑의 감정은 단기간에 학습되는 것이 아니다. 사랑의 감정은 성장하면서 경험하고, 이를 모방하며 학습하게 되는 것이다. 영유아기에 부모와의 상호작용을 통해 사랑을 경험하면서 타인을 사랑하는 방법을 형성하게 된다. 이러한 부모와의 안정적 애착 형성 경험은 타인과의 친밀한 관계를 유지하는 데 중요한 요소가 된다. 이에 비해 부모와의 불안정한 애착 형성 경험은 다른 사람과의 관계 형성에 어려움을 미치게 된다.

마지막으로, 사랑은 기술과 의지로 성숙할 수 있다. Fromm(1956)은 사랑은 기술이라고 강조하였으며 hooks(2000)는 사랑의 의지와 실천을 강조하였다. 상대에 따라 자연스럽게 갖게 되는 감정만으로 저절로 사랑이 성숙하는 것이 아니다. 사랑의 감정이 깊어지지 않는다며 상대에게 탓을 돌릴 것이 아니라 사랑의 기술을 익히며 성숙한 사랑이 되도록 의지와 실천으로 노력해야 한다.

2. 사랑의 이론

1) 사랑의 수레바퀴 이론

사회학자 Reiss(1960)에 의하면 사랑은 우연히 일어나지 않으며 단시간 내에 갑자기 빠지는 것이 아니다. 사랑의 관계는 특정 한 단계에 머물러 있는 것이 아니라 수레바퀴처럼 순환과정을 거치면서 발전한다고 하였다. Reiss(1960)가 제시한 사랑의 수제바퀴 이론의 라포형성, 자기노출, 상호의존, 친밀감 욕구충족의 순환적 단계에 대해 정리하면 다음과 같다(그림 4-1 참조).

첫째, 라포(rapport)를 형성하는 단계이다. 라포는 서로 간의 신뢰와 친근감을 토대로 이루어지는 관계를 의미한다. 라포를 형성하기 위해서는 타인의 감정, 사고, 경험을 이해할 수 있는 공감대를 형성하는 것이 무엇보다 중요하다(국립특수교육원, 2009). 라포를 형성하는 능력은 사람마다 다르다. 대부분 라포형성은 서로 간의 유사성을 찾는 것에서 출발한다. 즉 서로 비슷한 사회경제적 배경, 가정환경, 취미활동 등을 가진 경우 쉽게 일체감을 느끼게 된다. 이러한 배경이 다르더라도 서로의 상이점에 흥미를 느끼거나 각자가 동경하는 자질을 발견한다면 라포가 형성될 수도 있다(유영주, 김순옥, 김경신, 2009).

그림 4-1   Reiss의 사랑의 수레바퀴 이론

둘째, 자기노출(self-disclosure) 단계이다. 자기노출이란 자신에 관한 정보를 타인과 공유하는 것을 말한다(김외숙, 이기영, 2015). 서로에 대해 점차 깊이 있게 알아가게 되면서 더욱 친밀한 관계가 형성된다. 한 사람의 일방적인 자기노출이 아니라 상호 간의 자기노출이 이루어질 때 다음 단계의 상호의존 단계에 이르게 된다. 하지만 과다한 자기노출은 오히려 매력을 잃게 하거나 상대방을 당황하게 할 수 있다. 따라서 적정 수준의 자기노출이 친밀감 형성에 도움을 준다.

셋째, 상호의존(mutual dependence) 단계이다. 이 단계는 두 사람이 서로 많은 시간을 함께 보내기를 원하는 상호의존의 관계로 발전하는 것이다. 서로에 관한 관심 및 호의를 보이고 상대방에게 의존하면서, 서로의 존재 필요성을 느끼게 된다(이경희, 2010).

마지막으로, 친밀감 욕구충족(intimacy need fulfillment) 단계이다. 서로 친근하고 긴밀한 관계로 발전하면서 서로의 목표를 제시하고 함께 결정을 내린다. 또한, 서로에게 공감과 지지를 하며 더욱 깊은 친밀감 욕구가 충족되게 된다(Williams, Sawyer, Wahlstrom, 2006). 모든 사람은 사랑하고 사랑받고 서로 이해, 지지, 위로받고자 하는 친밀감 욕구가 있다. 이러한 친밀감 욕구충족은 서로의 사회적 성취에도 중요한 이바지를 하게 된다.

이처럼 Reiss는 사랑은 수레바퀴처럼 순환적 단계를 거치면서 점차 발전하게 된다고 하였다. 즉 라포형성은 자기노출로, 자기노출은 상호의존으로, 상호의존은 친밀감 욕구충족으로 계속 회전하며 상호 친밀감은 더욱 깊어진다. 하지만, 사랑의 발달단계는 가역적인 순환도 하게 된다. 가령, 특정 단계의 어려움이 발생하면 다음 단계에 영향을 주게 되어 그 회전이 멈추게 되거나 친밀감이 낮아지고 관계가 멀어지면서 결국 사랑은 약화하여 간다(유영주 외, 2009).

2) 사랑의 삼각형 이론

미국 예일대학교 심리학과 교수인 Sternberg(1986)는 완전한 사랑이 이루기 위해서는 친밀감(intimacy), 열정(passion), 헌신(commitment)의 세 가지 요소를 갖추어야 한다고 제시하였다. 삼각형의 각 꼭짓점에 이 세 가지 요소를 두고 설명하여 '사랑의 삼각형 이론'이라 일컬어진다.

그림 4-2 ┃ 시간에 따른 사랑의 곡선

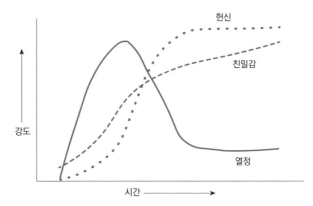

출처: Weiten & Lloyd(2003). 김정희 외 역(2006). 생활과 심리학.

(1) 사랑의 세 가지 요소

첫째, 친밀감은 사랑하는 사이에서 느끼는 친숙함과 유대감, 결속력 등의 정서적 요소이다. 서로에 대해 잘 알고 심리적으로 가깝고, 밀착되어있다고 느끼는 상태이다. 보통 초면에는 친밀감이 없다가 만나면서 꾸준히 상승하며 어느 선에서 느리게 증가한다.

둘째, 열정은 서로에게 향하는 열렬한 마음이다. 연애 초기 서로에게 신체적인 매력이나 육체적인 성적 욕망을 느끼며 서로에게 더욱 열중하게 된다. 하지만 열정의 속성은 매우 빠르게 증가하여 급격히 감소하는 특징이 있다. 이 때문에 사랑은 변한다!

셋째, 헌신은 인내와 책임감을 수반하는 의지적 요소이다. 현재의 사랑을 미래에도 사랑하고 계속 지켜나가겠다는 결심과 약속이라고 할 수 있다. 오늘날의 사랑에서 부족한 요소라고 할 수 있다. 헌신의 속성은 만나면서 서로에게 신뢰를 느끼며 점점 상승해간다.

사랑의 유효기간? 열정의 유효기간!

미국 코넬대학교 인간행동연구소는 남녀 간의 사랑이 얼마나 지속하는가를 알아보기 위해 2년에 걸쳐 남녀 5천 명을 대상으로 연구한 결과, 남녀 간에 가슴 뛰는 사랑은 18~30개월이면 사라진다고 밝혔다. 남녀가 만난 지 2년을 전후해 대뇌에 항체가 생겨 사랑의 화학물질이 더는 생성되지 않고 오히려 사라지기 때문에 사랑의 감정이 변하는 것도 자연스럽다는 것이 연구팀의 주장이다. 하지만 Sternberg의 사랑의 삼각형 이론에 적용하면 이는 잘못된 표현이다. 즉 열정이 감소한 것이지, 사랑이 끝난 것은 아니며 사랑의 유형이 변화하는 것이다. 감정에 관여하는 대뇌에서 나오는 화학물질은 도파민, 페닐에틸아민, 옥시토신, 엔도르핀 등이다. 이러한 물질은 화학작용을 통해 행복감, 열정, 성적 충동, 유대감 등을 느끼게 한다.

사랑은 자기의지와 상관없는 자연스러운 감정이라고 생각한다면 오산이다. 보통 사랑의 초기단계는 상대방을 완전하게 알 수 없으며 또는 잘못 알기도 하는 상황에서 사랑의 낭만적 분위기와 서로의 성적 에너지에 의해 사랑에 빠지게 된다. 하지만 열정이라는 요소는 점차 감소하게 된다. 이 때문에 상대방에 대해 점차 알아가면서 각자의 개성과 서로의 다름을 의지적으로 인정하고 수용하지 못하면 헌신의 요소는 깊어질 수가 없다. 즉, 사랑을 계속 이어나가기 위해서는 자연스러운 감정 이상의 서로 노력이 필요하다.

(2) 사랑의 일곱가지 형태

Sternberg(1986)는 사랑의 세 가지의 요소 중 하나 또는 두 가지만 있어도 사랑이라 부를 수 있다고 하였다. 하지만 완전한 사랑은 이 삼각형의 세 꼭짓점이 무게중심에서 균형상태를 이룰 때 가능하다고 하였다(그림 4-3 참조).

첫째, 좋아함(liking)이다. 서로에 대해 잘 알고 있고 친밀감만 있는 상태로 상대에 대해 호감을 느끼는 정도라고 할 수 있다. 친구 간의 우정도 친밀감이 있는 사랑의 일종에 해당한다.

그림 4-3 사랑의 일곱 가지 형태

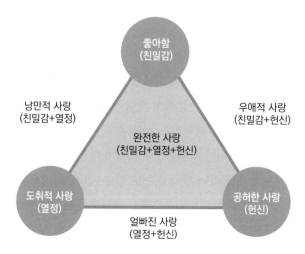

출처: Sternberg(1986). A triangular theory of love.

둘째, 도취적 또는 열정적 사랑(infatuated love)이다. 상대에 대해서 잘 모르면서 열정만 있는 상태로 상대에게 매혹된 것이라고 할 수 있다. 첫눈에 빠진 사랑, 짝사랑과 같이 서로 친밀하지도 않으면서 겉으로 보이는 모습에서 상대방을 이상화한다. 청소년기 연예인에 대한 맹목적인 사랑도 하나의 예라고 할 수 있다.

셋째, 공허한 사랑(empty love)이다. 친밀감도 열정도 없이 서로에 대한 책임감만으로 관계를 지켜나가는 공허한 사랑이다. 과거의 정략결혼과 같이 서로 얼굴도 모르지만, 양가 부모의 약속대로 결혼하는 경우가 이에 해당한다.

넷째, 낭만적 사랑(romantic love)이다. 친밀감과 열정은 있지만, 서로에 대한 헌신은 없는 사랑이다. 서로 정서적인 유대감과 육체적인 욕망을 느끼며 열렬히 사랑하지만, 미래에 대한 책임감은 없다. 낭만적이고 애틋하지만 쉽게 깨질 수 있는 위험한 사랑이다. 첫사랑이 대표적인 예라고 할 수 있다.

다섯째, 얼빠진 또는 어리석은 사랑(fatuous love)이다. 열정과 미래에 대한 헌신은 있지만, 친밀감은 없는 사랑이다. 만나자마자 서로에게 신체적 매력과 성적 욕망을 느끼고 서로에 대해 잘 알지 못하면서 섣불리 미래에 대해 약속을 하는 경우이다. 하지만 이내 열정이 사라지면서 친밀감의 안정성이 없으므로 서로에게 실망하고 미래에 대한 약속을 파기하게 된다.

여섯째, 동료적 또는 우애적 사랑(companionate love)이다. 친밀감과 서로에 대한 헌신은 있지만, 열정은 없는 경우이다. 예를 들어 오랜 세월 친구로 지냈던 친밀한 두 남녀가 서로에 대한 열렬한 감정은 없지만, 미래를 약속하거나 열정은 약해졌지만, 서로에 대한 친밀감과 헌신으로 살아가는 중년기 이후 부부간의 사랑이 이에 해당한다. 이러한 사랑은 격정적이 지는 않지만, 안정감과 편안함이 있다.

일곱째, 완전한 사랑(consummate love)이다. 친밀감, 열정, 헌신의 세 가지 요소가 모두 균형 잡힌 경우이다. 세 가지 요소의 시간적 특성 때문에 처음부터 완전한 사랑을 시작하는 것은 거의 불가능하다. 서로에 대한 매력을 느끼고 계속 만나면서 친밀감을 쌓아가고, 미래에 대한 헌신을 결심하면서 완전한 사랑을 완성해나가게 된다.

이러한 사랑의 형태는 상대에 따라 달라질 수도 있고, 한 상대와의 만남이라고 할지라도 시간에 따라 변할 수 있다. 누구나 완전한 사랑의 대상을 만나고 싶겠지만, 중요한 것은 지금 현재의 사랑을 완전한 사랑으로 만들어 가기 위한 노력이다. 보통 낭만적 사랑을 지속해 나가다가 서로에 대한 책임감이 커지면서 완전한 사랑을 이루며 평생의 동반자로 헌신하는 것이 가장 이상적이다.

3) 사랑의 여섯 가지 색

캐나다의 사회학자인 Lee는 「사랑의 색(Colors of Love)」(1973)에서 세 가지 원색의 사랑과 원색이 두 가지씩 혼합된 세 가지 이차 색의 사랑을 소개하였다. 세 가지 원색으로 표현한 에로스(Eros), 루더스(Ludus), 스토르게(Storge)는 사랑의 원형이다. 이들 간의 혼합으로 이루어지는 이차적인 사랑은 매니아(Mania), 프래그마(Pragma), 아가페(Agape)이다(그림 4-4 참조).

그림 4-4   Lee의 사랑의 색

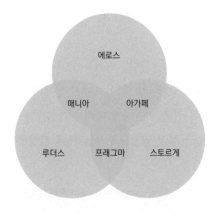

(1) 에로스

에로스(Eros)는 서로의 육체적 매력에 이끌려 자극이 일어나며, 가파르게 열정이 상승하면서 둘의 만남이 시작된다. 이렇게 사랑에 빠진 이들은 점차 둘만의 유대감과 친밀감을 쌓아가면서 모든 것을 서로에게 개방하기를 바라고, 모든 경험을 함께해 나가고자 한다.

(2) 루더스

루더스(Ludus)는 상대와 정서적 게임을 하면서 자신만의 즐거움과 재미를 얻기 위한 사랑이다. 즉 상대와 정서적 거리를 유지하며 너무 밀착되거나 매몰되지 않으려고 하고 미래에 대한 책임을 지지 않으려 한다. 따라서 한 명과 깊이 있는 만남을 지속하지 않으며, 동시에 여러 명을 사귀기도 한다. 자기중심적인 유희적 사랑이라고 할 수 있다.

(3) 스토르게

스토르게(Storge)는 오랜 기간 친구처럼 서로 은근하고 편안하게 만남을 이어나가며 사랑한다. 에로스처럼 뜨겁고 격정적이지는 않지만, 서로에게 충실하고 안정된 관계를 유지한다. 서로에 대한 깊은 신뢰가 있으므로 갈등이 생겨도 서로 타협하며 합리적으로 의사결정을 할 수 있다.

(4) 매니아

매니아(Mania)는 에로스와 루더스가 혼합된 사랑이다. 육체적 매력에 이끌려 순식간에 불꽃이 붙어서 사랑이 시작되지만, 상대방의 사랑을 확인하고 소유하고자 소모적인 정서적 게임을 하는 사랑이다. 정서적으로 완전히 몰입된, 즉 서로 소유하고 소유되는 관계를 원하기 때문에 상대방의 사랑을 확인하는 데에 너무 많은 시간과 에너지를 소비한다. 상대방의 마음이 변할까, 자신을 떠날까 매우 불안해하며 이러한 질투와 소유욕 때문에 순식간에 사랑이 증오로 변하기도 한다.

한편 너무 의존적인 사랑은 사랑중독일 가능성이 크다. 사랑중독자는 상대방을 사랑한다기보다는 사랑 그 자체에 의존하는 사랑의 노예라고 할 수 있다. 또한, 정서적으로 독립적이지 못하고 누군가의 사랑을 받고 사랑을 해야만 존재할 수 있다. 영유아기 시절 부모와의 안정된 애착관계가 형성되지 못한 경우 이러한 불안감이 무의식중에 있어서 성인이 된 이후에도 신뢰하는 이성관계, 대인관계를 맺는 데 장해물이 되기도 한다.

(5) 프래그마

프래그마(Pragma)는 스토르게와 루더스가 혼합된 사랑이다. 열정적인 사랑보다는 서서히 무르익는 안정적인 사랑을 선호하는 동시에 자신이 원하는 조건을 갖춘 상대를 찾기 위해 상대방의 조건을 살핀다. 즉 자신이 손해 보지 않기 위해 상대와 자신의 조건을 저울질하는 게임을 한다. 실용적이고 논리적인 사랑을 하는 이들은 자신이 원하는 조건을 갖추지 않은 사람과 쉽게 교제하지 않으며 만남을 시작했다 하더라도 조건에 어긋난다고 판단되면 곧바로 이별을 선택한다. 과거에는 열정적이고 낭만적인 사랑을 하는 젊은이들이 상대적으로 많았다. 사랑 하나만으로 결혼생활도 핑크빛일 것이라 환상을 꿈꾸기도 하였다. 하지만 오늘날의 젊은이들은 부모를 비롯한 윗세대들의 시행착오를 보면서 낭만적 사랑보다는 실용적 사랑을 하는 이들이 많아졌다.

(6) 아가페

아가페(Agape)는 에로스와 스토르게가 혼합된 사랑이다. 변하지 않는 열정을 가지고 오랫동안 상대방에게 헌신하는 사랑이다. 부모의 자녀에 대한 무조건적인 사랑, 종교적인 사랑이 이에 속한다. 조건 없이 상대방을 돌보아 주며 베풀어 주는 희생적 사랑으로 아낌없이 주는 이타적 사랑이다. 하지만 이로 인해 상대방을 의존적으로 만들고 자신은 힘든 사랑을 할 수도 있다.

한편 Lee(1973)는 세 가지 원색에서 파생된 이차적 사랑이 다시 혼합되면서 또 다른 사랑의 색을 만들어낸다고 하였다. 또한, 서로 같은 또는 인접한 색의 사람과 사랑을 하는 것이 가장 이상적이라고 하였다. 단, 루더스와 매니아는 인접한 색상이지만, 서로가 극단의 반대 게임을 하므로 상극의 관계라고 할 수 있다.

중요한 것은 현재 자신의 사랑 색을 이해하고 상대와의 관계에서 더 성숙한 사랑으로 나아가기 위해 어떤 점이 개선되고 보완되어야 할지 통찰하는 것이다. 또한, 현재의 사랑에 충실한 것이 중요하며 상대방의 과거 사랑에 대해 질투하고 연연하는 것은 어리석은 짓이다. 상대방의 과거는 그 사람의 추억으로 존중할 수 있는 것도 사랑이다.

3. 실연—아픈 만큼 성숙한다!

연애과정에서 서로가 기대하는 역할과 가치관의 차이, 또는 열정의 약화 등 여러 가지

원인으로 이별을 경험하기도 한다. 이러한 연애의 경험과 실패를 통해 자신을 알아가고 대인관계기술을 습득해 나가는 것이다.

실연(失戀)의 과정은 일반적으로 다음의 3단계를 거치게 된다. 아픈 만큼 성숙해진다는 것을 믿고 실연의 아픔을 잘 견디어 자기성찰의 과정으로 받아들인다면 실연의 단계를 거쳐 더욱 성숙한 사랑을 시작할 수 있게 될 것이다.

1) 1단계, 상실의 단계

실연의 초기단계인 상실의 단계는 부정, 분노, 타협, 우울의 마음이 복합적으로 일어난다. 낙심과 함께 '설마…… 거짓일 거야'라고 현실을 부정하며 상대방의 이별 통보를 사실로 받아들이기까지 쉽지 않은 과정을 거치게 된다. 자신을 거부한 상대방에 대한 나쁜 감정이 생기는 것은 인지상정일 것이다. 상대방이 밉고 원망스럽고 상대방에게 거부당한 내 모습도 실망스럽다. '어떻게 하면 다시 상대의 마음을 되돌릴 수 있을까?' 타협할 방법을 고민하고 시도해 보기도 한다. 결국, 실연을 현실로 인지하게 되고 더욱 우울한 감정에 휩싸이면서 삶에 대한 의욕을 잃고 무절제한 생활을 하기도 한다. 상대방을 욕하기도 하고 다시 매달려 보기도 하고 소리쳐 울어 보기도 한다.

오히려 상실의 감정을 아무렇지도 않은 듯 겉으로 표현하지 않고 삭히게 되면 마음의 큰 상처로 남을 수도 있다. 또는 상실의 아픔이 두려워 상처가 아물기도 전에 또 다른 상대를 찾아 사랑을 시작하는 의존적 사랑도 건강하지 못하다. 자신의 안 좋은 감정을 솔직히 표현하며 치유될 때까지 이러한 아픈 감정을 감당하는 것이 더 건강하다. 하지만 상실의 늪에 깊숙이 빠져서 수용과 치유의 단계로 넘어가지 못하는 위험도 주의해야 한다.

2) 2단계, 수용과 치유의 단계

상실의 단계에서 아픈 감정을 쏟아내고 나면 어느 정도 실연의 상황을 수용할 힘이 생긴다. 더 나아가 실연의 상처도 어느덧 아물고 치유된다. 수용과 치유의 단계에서 헤어진 연인과 안 좋았던 기억은 잊거나 합리화하고 좋았던 기억만을 떠올리며 이제는 과거의 추억으로 정리하게 된다.

3) 3단계, 성숙의 단계

성숙의 단계에서 여러 가지 정서를 경험하게 되고 깊이 있는 자기성찰이 이루어지면서 자신에 대해 더욱 알아가게 된다. 자신과 어울리는 상대방을 파악하는 능력도 생기고 자신의 미흡한 점을 더욱 발전시켜 나가기도 하면서 한층 더 성숙해질 수 있다.

4. 사랑과 친밀한 관계 형성하기

교제 경험은 깊이 있는 상대와의 교감과 상호작용을 통해 새로운 자신의 모습을 발견하는 기회를 제공하여 진정한 나를 발견하는데 중요한 과정이 될 수 있으며, 친밀감을 경험적으로 배울 수 있게 한다(김중술, 2013). 또한, 예비 사회인인 대학생 시기의 연애경험은 그 이후의 애정관, 결혼관, 인생관까지 영향을 미칠 수 있다(최연화, 2012). 교제의 기본이 되는 친밀감은 자신의 무엇을 상실한다는 두려움 없이 자아정체감을 자신 외의 누군가와 연결시키는 능력이다(Evans, 1967: 최연화, 2012, 재인용). 청년기는 친밀한 인간관계에서 발생되는 갈등이나 문제를 직면하고 해결하며 성장, 발전하게 된다(최연화, 2012). 커플관계에서 친밀한 관계를 형성하고 더욱 건강하고 성숙한 사랑을 위한 기술을 정리하면 다음과 같다(Olson 외, 1998, 21세기가족문화연구소 편역, 2002; 김중술, 2013; 이기숙 외, 2009; 최연화, 2012).

첫째, 각자 자립심을 유지할 때, 친밀한 관계로 발전할 수 있다. 친밀감과 자립심은 상호 연결되어 있는데, 자립심이 모자란 사람은 진정으로 친밀한 관계를 맺는 것이 불가능하다. 자립심이 낮은 사람은 파트너에게 인정받고 사랑을 확인하려는 의존적 관계를 맺게 된다. 이러한 관계는 혼자 남겨질지 모른다는 불안과 두려움을 만들고 이는 악순환되어 상대에게 더욱 집착하게 만든다. 결과적으로 연인과의 결별은 친밀한 관계에 대한 두려움 또는 부정적인 관계 패턴을 만들어낸다. 반면 자아정체감을 바탕으로 자신을 믿고 존중하며 자립심이 확고한 사람은 상대에게 의존하는 것이 아니라 상호 존중하는 친밀한 관계를 맺을 수 있다. 따라서 친밀한 관계를 유지하기 위해서는 분리와 밀착의 균형이 필요하다.

둘째, 자기 자신에 대해서 잘 알아야 한다. 상대가 자기와 잘 맞는지 탐색하기 위해서는 서로를 개방해야 한다. 이에 친밀한 관계를 맺기 위해서는 무엇보다 자신은 어떤 성향의 사람인지 이해하고 있어야 한다. 자기이해가 우선되어야 상대와의 다양한 상호작용을 하면서 자신은 어떻게 생각하는지, 어떤 감정인지, 무엇을 원하는지 솔직하고 정확하게 이야기할 수 있다. 나아가 자신을 있는 그대로 받아들이고 자기 자신을 사랑해야 한다. 즉 자아존중감이 있어야 상대와 수평적 관계를 맺으면서 의존이 아닌 의지하는 친밀한 관계로 발전할 수 있다. 자아존중감이 낮은 경우에는 상대에게 의존하고 종속되는 관계를 형성하여 진정한 사랑을 하지 못한다.

셋째, 자신감을 갖고 자기개방을 해야 한다. 상대방은 내가 아니므로 분명히 나와 생각과 감정이 다르고, 바라는 바가 다르다. 모든 사람은 욕구가 있고, 자신에게 익숙하고 선호하는 방향이 있다. 연인과 상호작용하는 과정에는 수많은 의사결정 상황이 발생하게 된다. 친밀한 관계를 형성하는 초기 단계에는 상대에게 호감을 얻기 위해 상대방과 다른 점보다는 유사한 점을 많이 드러내게 된다. 또한, 사랑이 시작되면서 강렬한 열정이라는 요소 때문에 서로의 차이는 무시하게 되고, 나보다는 상대방의 의사를 따르는 경우가 많다. 또는 서로의 다름이 드러나면 관계가 깨질까 하는 두려운 심리도 작용하게 된다. 하지만 솔직하고 분명하게 자기주장을 하지 않게 되면 서로가 원하는 것을 모르기 때문에 의사결정에 혼선이 생기고 갈등하는 악순환을 겪게 된다. 또한, 자기개방이 안 되면 서로의 인격적 만남이 이루어지지 못하고 진정으로 친밀한 관계로 발전하지 못하게 된다.

넷째, 상대를 있는 그대로 받아들여야 한다. 모든 사람은 보는 사람에 따라, 상황에 따라 장점 또는 단점이라고 해석될 수 있는 독특한 개성을 가지고 있다. 우리는 모두 나의 언행에 대해 나름대로 이유가 있다. 마찬가지로 상대도 나와 다른 견해 차이가 있는 것이다. 물론 기질과 성장배경, 교육수준, 사회경제적 배경 등의 차이로 인해 초기 단계부터 자신과의 상호작용이 맞지 않는 상대라면 친밀한 관계로 발전하지 못할 것이다. 하지만 초기 단계를 거쳐서 연인으로 발전했다면 나와 다른 상대방을 이해하는 노력을 해야 한다. 즉 자기자신을 중심으로 상대방의 다름을 단점으로 지적하거나 자신에게 맞추라고 요구하는 것은 이기적인 것이다. 연인이지만 사랑의 유형도 서로가 다를 수 있는데 어떠한 사랑이 옳거나 진실한 것은 아니다. 상대방이 나와 같은 방식으로 사랑을 표현하지 않는다고 해서 싸울 일이 아니다. 건강한 사랑을 위해서는 있는 그대로 상대를 받아들이는 훈련도 필요하다.

다섯째, 서로의 요구를 만족하게 해 주려고 함께 노력해야 한다. 이상에서 살펴본 바와 같이 성숙한 사랑과 친밀한 관계를 형성하기 위해 자립심을 갖고 자신을 깊이 있게 이해하고 받아들이는 것이 선행되어야 한다. 다음으로 자기를 개방하고 상대방을 있는 그대로 이해하고 존중해야 한다. 그리고 상대방의 요구에 관해 관심을 가질 때 상호작용으로 상대방도 나의 요구에 대해 관심을 갖게 된다. 상대방의 요구를 파악하기 위해서는 자신의 언행이나 태도에 대한 상대방의 반응에 대해 상대방의 입장에서 이해하려고 노력할 필요가 있다. 자기주장을 하기 이전에 상대방에게 경청하고 공감하는 태도가 필요하다. 내가 원하는 것이 아니더라도 배려와 타협을 통해 양보할 수 있다. 이와 같은 노력은 서로의 신뢰와 존중에 근거한다고 볼 수 있고, 두 사람의 관계를 증진하려는 순수한 의지에서 비롯되는 것이다. 또한, 자신의 요구를 필요에 따라 변화시킬 수 있는 능력은 그 사람의 정서적 성숙도와 비례한다. 즉 유연성 자체가 성숙도의 한 구성요소이다.

합류적 사랑

합류적 사랑은 과거 각자의 고유한 정체성은 서로 다름을 인정하는 토대 위에서 함께 하는 현재와 미래의 시간 속에서 유대를 공유하고 새로운 정체성을 형성해가는 사랑이다. 사회학자인 Giddens(1992)가 분류한 '합류적 사랑(confluent love)'은 낭만적 사랑(romantic love)과 구별되는 사랑이다. 즉 서로가 모든 것을 공유하면서 나는 곧 너이고 너는 곧 내가 되어야 진정한 하나가 된다는 낭만적 사랑과 엄연히 다르다(황정미, 배은경 역, 2001). 20세기 근대화 시절 유행하기 시작한 낭만적인 자유연애는 서로에게 모든 에너지를 쏟는 열렬한 사랑이 운명적이고 진실한 사랑인 것처럼 포장하였다. 하지만 합류적 사랑은 서로에게 의존하고 자기정체성을 무시하고 차이를 없애는 사랑이 아니다. 서로가 사랑하지만 자아정체감의 독립성을 유지하면서 상대방에게 자신을 솔직하게 개방하고 또한 상대방의 고유한 정체성을 존중하는 것이다. 그리고 친밀한 관계를 형성하고 사랑하면서 연인과의 유대감을 키우고 새로운 정체성을 발전시켜가는 것이라고 할 수 있다.

우리는 사랑을 통해서 독특한 개인의 개성과 가치를 존중하고 존중받아야 한다. 갈수록 개인이기주의가 심화하고 있는 현대사회에서 진정한 사랑을 배우지 못하고 각자의 채워지지 않는 허기를 충족하기 위해 서로에게 의존하는 사랑을 많이 하고 있다. 가족, 친구, 직장동료 등 다양한 인간관계가 우리를 감싸고 있는 것 같지만 성숙하고 친밀한 관계를 형성하지 못하고 '혼자'라는 불안한 감정 속에 살아가는 이가 많다. 사랑을 못 하는 것이 아니라, 자신이 소중한 존재라는 사실을 인정하지 않는 것은 아닐까? 친밀한 관계를 형성하기 위한 용기가 필요하다.

다음은 사랑의 삼각형 검사입니다. 항목마다 OO는 연인을 의미합니다. 당신과 연인과의 관계에서 해당하는 정도를 점수로 기재하세요.

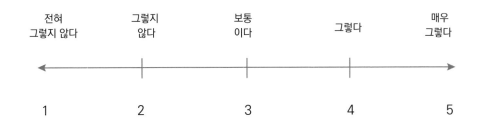

전혀 그렇지 않다	그렇지 않다	보통 이다	그렇다	매우 그렇다
1	2	3	4	5

항 목	점수
1. 나는 OO의 행복을 위해서는 적극적으로 지원한다.	
2. 나는 OO와 따뜻한 관계를 맺고 있다.	
3. 나는 힘들 때 OO에게 의지할 수 있다.	
4. OO는 힘들 때 나에게 의지할 수 있다.	
5. 나는 OO와 나의 모든 것을 공유할 의향이 있다.	
6. 나는 OO로부터 정서적 지지를 받고 있다.	
7. 나는 OO에게 정서적 지지를 주고 있다.	
8. 나는 OO와 말이 잘 통한다.	
9. 나는 내 인생에서 OO를 매우 중요시한다.	
10. 나는 OO와 친밀감을 느낀다.	
11. 나는 OO와의 관계를 편안하게 느낀다.	
12. 나는 OO를 정말 이해하고 있다고 느낀다.	
13. 나는 OO가 나를 정말 이해하고 있다고 느낀다.	
14. 나는 내가 OO를 정말 신뢰한다고 느낀다.	
15. 나에게 관한 매우 개인적인 정보를 OO와 공유하고 있다.	
16. OO를 보기만 해도 나는 흥분된다.	
17. 나는 낮에도 OO에 대해서 생각하는 나 자신을 자주 발견한다.	
18. OO와 나의 관계는 정말 낭만적이다.	
19. 나는 OO가 매력적이라고 느낀다.	

20. 나는 OO를 이상화하고 있다.	
21. 나는 OO처럼 나를 행복하게 만드는 사람을 상상할 수 없다.	
22. 나는 다른 어떤 사람보다도 OO와 함께 있고 싶다.	
23. OO와의 관계보다 더 중요한 것은 이 세상에 없다.	
24. 나는 OO와 신체적으로 접촉하는 것을 특히 좋아한다.	
25. OO와의 관계에는 '마술적'인 점이 있다.	
26. 나는 OO를 찬미한다.	
27. 나는 OO없는 인생을 생각할 수 없다.	
28. OO와 나의 관계는 열정적이다.	
29. 낭만적인 영화나 책을 볼 때면 OO를 생각하게 된다.	
30. 나는 OO에 대해서 공상을 하곤 한다.	
31. 나는 OO와의 미래를 자주 떠올린다.	
32. 나는 OO와의 관계를 지속시키기 위해 최선을 다하고 있다.	
33. 다른 사람이 우리 사이에 끼어들지 않도록 나는 OO에 대해 헌신할 것이다.	
34. 나는 OO와의 관계가 흔들리지 않을 것이라는 점에 대해 자신감을 가지고 있다.	
35. 나는 어떤 난관에도 불구하고 OO에게 헌신할 것이다.	
36. OO에 대한 나의 사랑은 남은 인생 동안 계속되리라고 예상한다.	
37. 나는 OO를 위해서 항상 강한 책임감을 느낄 것이다.	
38. OO에 대한 나의 사랑은 확고하다.	
39. 나는 OO와의 관계가 끝나는 것을 상상할 수 없다.	
40. 나는 OO에 대한 나의 사랑을 확신한다.	
41. 나는 OO와의 관계가 영원히 지속될 것이라고 생각한다.	
42. 나는 OO와 사귀는 것을 잘한 결정이라고 생각한다.	
43. 나는 OO에 대한 책임감을 느낀다.	
44. 나는 OO와의 관계를 계속 유지할 작정이다.	
45. 설혹 OO와 갈등이 생긴다 해도, 나는 여전히 우리 관계를 유지할 것이다.	

위 항목에서 친밀감(1~15번 해당 점수 합산), 열정(16~30번 해당 점수 합산), 헌신(31~45번 해당 점수 합산)의 점수를 각각 구해보세요. 최저 15점에서 최고 75점까지 다양합니다. 그리고 다음과 같이 세 구성요소의 점수를 삼각형 가운데 0점을 기준으로 각각 표시하여 연결하면 당신의 사랑의 삼각형 모양이 됩니다.

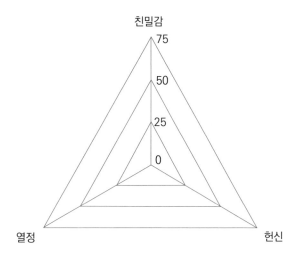

친밀감
75
50
25
0

열정　　　　　　　　헌신

　당신의 사랑의 삼각형을 바탕으로 강점과 보완해야 할 점을 정리해 보세요. 가능하다면 연인과 함께 이야기 나눠보세요.

_____

_____

_____

_____

05 장

배우자 선택과 결혼준비

배우자는 인생의 반려자(伴侶者)이자 동반자(同伴者)이다. 즉 짝이 되어 긴 인생이라는 길을 함께 걸어가는 사람이다. 따라서 배우자를 선택하는 일은 인생의 가장 중요한 의사결정으로 미래의 삶에 지대한 영향을 미친다. 어찌 보면 결혼은 쉽지만, 행복한 결혼생활을 유지하는 것은 인생의 가장 어려운 과업이라고 할 수 있다.

그렇다면 행복한 결혼생활을 위한 배우자 선택조건은 무엇인가? 배우자에게 기대하는 역할은 무엇인가? 그러한 조건은 자기성찰의 결과인가, 아니면 누구나 획일적으로 꼽는 조건들인가? 결국, 사랑과 결혼은 두 사람의 상호작용으로 이루어지는 것이다. 상대방 개인이 갖춘 조건이 중요한 것이 아니라 자신과의 상호작용하는 면에서 맞는가를 살펴야 한다. 그리고 인생의 동반자와 함께 결혼이라는 관문에서 최종적으로 다시 한번 점검해야 할 것들은 무엇일까? 물론 결혼예식도 준비해야 할 것이다. 또한, 함께 의식주 생활을 할 수 있는 주거공간과 혼수도 마련해야 할 것이다. 하지만 가장 중요한 점검과 준비는 마음의 혼수이다.

이 장에서는 배우자 선택의 기본원리와 결혼 결정 요인, 배우자 선택 시 고려사항에 대해 알아보고, 결혼준비와 관련된 물질적 혼수와 마음의 혼수, 그리고 결혼 체크리스트를 통한 결혼준비기술에 대해 살펴보고자 한다.

주제어

배우자 선택의 기본 원리, 배우자 선택의 단계 이론, 작은 결혼(스몰 웨딩), 물질적 혼수, 마음의 혼수, 결혼 체크리스트

미리 생각해 보기

1. 배우자 선택 시 반드시 고려해야 할 점은 무엇인가요?

2. 결혼준비에서 가장 중요한 준비는 무엇이라고 생각하나요?

1. 배우자 선택

1) 배우자 선택의 기본원리

심심치 않게 배우자 선택조건이라는 설문조사 결과를 확인할 수 있다. 직업, 경제력, 외모, 학력, 가정환경 등의 외적 조건과 성격, 가치관, 인생관, 종교 등의 내적 조건이다. 듀오휴먼라이프연구소에서 미혼남녀를 대상으로 조사한 '2023 이상적 배우자상' 결과보고서에 의하면 이상적 배우자 선택 기준은 다음과 같다. 우선 남성은 여성의 '성격'(77.2%), '가치관'(57.4%), '외모'(49.6%), '취미·관심사'(29.8%), '건강'(20.0%), '경제력'(17.4%)을 중요하게 여겼고, 여성은 남성의 '성격'(73.8%), '가치관'(55.4%), '경제력'(42.2%), '외모'(36.2%), '취미·관심사'(23.6%), '가정환경'(23.6%)을 고려한다고 응답하였다. 시대에 따른 순위 변화가 조금씩 있지만, 상위권 안에 드는 조건은 거의 비슷하다. 한편 3순위 내에서 1위(성격)과 2위(가치관)는 성별 차이가 없으나 3위의 경우 남성은 여성의 '외모'를, 여성은 남성의 '경제력'을 중요시하는 것으로 나타났다. 또한, 남성은 여성의 '건강'을 여성은 남성의 '가정환경'을 상대적으로 더욱 고려하는 것으로 나타났다. 문제는 이상의 배우자 선택 기준 중 한 가지가 아니라 여러 가지를 한꺼번에 충족해야 한다는 전제이다. 또한, 자신을 고려한 조건이 아니라 누구나 원하는 상대방의 조건이라는 것이다.

그렇다면 이상의 배우자 선택 기준들이 나의 행복한 결혼생활의 충분조건이 될 수 있을까? 그리고 이 조건들을 모두 충족하는 교집합의 상대는 과연 현실세계에 존재할까? 실제 사람들은 어떻게 만나서 무엇 때문에 커플로 맺어지는 것일까?

(1) 동질성 원리

일반적으로 사람들은 자신과 유사한 조건을 가진 사람에게 친근감과 편안함을 느낀다. 동질성 원리는 출신지역, 연령, 교육수준, 종교, 사회경제적 지위, 가정환경 등이 비슷한 사람끼리 결혼하려는 경향을 말한다. 취미나 태도, 가치관의 유사성도 배우자 선택의 조건으로 작용한다.

(2) 보상성 원리

보상성 원리는 서로 자신이 갖추지 못한 점을 상대가 보충해 주기를 바라고, 서로의 욕구를 보완해 줄 수 있을 때 서로에게 매력을 느끼고 결혼하려는 경향이다. 예를 들어 키

작은 남성이 키 큰 여성에게 매력을 느끼고, 키 큰 남성은 아담한 여성에게 매력을 느끼는 경우이다.

(3) 교환자원 공평성 원리

고전 경제학 원리에 따른 교환이론은 모든 관계는 서로 주고받는 자원의 교환이 있어야 성립되고 지속할 수 있다는 것이다. 마찬가지로 파트너 간에도 상호보상을 줄 수 있을 때 교제관계가 계속 유지될 수 있다. 또한, 결혼은 더 행복하게 인생을 살기 위한 의도적 행위이기 때문에 상대와의 결합이 정서적·경제적으로 더 나은 상태라고 예측될 때 결혼을 선택한다는 것이다. 이때 교환되는 자원은 경제력, 사회적 지위, 연령, 가문, 직업, 학벌, 신체적 매력, 성, 사랑, 정서적 위안 등으로 다양하다. 교환자원 공평성 원리는 교환되는 자원이 상호보충적으로 공평한 거래가 이루어질 때 연인관계가 안정적으로 유지될 수 있다는 것이다.

실제 결혼생활의 전반을 통해 자신이 얻고 잃은 것을 배우자와 비교해 볼 때 어느 정도 비슷한가를 인지하는 결혼생활의 공평성과 가족의 건강성은 높은 상관이 있는 것으로 나타났다(김나비, 유영주, 1999). 또한, 공평한 관계를 유지할 때 관계 만족도가 높고(Gilbert & Rachlin, 1987), 공평성은 결혼관계의 부담감과 스트레스를 감소시키는 것(Wisersman & Berg, 1991)으로 나타났다(안현숙, 변상해, 2012, 재인용). 안현숙과 변상해(2012)는 심리정서 공평성이 결혼만족도에 긍정적 영향을 미치기 때문에 행복한 결혼의 지속을 위해 부부공평성이 중요하다는 점을 제시하였다.

2) 배우자 선택의 단계이론

(1) 여과망 이론

Udry(1971)가 제시한 여과망 이론(filter theory)은 모든 가능한 데이트 상대로부터 교제과정을 거쳐 결혼에 이르기까지 6개의 여과망을 통과하게 된다(그림 5-1 참조). 1단계는 근접성의 여과망이다. 모든 남녀가 직접 만나보고 최종 선택을 할 수 있는 것은 아니다. 무엇보다 만날 수 있어야 교제로 이어지며 결혼할 수 있다. 이 점에서 물리적으로 근접한 거주지역 및 활동지역 등이 만남의 가능성을 높인다. 2단계는 매력의 여과망이다. 근접성의 여과망은 통과했지만, 서로가 또는 한쪽에서 상대방에게 매력을 느끼지 못할 수도 있다. 초기에는 외양에서 상대의 매력을 찾겠지만 점차 정서적 매력까지 확대되며, 이 단계를 거쳐 서로에게 호감이 생기게 된다. 3단계는 사회적 배경의 여과망이다. 매력의 여과망은 통과했지만, 서로의 사회적 배경이 너무 상이하면 격차를 느끼고 어울리지 않다고 여기게 된다. 4단계는 의견 합치의 여과망이다. 서로의 내면적인 가치관, 신념 등이 유사한가에 대한 의견 합치의 여과망을 거치게 된다. 3·4단계에서는 동질성의 원리가 작용하게 된다고 할 수 있다. 5단계는 상호보완성의 여과망이다. 동질성에 의거한 사회적 배경과 의견 합치의 여과망을 통과했지만, 서로에게 부족한 점을 상호보완해 줄 수 없다면 결국 최종적인 파트너로서 결혼준비 상태에 진입하지 못한다. 즉 보상성의 원리가 작용하게 된다. 6단계는 결혼준비의 여과망이다. 최종적인 결혼준비의 여과망을 무사히 거치면 한 쌍의 부부가 된다. 이 단계에서 내재적인 결혼생활의 준비보다는 외적인 결혼식의 준비에 초점을 맞추며 많은 갈등을 초래하기도 한다.

그림 5-1　배우자 선택의 여과망 이론

(2) SVR 이론

사회심리학자인 Murstein(1987)이 제시한 SVR(Stimulus-Value-Role) 이론은 여과망 이론보다 조금 더 포괄적으로 구분하였다. 만남을 거듭하면서 자극, 가치비교, 역할의 적합성의 상대적 중요도가 달라지는 3단계를 거치게 된다(그림 5-2 참조).

그림 5-2　배우자 선택의 SVR 이론

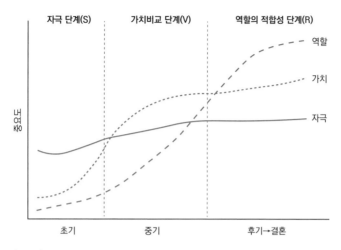

출처: Murstein(1987). Feedback, A clarification and extension of the SVR theory of dyadic paring.
저자 편집.

　1단계는 자극단계(S)이다. 초기적인 만남에서는 무엇보다도 서로에게 자극이 느껴지는
것이 가장 중요하며 자극이 있어야 다음 단계의 만남으로 계속 진행될 수 있다는 것이다.
자극이란 서로에게 느끼는 신체적 · 정서적 · 사회적 매력이다. Udry의 2 · 3단계와 일맥상
통하는 단계라고 할 수 있다. 2단계는 가치비교단계(V)이다. 자극단계를 거쳐 서로에게 호
감을 느끼며 점차 만남의 횟수를 거듭하면서 서로의 가치관, 삶의 태도 등이 유사한지 비
교하게 된다. Udry의 4단계와 일맥상통하는 단계이다. 3단계는 역할의 적합성 단계(R)이
다. 서로가 기대하는 역할을 받아들일 수 있는지, 상호보완이 가능한지 살펴보는 단계이
다. Udry의 5단계와 비슷한 단계라고 할 수 있다.

(3) 배우자관계 형성이론

　미국의 사회학자 Lewis(1973)가 제시한 배우자관계 형성이론(premarital dyadic formation theory)
은 남녀가 관계를 형성해 나가는 과정에 초점을 맞추며 라포 형성과 자기개방이라는 개념
을 추가하였다. 다음과 같이 전체적으로 6단계로 이루어진다.

　1단계는 유사성 지각단계로 사회문화적 배경, 가치관, 인성, 흥미 등에서 상호 유사함
을 지각하면서 관심을 갖게 되는 단계이다. 동질성 원리가 작용한다. 2단계는 라포형성 단
계이다. 라포(rapport)란 신뢰감 또는 친밀감이라고 해석할 수 있다. 초기단계에는 아직 낯선

상대에게 자신을 개방하기 어려우며 계속 만나가면서 서로 라포를 형성하는 과정을 거치게 된다. 3단계는 자기개방 단계이다. 라포가 형성된 이후에는 점차 자신을 솔직하게 개방하고 자기표현을 하게 된다. 서로에 대해 긍정적으로 받아들인다면 더욱 친밀한 관계로 발전할 수 있다. 4단계는 역할취득 단계로 서로가 기대하는 역할에 대해 파악한다. 5단계는 역할의 적합성 단계이다. 즉 서로가 기대하는 역할이 상호보완적인지, 서로가 파악한 역할을 수행할 수 있는 능력이 있는지 등의 적합성을 파악하는 단계이다. 6단계는 커플로서의 결정 단계로 최종적으로 서로를 배우자로 선택하는 단계이다.

결론적으로 사랑은 행복한 결혼생활의 필수조건이지만 충분조건은 아니다. 사람들은 자신과 가치관, 사회적 배경 등이 유사하면서도 서로에게 기대하는 역할을 충족시켜 줄 수 있는 배우자를 찾는다. 또한, 교환자원 공평성의 원리에 따라 내가 가진 자원과 공평하게 교환될 수 있는 자원을 상대방이 가지고 있는가를 탐색하게 된다. 여기에서 중요한 것은 교환되는 자원은 물질적이고 외적인 자원뿐만 아니라 정서적이고 심리적인 자원도 해당함을 명심하고 내적 자원의 가치를 깨닫고 이를 알아보는 안목을 키워야 한다. 참고로 외적 조건은 내적 조건보다 내구성이 약하다고 할 수 있다.

허즈버그(Herzberg)의 동기-위생 이론

허즈버그에 의하면 위생요인(hygiene factor)을 없애면 직무에 대한 불만족은 감소하나, 직무만족으로 이어지지는 않는다. 즉 위생적이면 병에 걸리지는 않지만, 건강이 좋아지는 것은 아니라는 맥락이다. 직무만족은 동기요인(motivation factor)에 의해서 높아질 수 있으며 동기요인이 충족되지 않아도 불만이 크게 증가하지는 않는다. 즉 만족 및 불만족 요인의 스펙트럼은 달라서 상호반비례 관계가 아니라는 것이다. 허즈버그는 보상은 위생요인이라고 하였는데 예를 들어 돈은 부족하면 불만족이 발생하지만, 돈이 증가한다고 해서 계속 만족이 높아지지는 않는다.

3) 배우자 선택 시 고려사항

전통사회에서는 결혼이 가문과 가문의 결합을 의미하였기 때문에 부모가 주체가 되어 중매혼에 의한 배우자 선택이 이루어졌다. 하지만 오늘날에는 결혼에 대한 태도와 가치관의 변화로 가족이나 부모의 영향력이 점차 약화하고, 결혼 당사자의 자유의사가 중시되는 배우자 선택이 이루어지고 있다. 따라서 행복한 결혼생활을 영위하기 위해 배우자를 잘 선택하는 것이 개인의 책임으로 여겨지게 되었다(김정옥 외, 2012). 이기숙 외(2009)과 최규련(2007)이 제시한 올바른 배우자 선택을 위해 필수적으로 고려해야 할 점을 재구성하여 정리하면 다음과 같다.

첫째, 배우자 선택조건의 기준은 개인마다 다를 것이며 달라야 한다. 사람들의 성격과 가치관, 희망사항은 다르므로 먼저 자기 자신을 깊이 있게 성찰한 후 자신에게 가장 중요하다고 생각하는 중요가치를 찾아내야 한다. 그 중요가치는 가장 우선되어야 하는 배우자 선택조건이다. 동시에 다른 조건이 성립되더라도 이것이 갖추어지지 않는다면 나의 배우자로 선택할 수 없는 최종적인 조건이어야 한다. 절대 양보할 수 없는 조건이다. 그 외의 조건들은 부수적이고 조정 가능해야 한다.

둘째, 충분한 교제 기간을 지내면서 서로의 상황, 가치관과 내적 감정 등을 알아가고 이해해야 한다. 사람의 성향과 가치관을 제대로 파악하기 위해 최소한 1년 이상의 교제 기간이 필요하다고 할 수 있다. 충분한 교제 기간을 통해 나와의 상호작용 면에서 어떤 파트너가 맞는지를 더욱 깊이 있게 깨달을 수 있다. 또한, 친밀한 관계의 다양한 경험이 서로의 다름을 존중하고 타협하는 데 도움이 될 수 있다.

셋째, 상대방의 외적인 측면보다는 성격, 습관, 가치관, 가족관, 인생관 등의 내면적 요인들이 자신과 상호조화를 이룰 수 있는지를 살펴봐야 한다. 특히 과시성향, 폭력성, 술버릇, 게임중독이나 도박 등의 나쁜 습관이나 중독성을 가지고 있는지 면밀히 관찰하는 것은 매우 중요하다. 이와 관련하여 부모나 가족, 친구들이 반대할 경우에는 타당한 이유가 있는지 객관적으로 검토한 후 결정을 재고하는 것이 바람직하다. 연애 시기에는 열정이라는 요소 때문에 이러한 나쁜 습관이 보이지 않거나 별로 중요하지 않게 느껴지기도 한다. 또는 결혼 이후에 고칠 수 있을 것이라 착각하기도 한다.

넷째, 배우자 선택은 인간관계의 상호작용 측면이므로 우선 자신은 건강한 자존감과 정서적인 성숙함을 갖추고 있는지 점검해야 한다. 자기 자신의 문제로 인해 상대방에게 현실적으로 불가능한 조건을 요구하고 상대방을 변화시키려고 하는 경향이 있다. 한 사람을 배우자로 선택한다는 것은 좋은 점만을 보고 결정하는 것이 아니라, 상대방의 약점이나 부족한 면도 수용한다는 의미이다. 여러 가지 조건을 내세우며 조건에 맞는 완벽한 상대를 찾기도 어려우며 그러한 상대를 찾았다고 하더라도 자신이 상대가 찾는 조건이 아닐 수도 있다. 배우자 선택과정은 상대적이라는 점을 명심해야 한다. 상대방에게 완벽함을 기대하지 않는 현실적인 안목과 지혜가 필요하며 융통성 있게 기준의 수위를 조절할 수 있어야 한다.

2. 결혼준비

우리 사회는 1990년대까지 경제적으로 급성장하면서 '혼수시장이 혼수상태'라는 지적이 나올 정도로 분수에 넘치는 체면치레의 과도한 혼례가 성행하였다. 90년대 후반 IMF 외환 경제위기와 1999년 건전가정의례준칙의 제정을 계기로 조금 자제하는 듯 보였으나, 2000년대 다시 허례허식의 혼수문제가 불거지고 급기야 '혼테크(婚tech)'라는 말이 나올 정도였다. 이후 2010년대부터 여성가족부의 작은 결혼식 캠페인과 함께 톱스타 연예인의 결혼식 사례를 계기로 '작은 결혼(스몰웨딩)'이 일반인들에게 유행처럼 확대되었다. 하지만 스몰웨딩의 참의미보다는 유행을 따르듯 무작정 색다른 결혼을 추종하는 문제가 발생하고 있다. 또한, 여전히 혼수비용이 우리 집안의 재력과시, 상대 집안에 대한 대우, 자존심 싸움으로 번지면서 크고 작은 갈등과 파혼으로 이어지기도 한다.

과연 두 사람의 행복한 결혼생활을 위해 열을 올리며 준비해야 할 것이 물질적 혼수와 결혼식, 신혼여행일까? 결혼식은 한두 시간이면 끝이 나게 되는 정신없는 '이벤트'이지만, 결혼생활은 결혼식과 신혼여행 이후에 곧바로 펼쳐지게 되는 실제적인 삶이다. 따라서 물질적 혼수와 결혼식 이벤트 준비보다 더 세심하고 철저하게 준비해야 하는 것은 바로 결혼생활이라는 삶에 대한 준비일 것이다.

1) 물질적 혼수마련

결혼준비에는 물질적인 비용문제가 수반된다. 특히 한국은 당사자 외에 부모가 물질적 혼수준비에 개입하기 때문에 관련한 사소한 갈등이 자칫 양가의 자존심 싸움으로 번지기도 한다.

그렇다면 결혼을 하기 위해서는 어느 정도의 비용이 드는 것일까? 듀오휴먼라이프연구소에서 1·2년 차 신혼부부 1,000명을 대상으로 조사한 '2023 결혼비용 보고서'에 따르면 신혼부부 한 쌍의 전국 평균 결혼비용은 3억 3,050만 원으로 조사되었다. 성별 결혼비용 부담률은 남성 60%, 여성 40%로 2021년 남성 61%, 여성 39%에 비해 평등한 방향으로 조금 개선되었다. 한편 전체 결혼비용 중 약 85%가 주택자금 마련으로 사용되었는데, 그 금액은 전국 평균 2억 7,977만 원이었다. 주택자금의 비중은 2015년 70.7%, 2019년 73.5%로 최근 가파르게 상승하고 있다. 갈수록 치솟는 집값이 결혼비용에도 상당한 영향을 미치고 있음을 알 수 있다. 주택자금을 제외한 결혼준비 품목별 지출 비용으로는 혼수용품(1,573만 원), 예식장(1,057만 원), 예단(797만 원), 예물(739만 원), 신혼여행(485만 원), 웨딩패키지(333만 원), 이바지(89만 원) 순으로 나타났다. 참고로 필수 혼수용품에 대해 냉장고(83.0%), 세탁기(80.3%), 침대(71.7%), TV(63.0%), 에어컨(55.2%), 건조기(37.0%)의 순으로 응답하였다.

표 5.1 품목별 결혼비용(2015, 2019, 2023)

(단위: 만 원)

품목	2015	2019	2023
주택자금	16,835	17,053	27,977
혼수용품	1,375	1,139	1,573
예식장	1,593	1,345	1,057
예단	1,639	1,465	797
예물	1,608	1,290	739
신혼여행	451	488	485
웨딩패키지	297	299	333
이바지	–	107	89

출처: 듀오휴먼라이프연구소(https://www.duo.co.kr/html/duostory/humanlife.asp), 저자 편집.

미혼남녀가 결혼비용으로 2~3억 원을 준비하는 것은 큰 경제적 부담이다. 특히, 결혼비용의 많은 부분을 차지하는 주택자금 마련은 결코 쉬운 일이 아니다. 턱없이 높은 집값은 미혼남녀가 결혼을 유보하거나 포기하는 상황으로 연결되기도 있다.

실제로 한국보건사회연구원(2018)이 전국에 거주하는 만 25세~39세 이하의 미혼 남녀를 대상으로 청년층의 주거특성과 결혼 간의 연관성을 조사하였다. 분석결과에 따르면, 주거 지원정책이 결혼의향에 긍정적 영향을 미치는 것으로 나타나 결혼과 주거안정성의 높은 관련성을 확인할 수 있다. 한편 자녀의 결혼 뒷바라지는 부모의 책임이라는 의식이 강하여 결혼자금을 당연히 요구하거나 지원이 부족한 경우 부모를 원망하는 예도 있다. 부모들은 자녀의 혼사를 치르기 위해 집을 팔거나 대출을 받거나 노후자금을 내놓는 경우도 늘어나고 있다.

(1) 결혼의 의미를 새기는 결혼식의 실천

2010년대부터 여성가족부의 작은 결혼 릴레이 캠페인과 함께 결혼문화에도 자정 노력이 시작되었다. 작은 결혼의 가장 큰 핵심은 가까운 분만 모시고 소규모이지만 의미 있게 결혼식을 올리는 것이다. 이 무렵 유명 연예인들의 스몰웨딩이 모범 사례로 등장하여 젊은 이들 사이에 작은 결혼식이 유행처럼 퍼졌다(동아일보, 2016.04.15.). 하지만 과거 '허례허식'의 결혼문화를 바꾸고자 하는 운동의 하나로 나온 '작은 결혼(스몰 웨딩)' 캠페인의 의미는 퇴색되고 그저 남과 차별화된 색다른 공간에서 색다른 방식의 결혼식을 치르는 것으로 변질되기도 하였다. 예를 들어 작은 결혼식을 위해 일반 예식장 대신 야외 웨딩홀, 하우스 웨딩홀 등에서 진행하면서 오히려 결혼식장 비용은 일반 예식장보다 더 비싸지는 기현상이 일어났다. 즉 작지만 고급스러운 결혼식, 특별한 결혼식이 되기 위해 비용은 예전보다 줄어들지 않아 검소한 결혼식과는 거리가 멀어진 것이다.

통계청의 사회조사보고서(2022)에 따르면, 결혼식 문화(결혼비용이나 의식 절차 등을 포함)에 대해 73.1%가 과도한 편이라고 응답하여 현행 결혼식 문화에 대한 문제의식을 느끼고 있는 것으로 나타났다. 듀오휴먼라이프연구소(2023)에 의하면 작은 결혼식에 대해 신혼부부의 91.3%가 긍정적으로 인식했고 53.5%가 다시 결혼식 준비한다면 비용 절감해 최소한으로 준비하겠다고 응답하였다. 가장 축소하고 싶은 결혼준비 품목으로 이바지(29.4%)를 꼽았고, 다음으로 예단(26.7%), 예물(12.2%), 웨딩패키지(11.6%), 예식홀(7.1%), 혼수(4.0%), 신혼여행(1.0%)을 택했다. 하지만 결혼간소화 걸림돌에 대해 '부모의 전통적 사고방식'(32.7%), '고착화된 결혼 절차'(32.7%), '예의와 절차를 따르고 싶어서'(18.4%), '주변의 이목과 체면'(14.7%)의 이유가 있는 것으로 나타났다. 신혼부부 당사자는 과거 '허례허식'의 결혼문화를 탈피하고자 하나, 부모 세대의 축의금 문제와 갈등을 겪기도 한다. 결혼식은 두 남녀가 평생을 함께하겠다는 약속과 헌신을 모든 사람에게 공표하고 인정받는 개인적·사회적 의미의 의식이다. 이제 부모에게서 독립해 한 가정을 이루겠다는 마음의 다짐에 초점을 맞추어야 할 것이다.

(2) 합리적인 예단, 예물

예단과 예물은 예로부터 양가가 서로의 배필을 잘 키워주고 결혼을 승낙한 것에 감사의 표시로 주고받는 것이었다. 양가 부모님과 결혼 당사자들은 서로에게 고마움을 표현하기 위하여 예의를 갖추어 예단과 예물을 정성껏 마련하는 것이다.

오늘날 물질만능주의에 젖어 결혼을 계기로 고가의 가방, 모피, 옷, 보석 등을 챙기고자 하는 경박한 의식이 팽배하다. 또한, 예단과 예물의 정도가 서로에 대한 대우 정도라 믿고 자존심 싸움으로 번지기도 한다. 물질에 가치를 두지 말고 형편에 맞춰 정성껏 감사의 마음을 표시하는 것이 더욱 의미 있고 소중하다.

(3) 신혼집

전통사회에서는 확대가족으로 자녀가 결혼한 이후에도 부모 집에 함께 거주하는 경우가 많았기 때문에 결혼비용의 부담이 적었지만, 핵가족이 보편화된 오늘날에는 신혼집 마련과 혼수비용의 부담이 커졌다. 특히 자기 집은 있어야 한다는 뿌리 깊은 의식으로 평생 집 한 채 마련하느라 힘들었던 부모세대는 자식은 고생시키고 싶지 않은 마음에 자녀의 신혼집 마련에 더욱 민감하고 집착하게 된다.

현재 한국의 주택 가격은 젊은이들이 자신의 힘으로 마련하기에는 턱없이 비싸다. 한 가정을 이루는 독립된 주체자로서 신혼집은 자신의 분수에 맞게 마련하는 것이 바람직할 것이다. 주거공간은 작게 시작하여 두 사람의 힘으로 서로 협력하며 늘려 가는 것이 결혼생활이다. 어려운 시기를 함께 보낸 부부는 더욱 공고한 유대감을 맺게 된다. 또한, 부모는 성인 자녀에게 자립심을 키워주는 것이 더 큰 유산임을 명심해야 한다.

한편 남자의 집으로 여자가 호적을 파서 시집을 갔던 과거 전통사회에서는 남자가 주거공간을 마련하는 문화가 있었지만, 오늘날에는 남녀 모두 원가족을 떠나 새로운 거처를 함께 마련해야 한다. 따라서 현대사회에서는 전통적인 성역할과 가부장적 의식에 따른 '집은 남자가, 혼수는 여자가'라는 이분법적 배분은 합리적이지 않은 사고이다.

(4) 살림혼수

사랑만으로 매일매일의 생존을 이어나갈 수 없으며, 생물학적으로 생존하기 위해 의식주 생활을 해야 한다. 따라서 기본적으로 의식주와 관련한 가구와 가전, 기구들이 필요하다. 편의주의와 물질주의에 익숙한 젊은 세대들은 최고급의 더욱 편리하고 큰 규모의 혼수를 원한다. 이러한 신혼부부들을 대상으로 혼수시장에는 표준화된 세트 상품들이 일색이다.

혼수는 그야말로 자신들의 라이프스타일에 맞춰서 예산 안에서 준비하는 것이 바람직하다. 누구나 해가는 그런 혼수가 아니라 두 사람의 취향을 고려하여 책을 좋아한다면 서재를, 음악을 즐긴다면 오디오를, 요리를 즐긴다면 조리기구에 신경 써서 구입한다. 중고를 구입하는 것도 절약하는 방법이다. 또한, 요즘 신혼부부들 사이에서 혼수 렌탈이 인기다. 끊임없이 쏟아져 나오는 신제품과 유행에 빠르게 대응할 수 있다는 것도 장점으로 꼽힌다. 특히 소유보다 경험에 큰 비중을 두는 Y세대 신혼부부가 렌탈 시장 확대에 영향을 미치는 것으로 파악된다(김용섭, 2017).

2) 마음의 혼수마련

하드웨어인 물질적 혼수만 준비하면 결혼생활에 필요한 준비는 다 끝난 것인가? Olson은 "사람들은 평생 지속할 결혼생활보다는 잠깐 치러지는 결혼식을 준비하는 데 더 많은 에너지를 소비한다"라고 지적하였다. 즉 우리는 결혼으로 파생되는 부부관계에 대한 숙고나 배우자로서 인간관계 기술을 어떻게 향상할지에 대해 생각하기보다 잠깐이면 없어질 결혼 케이크를 고르는 데 너무 많은 시간을 들인다(Olson 외, 1998, 21세기가족문화연구소 편역, 2002).

인생이라는 장거리 운전을 위해 가장 중요한 것은 자동차의 준비가 아니라 운전면허증의 취득일 것이다. 운전면허증의 취득 이후에도 그 여정은 너무도 길고 험난해서 미리 가는 길과 사고가 자주 나는 길을 살펴보고 신호등과 이정표도 놓쳐서는 안 된다. 피곤해서 졸음이 올 수도 있고 더는 운전이 힘들 수도 있다. 가끔 쉬어갈 수 있는 휴게소도 알아두었다가 어디에서 쉬어갈 것인지 함께 탄 사람과 합의해야 한다. 조수석에 앉은 사람의 역할도 매우 크다. 운전자와 함께 이정표도 살펴보고 운전자가 졸리지 않도록 호응도 해주어야 한다. 가끔 운전자가 운전이 힘들 때 자리를 바꾸어 운전해줄 수 있다면 더욱 좋을 것이다. 이상과 같은 준비가 잘된다면 작은 자동차라도 또는 중고차라도 큰 어려움 없이 인생의 여정을 안전운행할 수 있을 것이다. 즉 결혼생활의 운전대를 제대로 운전할 수 있는 마음의 혼수준비가 중요하다.

따라서 결혼생활 운전면허증을 취득하기 위해 필기시험과 기술시험을 만든다면 다음과 같이 구성할 수 있다(Olson 외, 1998, 21세기가족문화연구소 편역, 2002). 첫째, 건강한 가족관계를 유지하는 데 요구되는 자질과 능력을 정확하게 이해하고 있는지를 알아보기 위한 필기시험이다. 둘째, 가족의 미래에 대해 어떤 비전을 가지고 있는가를 알아보기 위한 필기시험이다. 셋째, 긍정적인 의사소통 기술과 갈등해결 기술을 가지고 있는지를 알아보기 위한 기술시험이다.

궁합과 사주를 보면서 미래의 행복을 점칠 것이 아니라, 실질적이고 구체적으로 결혼생활을 공부하면서 행복을 만들어 가야 할 것이다. 갈등해결방식, 성생활, 가사노동분담, 재정관리, 여가생활, 부모역할 등에서 서로의 가치관과 상황을 제대로 이해하고 타협할 수 있는 기술을 익혀야 한다.

3) 결혼 체크리스트

김혜선과 박희성(2001)은 '결혼준비도'라는 개념 아래 결혼을 앞둔 미혼남녀의 개인적, 커플관계적, 결혼생활준비 측면으로 결혼준비 진단척도를 구성하였다. 구체적으로 개인적 측면은 개인의 성숙, 독립, 건강이며, 커플관계적 측면은 서로에 대한 이해와 갈등해결이며, 결혼생활준비 측면은 성, 결혼관, 결혼생활정보, 역할분담, 자녀출산과 양육, 재정관리, 양가가족에 대한 파악 및 이해 등의 실제적인 내용을 담고 있다. 이후 기혼부부를 대상으로 자녀양육, 금전관리 및 역할분담, 성숙, 상대방에 대한 이해, 애정 및 성, 결혼관, 가족 및 친구에 대한 이해, 의사소통능력 및 갈등해결능력, 부모로부터의 독립의 총 7개 영역의 결혼준비도 척도를 개발하였다(김혜선, 신수아, 2002). Olson과 Olson(1999)은 PREPARE/ENRICH 프로그램의 Version 2000을 소개했으며 건강하고 행복한 부부관계를 위해 중요한 7개의 영역으로 의사소통, 갈등해결, 역할관계, 재정관리, 부모역할, 성관계, 종교적 신앙을 선정하였다(Olson & Olson, 2000, 재인용).

이상을 종합하면 미혼남녀가 결혼을 준비하면서 상호 간에 미리 인지하고 상의해야 할 결혼 체크리스트의 영역은 원가족, 대화와 갈등, 가사, 여가, 경제, 자녀, 건강, 성(性)이라고 할 수 있다(워크시트 05 참조). 우선 서로 원가족의 화목 정도와 집안 분위기를 이해하고 이를 수용할 수 있는지 고려해야 한다. 또한, 결혼생활에 양가의 부모가 개입할 가능성에 대해서도 점검해야 한다. 자아분화가 안 된 부모는 결혼한 자녀에게 계속 개입하는 문제가 발생한다. 또한, 진정한 자립이 이루어지지 않은 자녀는 결혼 이후에도 개인과 부부에게 발생한 문제를 독립적으로 해결하기보다는 원가족에게 계속 의존하는 경향이 있다. 이제는 원가족과 독립하여 새롭게 '부부가 한 팀'을 이루었음을 명심해야 한다. 우리의 문제는 우리 안에서 부부가 한 팀이 되어서 해결해야 한다. 우리 문제를 다른 팀원과 상의하고 의사결정하는 것은 반칙이다. 결혼 이후에는 자기가 태어난 가족으로부터 반드시 경제적 · 심리적 완전한 자립을 이루어야 할 것이다.

서로의 의사소통과 갈등해결기술에 대해 점검하고 부족하다면 습득해 나가야 한다(8장 참고). 가사분담의식 및 기술 정도는 어떠한지 파악하고 공평한 분담이 가능하도록 상의해야 한다. 서로의 여가스타일을 파악하고 개인여가와 공유여가를 균형 잡을 수 있어야 한다(10장 참고). 서로의 수입은 어느 정도이며 소비습관은 어떠한지 파악하고 미래 가계재무관리를 위한 합의가 가능해야 한다(11장 참고). 또한, 자녀는 몇 명을 원하는지, 양육관은 어떠한지 등 서로의 자녀관을 살펴보고 합의할 수 있어야 한다(12장 참고). 서로의 건강상태를 미리 점검하고 이를 수용할 수 있는지 고려해야 한다. 성(性)관계에 앞서 올바른 피임방법을 합의하고 서로의 성적 자기결정권을 존중하며 건강한 성생활이 가능하도록 서로가 원하는 점을 솔직하게 대화할 수 있어야 한다(9장 참고). 요컨대 예비부부 두 사람은 결혼 체크리스트 항목에 대한 인식과 기술 정도를 꼼꼼히 점검하고 서로 부족한 점이 있다면 어떻게 개선하고 보완해 나갈 것인지를 솔직하게 대화하고 합의점을 찾는 노력을 해야 할 것이다.

결혼은 연습할 수는 없지만 준비할 수는 있다. 지금까지 기성세대들은 부부역할이나 부모역할을 미리 준비하지 못하고 많은 시행착오를 겪으며 서로 아픈 상처를 주기도 하였다. 하지만 이제는 부부역할이나 부모역할도 미리 공부하고 준비해야 한다. 종교단체에서 시작한 결혼준비교육은 사회로 확산되어 민간단체나 가족센터에서도 예비부부를 대상으로 결혼준비교육 프로그램을 운영하고 있다.

결혼하기 전에 결혼생활에서 발생할 수 있는 여러 가지 문제들을 미리 알아보고, 그 해결책을 모색하도록 하는 결혼 전 프로그램은 예비부부가 풍요로운 커플로 발전하기 위한 예방주사의 역할을 할 것이다. 타이완, 싱가포르, 미국의 오클라호마주, 플로리다주, 미네소타주 등에서는 결혼준비교육을 의무화하고 이수증서가 있어야 혼인을 인정하거나 결혼등록비 할인혜택을 준다. 한국은 결혼당사자 쌍방과 성년자인 증인 2인이 서명한 혼인신고서를 전국 시 · 구 · 읍 · 면사무소에 제출하면 혼인신고가 된다. 급증하는 이혼을 막고자 2008년부터 이혼숙려제도를 도입하고 이혼상담서비스를 제공하고 있다. 경솔한 이혼을 막고자 이혼숙려기간을 두는 것도 고무적이나, 결혼생활의 사전적 준비를 철저히 하는 것이 더 효과적이고 중요할 것이다.

- 대상 : 2회차 이상 참여 가능한 예비부부 15쌍(커플 교육으로 2명 모두 함께 참여)
- 일정 : 1회차 – 서로의 차이 이해하기 & 행복한 커플 대화법

  2회차 – 결혼의 의미와 체크리스트 & 인생 곡선 그리기

  3회차 – 예비부부를 위한 재무설계
- 특전 : 교육 수료증(서울 공공예식장 대여 가산점 혜택)

출처: 마포구 가족센터(https://mapo.familynet.or.kr)

다음은 결혼 체크리스트입니다. 미래 결혼할 가능성이 있는 연인이 있다면 다음의 각 항목에 대해 함께 이야기 나눠보세요.

분류	항목
원가족	상대방의 원가족은 서로 화목한가? 아니라면 그 이유가 이해되는가?
	서로의 원가족 문화(종교, 제사 등)를 받아들일 수 있는가?
	우리의 결혼생활에 양가 부모가 개입할 가능성이 있는가?
대화와 갈등	대화할 때 서로의 이야기를 경청하는가?
	서로의 입장이 다르더라도 상대방을 공감해주는가?
	갈등이 발생했을 때 타협하여 해결하는 능력이 있는가?
가사와 여가	의식주 관련 가사분담은 어떻게 할 것인가?
	휴일과 여가시간을 어떻게 보낼 것인가?
	각자의 취미생활을 존중하는가?
경제	상대방의 급여, 재정과 신용상태를 정확히 알고 있는가?
	상대방의 평소 소비습관에 대해 만족하는가?
	생활비관리와 재테크 등은 누가 주관 할 것인가?
자녀	자녀를 원하는가? 원하는 자녀수와 시기는 언제인가?
	영아기 때 자녀를 어떻게 보육할 것인가?
	상대방이 어떤 부모가 되기를 바라는가?
건강	건강 진단서 교환 등 서로의 건강상태를 정확히 알고 있는가?
	갑작스런 임신에 대비한 검진과 치료를 마쳤는가?
	상대방의 생식능력 및 건강상태를 수용하는가?
성(性)	피임은 어떤 방법으로 할 것인가?
	성관계를 원할 때와 원하지 않을 때 주고받는 신호는?
	상대방이 어떻게 해주는 것이 좋고, 어떤 것이 싫은가?

06 장

친밀한 폭력

친밀한 폭력이란 과거 또는 현재 연인이나 가족 등 사적으로 서로 알고 지내는 사람, 즉 친밀한 사이에서 일어나는 폭력이다. 친밀한 관계에서의 폭력을 지칭하는 용어는 매우 다양하게 사용되고 있다.

이 장에서는 크게 연인관계에서 일어나는 교제폭력(데이트폭력)과 가족관계에서 일어나는 가정폭력으로 구분하고 가정폭력은 대상에 따라 배우자폭력, 아동학대, 노인학대로 구분하여 내용을 다루고자 한다. '학대'는 권력적으로 평등하지 못한 관계에서 일방적으로 상대를 괴롭히고 가혹하게 대하는 것으로 신체적 폭력뿐만 아니라 방임까지 포함한다.

한편 친밀한 관계에서의 폭력에 국가가 개입해야 하는가? 교제폭력(데이트폭력)과 가정폭력은 성폭력, 학교폭력과 함께 제2, 제3의 심각한 문제를 낳는 또 다른 폭력의 씨앗이라고 할 수 있다. 이에 뿌리 뽑아야 할 사회악으로 사회문제 근절을 위해 국가의 적극적 개입 및 사회적 예방 교육이 지속되어야 할 것이다.

주제어

친밀한 폭력, 교제폭력(데이트폭력), 가정폭력, 배우자폭력, 아동학대, 노인학대

미리 생각해 보기

1. 연인에게 내가 원하는 옷차림과 헤어스타일을 하도록 간섭하고 통제하는 것은 교제폭력(데이트폭력)일까요?

2. 교제폭력(데이트폭력) 및 가정폭력을 숨겨진 문제라고 표현하는 이유는 무엇일까요?

1. 교제폭력(데이트폭력)

1) 유형 및 실태

교제폭력(데이트폭력)이란 연인관계에서 발생하는 폭력으로, Makepeace(1981)가 처음으로 연구를 시작하였다. 그는 "courtship violence(구혼기 폭력)"의 개념을 사용하였으나 근래에 와서 "dating violence(데이트폭력)"으로 통용되어 사용되고 있다(서경현, 2009). 하지만 한국사회에서 '데이트'라는 용어는 서로에게 호감을 느끼는 낭만적 행위로 이해되는 경향이 있으며 '교제'라는 말은 '사귄다'라는 중립적 어감이 강하다(한겨레, 2023). 대검찰청은 2023년 3월 8일 세계여성의 날에 "'데이트폭력'이라는 표현은 공권력이 개입해 처벌해야 할 범죄의 심각성을 희석해 가볍게 비칠 우려가 있으므로 데이트폭력 대신 교제폭력이라는 용어를 사용한다."라며 폭력범죄 · 교제폭력범죄 대응방안을 발표했다. 교제폭력(데이트폭력)은 정확하게는 연인으로 만나고 있거나 만난 적이 있는 관계, 연인으로 발전할 가능성을 인정하고 만나는 관계도 포함하며, 교제가 종결된 이후에 폭력까지 포함한다.

표 6.1   교제폭력(데이트폭력)의 유형

유형	내용
통제	• 누구와 함께 있는지 항상 확인 • 옷차림을 제한 • 일정을 통제하고 간섭 • 휴대폰, 이메일, SNS 등을 자주 점검
언어적 · 정서적 · 경제적	• 욕을 하거나 모욕적인 말 • 안 좋은 일이 있을 때 '너 때문이야!'라는 말 • 내가 형편없는 사람이라고 느낄 정도로 비난 • 데이트 비용을 다 부담하도록 강요, 금품갈취
신체적	• 팔목이나 몸을 힘껏 움켜쥠 • 세게 밀침 • 팔을 비틀거나 머리채를 잡음 • 뺨을 때림
성적	• 내가 원하지 않는데 몸을 만짐 • 내가 원하지 않는데 애무를 함 • 나의 기분에 상관없이 키스 • 내가 원하지 않는데 성관계를 강요

출처: 한국여성의전화(2018). 저자 편집.

한국여성의전화(2018)에 의하면 교제폭력(데이트폭력)은 데이트 관계에서 발생하는 통제, 언어적·정서적, 경제적, 신체적, 성적 폭력 등의 다양한 유형을 포괄한다(표 6.1 참조). 헤어지자는 연인의 요청을 거부하거나, 이별하더라도 집요하게 스토킹으로 이어지는 경우도 많은데, 이 역시 명백한 교제폭력(데이트폭력)에 속한다.

2019년부터 2022년까지의 교제폭력(데이트폭력) 통계를 살펴보면, 신고건수는 2019년 50,581건에서 2022년 70,790건으로 약 40% 증가하였다. 하지만 형사입건의 비율은 2019년 19.4%에서 2022년 18.1%로 감소하였으며 구속 비율은 점차 감소추세를 보이고 있다(표 6.2 참조). 경찰청은 교제폭력(데이트폭력) 신고건수의 증가에 대해 혐의유무를 불문하고 경찰에 신고하고 상담하는 적극적인 분위기가 정착되어 가는 것으로 해석하였다.

표 6.2   교제폭력(데이트폭력) 신고 및 형사입건 현황

구분	신고건수(건)	형사입건(명)		
		계	구속	불구속
2019년	50,581	9,823(19.4%)	474	9,349
2020년	49,225	8,951(18.2%)	212	8,739
2021년	57,305	10,538(18.4%)	216	10,322
2022년	70,790	12,828(18.1%)	214	12,614

출처: 경찰청 교제폭력 통계자료.

경찰청브리핑(2017)에 의하면 교제폭력(데이트폭력)의 피해자 성별은 여성이 3/4(77.6%) 이상으로 압도적으로 많았으며 남성은 5.3%, 쌍방은 17.1%였다. 가해자의 재범률은 62.3%로 1~3범이 30.5%, 4~8범이 18.8%, 9범 이상이 13%로 나타나 재범발생 방지와 피해자에 대한 신변보호가 필요하다. 또한, 통계청의 '데이트폭력의 현실, 새롭게 읽기'라는 보고서 (2020)에 따르면 입건된 범죄 유형은 폭행·상해가 약 7할 정도로 가장 많고, 다음으로 경범 등 기타, 체포·감금·협박, 성폭력, 살인의 순이다. 가해자의 연령은 20대가 30%대로 가장 많고 20·30대를 합치면 약 60%를 차지하고 40대가 20%대, 50대가 10%대, 60대 이상과 10대가 각각 3%대로 나타났다. 최초 피해 경험 시기는 사귄 지 1년 이내가 약 7할 정도, 6개월 이내도 절반 정도에 해당하는 것으로 나타났다. 피해 후유증은 정신적 고통, 사회생활 및 대인관계 문제, 섭식장애, 알코올 중독 등의 순으로 응답하였다. 한편 교제폭력(데이트폭력)이 있었지만 결혼한 비율이 38%로 결혼한 이유는 '결혼을 못 할 정도는 아니라고 판단해서'가 41.6%, '상대방을 계속 사랑한다고 느껴서'(28.2%), '당연히 결혼해야 한다고 생각해서'(9.5%), '상대방이 변화될 것 같아서'(9.0%)라고 응답하였다. 이처럼 폭력을 폭력으로 인지하지 못하거나 사랑과 폭력을 혼동하는 현상, 사랑이라는 이름으로 상대방을 변화시킬 수 있다고 인지하는 현상이 친밀한 관계에서의 폭력에서 빈번하게 나타난다(정혜원, 2020).

한국여성의전화(2023)에서 2021년에 진행된 상담내용을 통해 친밀한 관계에서 발생한 여성폭력의 실태를 분석한 결과, 피해유형(복수응답)은 신체적 폭력이 73%, 정서적 폭력이 62.7%, 경제적 폭력 16%, 성적 폭력 14.7%로 나타났다. 이 중 성적 폭력의 유형은 성추행(72.7%), 강간(57.1%), 성적모욕·비난(29.6%), 성관계 강요(29.6%), 카메라 등 이용촬영(23.5%), 성적 의심(9.6%), 유포협박(9.3%), 촬영물유포(8.6%)의 순이었다. 이 중 상대방이 원하지 않는데 카메라 등 이용촬영, 유포협박, 촬영물유포하는 것은 디지털 성범죄에 해당한다. 전년도 분석결과(한국여성의전화, 2022)와 비교해보면 디지털 성범죄에 해당하는 카메라 등 이용촬영은 6%p, 유포협박은 0.5%p, 촬영물유포는 2.6%p가 상승하였다.

디지털 성범죄란 상대방의 동의 없이 성적 사진이나 영상을 촬영하여 유포하거나 이를 빌미로 협박하는 행위, 사이버 공간에서의 성적 괴롭힘 등을 의미한다(한국여성인권진흥원 디지털성범죄 피해자지원센터 홈페이지, 2020). 일명 '리벤지 포르노(revenge porno)'라고 불리는 보복성의 성적 촬영물 유포범죄는 데이트 관계에서 촬영했던 상대방의 성적인 사진이나 영상을 보복의 의도를 가지고 유포하는 행위이다. 보통 상대방이 헤어지자고 하거나 자신의 요구를 들어주지 않을 때 상대방에게 해를 입히기 위한 목적으로 저지르는 디지털 성범죄이다. 디지털 성범죄의 사회적·정신적 피해는 매우 심각하여 이로 인해 피해자를 자살하게 만들 수도 있다. 미국의 경우는 '리벤지 포르노를 끝장내자(End Revenge Porn)'라는 이름의 비영리단체가 2012년에 결성되기도 하였으며, 국제적으로 디지털 성범죄에 대한 처벌 수위를 높이고 있다.

한국의 경우는 2017년 정부가 디지털 성범죄 피해방지 종합대책을 발표하고 이후 관련 법과 제도가 정비되었다. 2018년에 디지털성범죄피해자지원센터가 설립되어 수사·법률·의료지원 연계, 피해 촬영물에 대한 삭제와 모니터링 지원이 이루어지고 있다. 또한, 여성긴급전화 1366을 통해 디지털 성범죄 피해신고를 접수하고 신고 즉시 경찰 신고에 필요한 증거수집 및 긴급 삭제 지원, 방송심의위원회 연계 및 사후 모니터링, 피해자 전문상담, 의료비 및 보호시설 입소 지원, 무료 법률서비스 등의 피해자 종합서비스를 지원한다.

2) 교제폭력(데이트폭력)의 문제점

교제폭력(데이트폭력)의 문제점은 다음과 같다.

첫째, 시각적으로 드러나는 신체적, 성적 폭력이 아니더라도 언어를 사용한 정서적 폭력은 상대방의 자존감을 짓밟고 치유하기 힘든 상처를 줄 수 있다. 또한 교제폭력(데이트폭력)은 처음에는 언어폭력으로 시작하여 신체적 폭력으로 발전하는 양상을 보인다. 그뿐만 아니라 정서적 폭력, 신체적 폭력 및 성폭력 등의 여러 유형의 폭력이 복합적으로 일어나는 경향이 있으므로 피해가 더욱 심각할 수 있다(Sabina & Straus, 2008).

둘째, 데이트 관계는 상호작용의 정도가 긴밀하고 관여도가 높은 관계이므로 그만큼 서로를 구속할 확률이 높고, 서로에 대한 의존이 높을수록 좌절과 분노로 이어져 폭력적 행동이 일어날 확률이 높다. 이러한 교제폭력(데이트폭력)은 폭력으로 상대방을 통제하려 하고, 이것을 애정으로 위장하여 인내를 강요하거나 애정행동을 통해 이를 보상하려 한다는 점에서 가정폭력과 유사하다. 때리면서도 사랑한다고 말하는 가해자의 반복적 행동은 사랑하기 때문에 때리고 집착하는 것이라고 믿게 만드는 문제가 있다. 따라서 피해자는 '때리는 거 하나만 빼면 참 괜찮은 사람'이라는 착각을 하고, 이러한 믿음은 더욱더 폭력에서 벗어나기 어렵게 만든다(한국여성의전화, 2018).

셋째, 교제폭력(데이트폭력)은 가정폭력과 마찬가지로 단 한 번의 폭력으로 끝나지 않고 오랜 기간 지속하는 경우가 많다. 교제폭력(데이트폭력)의 재범률은 높고 이후 결혼생활에서도 반복된다는 점에서 매우 유의해야 할 문제이다. 또한, 연인관계가 끝나더라도 사적으로 알고 지내던 사이이므로 상대방을 찾아내 온·오프라인의 폭력을 계속 휘두르고, 더욱 심각한 보복성의 폭력이 일어나기도 한다.

넷째, 믿고 의지했던 연인 간에 일어나는 폭력이기 때문에 다른 폭력 사건보다 정신적 문제를 더 일으키면서 자존감 상실, 우울증이나 불안 증세, 외상후 스트레스 장애(PTSD: 충격적 사건 이후 악몽, 과각성, 해리 증상, 분노조절 곤란, 사건 관련 자극에 대한 지속적인 회피반응 등)가 발생하기도 한다. 또한, 가족 등 대인관계의 악화, 사회적 고립, 수사 및 재판 과정에서의 심리적 부담, 일상복귀의 어려움 등의 2차 피해를 겪을 가능성이 높고 자살과 살인으로 이어지는 경우도 있다.

3) 원인과 대처방안

교제폭력(데이트폭력)의 발생 원인을 정리해보면 다음과 같다.

첫째, 교제폭력(데이트폭력)에 대한 인식 부족이다. 연인이라는 관계 때문에 분명한 범죄임에도 불구하고 이를 범죄로 인식하지 못하는 경향이 있다. 실제 교제폭력(데이트폭력)을 문제가 있다고 인식하면서도 특정 상황에서는 교제폭력(데이트폭력)을 허용할 수 있는 수준으로 인식하기도 하였다(허예지, 서미경, 2014). 특히 통제와 언어적·정서적 폭력에 대한 인식은 상당히 부족한 편이다. 피해 당사자도 문제를 인식하지 못하거나 참고 넘어가는 문제가 있다. 피해자를 원인제공자로 바라보는 잘못된 오해 때문에 이들을 움츠리게 하는 문제점도 크다. '데이트'라는 낭만적 단어가 합성되어 그 심각성을 희석하거나 사적인 문제로 치부하게 할 소지도 있다.

둘째, 원가족의 폭력 경험이다. 사회학습이론에 의하면, 가족원 간의 폭력적 행동도 일반 행위와 마찬가지로 모방과 같은 행동학습 원칙에 따라 자녀들에게 학습된다. 특히 부모는 자녀들의 주요한 행동모델이 되기 때문에 부모의 행동에 대한 학습은 더욱 잘 일어나고, 정서적으로 자극된 경험은 기억 속에 오래 남아 이후에 모방하여 실행할 가능성이 더욱 높다(Bandura, 1973; 정혜정, 2003).

셋째, 낮은 젠더감수성(gender sensitivity)이다. 젠더감수성이란 서로 다른 성별의 입장이나 사상 등을 이해할 수 있는 감수성이라고 할 수 있다. 조성자와 한완수(2019)에 의하면 성(sexuality)인식 태도가 긍정적일수록, 젠더감수성이 높을수록 데이트 폭력성이 낮아지는 것으로 나타났다. 나아가 젠더감수성은 성인식 태도와 데이트 폭력성 간의 관계를 조절하는 것으로 나타났다. 즉 성인식 태도의 수준이 낮을지라도 젠더감수성을 증가시켜 줌으로써 데이트 폭력성이 낮아지는 것으로 나타났다.

교제폭력(데이트폭력)의 예방과 대처방안을 정리하면 다음과 같다.

첫째, 1차적인 예방으로 평소 서로의 성향과 가치관에 관한 대화를 통해 서로의 다름을 이해하고 존중하는 태도를 가져야 한다. 또한, 원치 않는데 상대방이 강요하거나 존중하지 않는 언행을 할 때는 확실하고 단호하게 거절하고 싫다는 표현을 할 수 있어야 한다. 서로가 의견이 불일치하고 서로에게 불만사항이 생겼을 때 의사소통을 통해 상대방의 입장을 고려하면서 자기주장을 명확히 하고 원만히 타협할 수 있어야 한다.

둘째, 교제폭력(데이트폭력)의 전조증상(워크시트 06 참조)을 보인다면 계속 만나는 것을 심각하게 고민해 보아야 한다. 상대방의 이러한 행동에 대해 가족, 친구, 선생님, 상담기관 등에 이야기하고 조언을 구하도록 한다. 만약 한 번이라도 신체적, 성적 폭력이 발생한다면 폭력에 대응하기 위한 증거확보는 매우 중요하다. 상처나 폭력의 흔적을 사진으로 찍어두고 반드시 병원에서 진료를 받은 후 진단서를 발급받도록 한다. 의학적인 수집이 가능하도록 몸을 씻지 말고 늦어도 이틀 이내에 병원으로 가야 한다. 그리고 112 또는 1366 등 도움을 받을 수 있는 전문기관에 알리도록 한다.

셋째, 교제폭력(데이트폭력)에 대한 인식전환 및 교육 강화가 필요하다. 교제폭력(데이트폭력) 관련 기사에 여전히 '맞을 만한 짓을 했겠지', '사랑하니까 그러는 거다' 등의 댓글을 남기는 몰지각한 사람이 있다. 교제폭력(데이트폭력)에 대한 대중들의 인식 수준이 매우 낮으며, 친밀한 관계에서 발생한 것이므로 심각하게 받아들여지지 않는 경향이 크다. 이러한 교제폭력(데이트폭력)에 대한 잘못된 인식을 올바르게 전환하고 대처 및 예방 방법을 숙지시키기 위해서는 교육이 더욱 강화되어야 한다. 우선 공교육에서 교제폭력(데이트폭력)에 대한 명확한 정의와 진정한 사랑이란 무엇인지 등과 관련해 프로그램을 진행할 필요가 있다. 나아가 아동기부터 상호 인격 존중과 젠더감수성 교육을 강화해야 한다.

넷째, 미디어 영상물에서 교제폭력(데이트폭력)을 로맨틱하게 다루지 못하도록 심의규정을 둘 필요가 있다. 예를 들어 남성의 완력을 이용해 여성의 손목을 강하게 붙잡고 끌고 나가 키스하는 남성을 박력 있고 열정적인 것으로 묘사한다던가, 자신의 마음을 받아주지 않는 남성의 뺨을 때리고 물을 뿌리는 여성을 적극적이고 당당한 모습으로 그려내는 장면들이다. 대중매체 영상물은 재미로 포장되어 있으므로 이러한 행위의 심각성을 인지하지 못하고 비판의식 없이 받아들일 가능성이 크다.

다섯째, 교제폭력(데이트폭력)에 대한 법적 처벌 강화가 필요하다. 현재 한국은 데이트폭력 근절 TF를 가동하고 매년 7~8월 데이트폭력 집중 신고기간을 갖고 있다. 또한, 피해자 신변 보호를 위한 경찰의 현장 조치를 강화하고, 세 번째 가해신고부터는 합의로 처벌을 피할 수 없고 정식기소 및 구속수사를 하는 삼진아웃제를 실시하고 있다. 「스토킹범죄의 처벌 등에 관한 법률」(2021년)이 시행되었으나 교제폭력(데이트폭력)에 대한 별도의 법은 여전히 없다. 이에 교제폭력(데이트폭력)이라고 하여 특별한 양형 규정이 없고 폭력 유형에 따라 각각 관련 형법으로 처벌한다. 이에 다른 선진국들에 비해 교제폭력(데이트폭력)의 대응방안이 부족하고 재발 우려는 매우 큰 편으로 계속 법적인 보완과 강화가 요구된다.

대표적으로 미국은 2009년 '케이티법', 영국은 2009년 '클레어법'을 도입하여 교제폭력(데이트폭력)을 강력하게 대처하고 있다. 2009년 미국 애리조나주에서 '케이티'라는 이름의 여성이 전 남자친구에게 총으로 살해되었다. 사건 발생 이전에 경찰에 신변보호를 요청했지만, 그당시 관련 법이 없다는 이유로 받아들여지지 않았다. 이 사건을 계기로, 기존에 있던 '가정폭력방지법'에 가족 외 '연인'까지 포함하게 되었고 피해자에 대한 신변보호와 가해자에 대한 영장이 없는 체포와 총기의 몰수, 교정명령, 가중처벌도 가능하도록 개정하였다.

영국의 클레어법은 2009년 '클레어'라는 여성이 남자친구에게 살해당한 사건을 계기로 만들어졌다. 가해자는 폭력 전과 3범이었고, 그녀는 살해를 당하기 이전에도 지속적인 위협을 받고 있었다. 이에 경찰에 신고하고 도움을 요청했지만, 경찰의 보호를 받지 못하고 결국 살해된 것이다. 이를 계기로 일반 폭력과 교제폭력(데이트폭력)의 높은 상관성과 교제폭력(데이트폭력)의 심각성이 드러나면서 경찰에 요청하여 연인의 전과를 조회할 수 있도록 하였다.

■ 여성긴급전화(1366 https://www.women1366.kr)
〈여성 긴급전화 1366〉는 교제폭력(데이트폭력) 등 여성폭력 피해(가정폭력, 성폭력 포함)로 인한 신고접수, 긴급 상담 및 피해 대응 관련 등의 긴급보호를 지원한다. 24시간 원스톱 서비스 제공, 여성폭력 관련 상담소, 보호시설 및 112, 119 등 관련 기관 연계서비스 제공한다. 1년 365일에 하루를 더해 충분하고 즉각적으로 서비스를 제공한다는 의미로 1366 번호를 만들었다.

■ 한국여성의전화(02-2263-6464 http://www.hotline.or.kr)
〈한국여성의 전화〉는 가정폭력과 성폭력, 교제폭력(데이트폭력) 등 여성폭력 피해자 상담과 쉼터 연계 등의 지원을 하고 있다. 또한, 여성폭력 관련 법 및 제도 개선, 폭력예방교육 및 폭력예방강사 양성교육 등의 여성주의 의식향상 교육 E.L.F(Empowerment Leadership Feminism)을 실시하고 있다.

■ 한국남성의전화(02-2652-0456 http://www.manhotline.or.kr)
〈한국남성의 전화〉는 부부폭력, 이혼, 외도, 자녀문제, 가족갈등문제 등에 대해 전문상담원이 무료의 전화 및 면접상담을 지원한다. 또한, 가정폭력, 성폭력, 이혼문제, 재산문제 등 법률전문가연계, 가족폭력 피해자에 대한 의료상담 및 보호시설 연계서비스를 제공하고 있다.

2. 가정폭력

「가정폭력범죄의 처벌 등에 관한 특례법」 제2조 제1항에 의하면 가정폭력은 가족구성원 사이의 신체적, 정신적 또는 재산상 피해를 수반하는 행위이다. 즉, 배우자나 가족구성원(사실혼 및 과거의 관계 포함)의 고의적인 행동으로 인해 피해 가족원의 재산이나 건강, 정신적인 안녕이 위협을 받고 피해를 받는 신체적·성적·정신적·경제적 폭력이라고 할 수 있다. 한편 1997년 제정된 「가정폭력방지 및 피해자보호 등에 관한 법률」은 가정폭력 가해자의 성행을 교정하기 위한 보호처분을 우선하여 건강한 가정의 회복에 목적을 두고 있다. 또한, 여성가족부 장관은 3년 주기로 가정폭력실태를 의무적으로 조사하도록 하고 있다. 여기에서는 여성가족부가 2022년 전국 만 19세 이상 가구원을 대상으로 한 가정폭력실태 조사 결과보고서(한국여성정책연구원, 2022)를 중심으로 배우자폭력, 아동학대, 노인학대(만 65세 이상)에 대한 유형과 실태를 살펴보고자 한다.

1) 배우자폭력의 유형 및 실태

다음의 〈표 6.3〉과 같이 배우자에 대한 폭력은 신체적, 성적, 경제적, 정서적 폭력과 통제까지 다양하게 유형을 구분하여 살펴볼 수 있다.

지난 1년간 배우자에 의한 폭력 피해 경험률을 분석한 결과, 신체적/성적 폭력 피해율은 여성 4.6%, 남성 1.8%였으며, 4개 유형 폭력(신체적/성적/경제적/정서적 폭력) 피해율은 여성 9.4%, 남성 5.8%였고, 5개 유형 폭력(신체적/성적/경제적/정서적 폭력 및 통제) 피해율은 여성 28.7%, 남성 26.3%로 나타났다. 폭력유형별로 보면, 양성 모두 통제 피해 경험률(여성 25.1%, 남성 24.3%)이 가장 높았고 두 번째로 정서적 폭력 피해 경험률(여성 6.6%, 남성 4.7%)이 높았다. 이어서 여성의 경우 성적 폭력(3.7%), 신체적 폭력(1.3%), 경제적 폭력(0.7%) 순이었고, 남성의 경우 신체적 폭력(1.0%), 성적 폭력(0.8%), 경제적 폭력(0.2%) 순으로 성별 차이가 있다. 특히, 성적 폭력 피해 경험에서 여성의 경험률이 남성보다 약 4.6배 정도 높아 여성의 배우자에 의한 성적 폭력에 더욱 관심을 기울일 필요성이 있다(표 6.4 참조).

| 표 6.3 | 배우자폭력의 유형 |

유형	행동
신체적 폭력	· 다치게 할 수 있는 물건을 던지는 행동 · 밀치거나 팔, 어깨, 머리 등을 움켜잡는 행동 · 손바닥으로 뺨이나 머리, 몸을 때리는 행동 · 목을 조르거나 코나 입을 막는 등 숨을 쉬지 못하게 하거나 고의로 화상을 입히는 행동 · 칼이나 흉기 등으로 위협하거나 다치게 하는 행동 · 허리띠, 몽둥이 등 다칠 수 있는 물건으로 때리는 행동 · 주먹이나 발로 때리거나 사정없이 마구 때리는 행동

성적
폭력
	· 무력을 사용하여, 원하지 않을 때 성관계를 강요하거나 원하지 않는 형태의 성관계를
	  강요하는 행동
	· 무력을 사용하지 않았지만, 원하지 않을 때 성관계를 강요하거나 원하지 않는 형태의
	  성관계를 강요하는 행동
	· 원하지 않는 신체적 접촉(만지기, 키스, 포옹 등)을 하는 행동
	· 신체 일부 또는 성행위를 동의 없이 촬영하는 행동
	· 신체 일부 또는 성행위를 촬영한 사진, 동영상, 성적 합성물 등을 동의 없이 올리거나
	  올리겠다고 협박하는 행동

경제적 폭력	· 생활비를 부담해야 하지만 일부러 생활비를 주지 않는 행동 · 상대방의 재산 또는 지분이 있는 재산을 동의 없이 처분하는 행동 · 수입과 지출을 독점하는 행동 · 돈이나 재산을 빼앗거나 빚을 떠넘기는 행동
정서적 폭력	· 모욕하거나 욕을 하는 행동 · 때리려고 위협하는 행동 · 상대방의 물건을 부수는 행동 · 상대방이 아끼는 사람이나 반려동물을 해치거나 해치겠다고 위협하는 행동 · 상대방 앞에서 자해하거나 자해, 자살하겠다고 위협하는 행동 · 잠을 못 자게 괴롭히는 행동
통제	· 친구, 가족 등 가까운 사람들과 연락하거나 만나지 못하게 하는 행동 · 온라인, 오프라인에서 누구와 연락을 주고받는지 감시하는 행동 · 어디에서 무엇을 하는지 꼭 알리는 행동 · 무시하거나 냉담하게 대하는 행동 · 다른 이성과 이야기를 하면 화를 내는 행동 · 바람을 피운다고 자꾸 의심하고 화를 내는 행동 · 아파서 병원에 가야 할 때도 허락을 받도록 하는 행동 · 사회활동(직업갖기, 교육받기, 사회적 성취 등)을 못하게 하거나 허락을 받도록 하는 행동 · 외출 시간, 귀가 시간 등을 간섭하거나 허락을 받도록 하는 행동 · 피임을 거부하거나 성관계 도중 합의 없이 피임 기구를 제거하는 행동

출처: 한국여성정책연구원(2022). 2022년 가정폭력실태조사 연구. 저자 편집.

표 6.4

(단위: %)

구분	5개 유형 폭력						통제	피해율 계
	4개 유형 폭력					피해율 소계		
	신체적/성적 폭력			경제적 폭력	정서적 폭력			
	신체적 폭력	성적 폭력	피해율 소계					
전체	1.2	2.3	3.2	0.4	5.7	7.6	24.7	27.5
여성	1.3	3.7	4.6	0.7	6.6	9.4	25.1	28.7
남성	1.0	0.8	1.8	0.2	4.7	5.8	24.3	26.3

출처: 한국여성정책연구원(2022). 2022년 가정폭력실태조사 연구.

배우자로부터 신체적, 성적, 정서적, 경제적 폭력 피해를 경험한 전체 응답자 중에서 (폭력 상황에서) 맞대응하거나 도망치거나 주위에 도움을 요청하지 않고 '별다른 대응을 한 적이 없는' 경우가 53.3%(남성 49.8%, 여성 55.4%)로 나타났다. 그 이유(1순위)를 성별로 분석해보면, '폭력이 심각하지 않다고 생각해서'라는 응답에서 남성은 33.8%, 여성은 21.1%로 12.7%p 차이가 나타났다. 또한 '내 잘못도 있다고 생각해서'는 남성은 24.5%, 여성은 8.7%로 15.8%p, '그 순간만 넘기면 될 것이라고 생각해서'는 남성 6.4%, 여성 16.4%로 10.0%p의 차이가 나타났다. 특히 '대응하면 폭력이 심해질 것 같아서'라는 응답은 남성(1.7%)에 비해 여성(10.2%)의 응답이 6배 더 높았고 '대응해도 달라질 게 없을 것 같아서'는 남성(4.1%)에 비해 여성(11.3%)이 2.8배 높게 응답했다.

(폭력발생 이후) 도움을 요청한 경우의 요청 대상은 '가족이나 친척'(3.9%), '이웃이나 친구'(3.3%), '여성긴급전화1366'(1.2%), '경찰'(0.8%)의 순으로 나타났다. 경찰에 도움을 요청하지 않은 이유는 '폭력이 심각하지 않다고 생각해서'(47.3%)가 가장 많았고, 다음으로 '그 순간만 넘기면 되어서'(17.5%), '신고한다고 나아질 것 같지 않아서'(12.9%)이었다. 한편 '경찰이 도와줄 수 없을 것 같아서'(3.9%)에 대해 여성은 5.3%, 남성은 1.6%로 응답하여 여성이 남성보다 경찰에 대한 기대가 높지 않은 것을 알 수 있다.

한편 가해자의 경우 배우자를 가해한 이유를 살펴보면, '나를 무시해서 또는 무시할까 봐'가 전체 48.2%로 가장 높고, 그다음이 '배우자로서의 의무와 도리를 제대로 하지 않아서'가 26.4%이다. '특별한 이유 없이'는 22.7%, '배우자를 내 마음대로 하고 싶어서' 19.9%,

'내가 아끼는 사람(가족, 친구 등)을 무시해서' 10.9%, '외도를 해서 또는 외도하는 것 같아서'가 2.8%에 해당한다. 특히 '나를 무시해서 또는 무시할까봐'는 남성 54.9%, 여성 42.9%로 남성이 12.0%p 높았고 '특별한 이유 없이'는 남성 28.4%, 여성 18.2%로 남성이 10.2%p 높게 나타났다. 상대방의 폭력에 대항하기 위한 대항폭력은 여성이 9.4%, 남성이 9.5%로 비슷하게 응답하였다.

종합적으로 여성과 남성의 피해양상은 질적 차이가 있다. 즉 여성의 피해 경험이 높고 신체적/성적 폭력은 여성이 남성보다 피해자 비율이 2배 이상으로 나타났다. 그럼에도 불구하고 여성 피해자는 대응하면 폭력이 더 심해질 것 같아서, 그 순간을 모면하기 위해서, 대응해도 달라지지 않을 것이라고 체념하여 아무런 대응을 하지 않고 폭력에 노출되고 있는 경우가 많았다. 또한, 경찰에 대한 기대가 높지 않아 도움을 요청하지 않는 여성이 상대적으로 많은 것으로 나타나 여성 피해자의 적극적인 대응력 향상을 위한 다각적인 방안이 필요하다.

2) 아동 학대의 유형 및 실태

아동복지법 제3조 제7호에 따르면, 아동학대란 보호자를 포함한 성인이 아동의 건강 또는 복지를 해치거나 정상적 발달을 저해할 수 있는 신체적·정신적·성적 폭력이나 가혹행위를 하는 것과 아동의 보호자가 아동을 유기하거나 방임하는 것을 말한다. 또한, 민법 제915조 친권자의 자녀에 대한 징계권은 2021년 폐지되어 단순체벌까지 아동학대의 정의에 명확히 포함된다. 가정폭력범죄에 대해서는 「가정폭력범죄의 처벌 등에 관한 특례법」을 우선 적용하지만, 아동학대범죄에 대해서는 「아동학대범죄의 처벌 등에 관한 특례법」(2014년 제정)을 우선 적용하게 되어있다. 즉 가정 내에서 자녀학대라고 할지라도 가정보호를 목적으로 하는 가정폭력범죄의 처벌 등에 관한 특례법이 아니라 아동보호를 주목적으로 하는 아동학대범죄의 처벌 등에 관한 특례법을 적용한다.

한편 가정 내에서 일어난 아동학대에 대해 조사한 여성가족부의 아동학대 실태를 중심으로 살펴보면 다음과 같다(한국여성정책연구원, 2022). 구체적으로 가정 내에서 18세 미만의 아동을 양육하고 있는 응답자(부모, 조부모, 친족 등)에게 지난 1년간 아동폭력 가해 경험을 조사한 결과이다. 아동학대의 유형은 다음의 〈표 6.5〉와 같이 신체적 학대, 정서적 학대, 방임으로 구분하여 실태조사하였다.

표 6.5	아동학대의 유형

유형	행동
신체적 학대	· 손바닥으로 뺨이나 머리를 때리는 행동 · 허리띠, 몽둥이 등 다칠 수 있는 물건으로 때리는 행동 · 아동을 잡고 던지거나 넘어뜨리는 행동 · 주먹이나 발로 세게 때리는 행동 · 사정없이 마구 때리는 행동 · 목을 조르거나 코와 입을 막는 등 숨을 쉬지 못하게 하는 행동 · 고의로 화상을 입히는 행동 · 칼이나 흉기 등으로 위협하거나 다치게 하는 행동
정서적 학대	· 때리겠다고 위협하는 행동 · 욕하거나 나쁜 말을 퍼붓는 행동
방임	· 식사를 제때 챙겨주지 않는 행동 · 진료가 필요한데도 병원에 데리고 가지 않거나 진료를 받지 못하게 하는 행동 · 술이나 약물에 취해서 아동을 돌보지 않는 행동 · 어른과 함께 있어야 하는 상황임에도 불구하고 혼자 있게 하는 행동

출처: 한국여성정책연구원(2022). 2022년 가정폭력실태조사 연구. 저자 편집.

조사결과에 의하면, 지난 1년간 아동을 양육하는 자가 신체적 폭력, 정서적 폭력, 방임의 14개 항목 중 하나라도 행사한 적인 있는 경우가 11.7%로 나타났다. 가해자의 성별은 남성(7.9%)보다 여성(15.2%)이 더 많았는데, 여성이 상대적으로 남성보다 아동을 돌보는 역할을 수행할 가능성이 크고 아동과 함께 하는 시간이 많기 때문으로 해석하였다. 아동폭력 유형별로는 정서적 폭력이 10.2%로 가장 많았고, 다음은 신체적 폭력(4.0%)이었으며, 방임 0.5%의 순으로 나타났다(표 6.6 참조).

표 6.6	지난 1년간 양육자에 의한 아동폭력 가해 경험

(단위: %)

구분	신체적 폭력	정서적 폭력	방임	가해율 계
전체	4.0	10.2	0.5	11.7

출처: 한국여성정책연구원(2022). 2022년 가정폭력실태조사 연구.

구체적으로 신체적 폭력의 경우 '손바닥으로 뺨이나 머리를 때렸다'가 4.0%로 가장 높았고, 그 외에는 0.5% 미만으로 나타났다. 정서적 폭력은 '때리겠다고 협박했다'라는 항목이 8.5%, '욕이나 나쁜 말을 퍼부었다'라는 3.6%로 나타났다. 방임의 가해 경험에서 높은 비율을 보인 항목은 '식사를 제때 잘 챙겨주지 않았다'가 0.4%, '어른과 함께 있어야 하는 상황임에도 불구하고 혼자 있게 하였다'가 0.3%의 순이었다. 지난 1년간 배우자에 의한 신체적, 성적, 정서적, 경제적 폭력 피해 경험이 있는 경우가 없는 경우보다 아동학대 가해율에서 15.2%p가 높은 것으로 나타나 배우자폭력이 자녀에게 끼치는 부정적 영향에 대한 대응이 요구된다. 한편 보건복지부(2023)에 의하면 2022년 피해아동의 가족유형은 친부모가정이 64.9%로 가장 많았으며, 그다음으로 모자가정(13.3%), 부자가정(9.0%), 재혼가정(4.9%), 미혼부·모가정(1.6%), 동거 및 사실혼 가정(1.2%), 친인척보호(0.8%), 시설보호(0.6%), 가정위탁(0.3%), 입양가정(0.3%)의 순으로 나타났다.

3) 노인 학대의 유형 및 실태

「노인복지법」 제1조 제4호에 따르면, 노인학대란 노인에 대하여 신체적·정신적·정서적·성적 폭력 및 경제적 착취 또는 가혹행위를 하거나 유기 또는 방임을 하는 것을 말한다. 학대 행위자에 따라 가정학대와 시설학대, 기타로 분류할 수 있는데, 여성가족부에서는 가족원에 의해서 일어난 65세 이상 노인에 대한 학대를 신체적·경제적·정서적 학대, 방임으로 구분하여 조사하였다(표 6.7 참조).

조사결과에 따르면 가족원(자녀, 사위, 며느리, 손자녀)에 의해 경험한 노인학대 피해는 전체 4.1%로 나타났고, 여성과 남성은 각각 4.9%, 3.1%로 여성 피해자가 더 많은 것으로 나타났다. 학대 유형별로 피해 실태를 보면, 정서적 학대(3.3%)가 가장 높았고 그다음으로 방임(0.5%), 경제적 학대(0.4%), 신체적 학대(0.4%) 순이었다(표 6.8 참조).

표 6.7	노인학대의 유형

유형	행동
신체적 학대	· 화풀이를 물건던지기, 부수기 등의 기물파손으로 표현하는 행동 · 할퀴거나 꼬집거나 물어뜯는 행동 · 머리(채)나 목 또는 몸을 강하게 잡거나 흔드는 행동 · 밀치거나 넘어뜨리는 행동 · 도구나 흉기를 사용하여 위협하거나 상해 또는 화상을 입히는 행동 · 방이나 제한된 공간에 강제로 가두거나 묶어두는 행동
정서적 학대	· 모욕적인 말을 하여 감정을 상하게 하거나 수치심을 느끼도록 하는 행동 · 집을 나가라는 폭언을 하는 행동 · 가족으로부터 따돌리거나 가족모임 또는 의사결정 과정에서 자주 소외시키는 행동 · 대화를 기피하거나 의견을 무시하거나 화내는 행동(못 들은 척, 무관심, 침묵, 냉담, 짜증, 불평) · 신체적 기능의 저하로 인한 실수(실변, 실금)를 비난하는 행동 · 부양부담으로 인한 스트레스를 노골적으로 표현하는 행동
경제적 학대	· 연금, 임대료 등의 소득 또는 저축, 주식 등을 가로채거나 임의로 사용하는 행동 · 동의 없이 부동산에 대한 권리를 임의로 행사하거나 강제로 명의변경 하는 행동 · 빌린 돈을 갚지 않거나 물건을 돌려주지 않는 행동 · 유언장을 허위로 작성하거나 변조하여 재산을 취하는 행동
방임	· 길이나 낯선 장소에 버려 사고를 당할 수 있는 위험한 상황에 처하게 하는 행동 · 스스로 식사하기 힘든데 방치하는 행동 · 경제적 능력이 있음에도 불구하고 고의로 필요한 보장구(틀니, 보청기, 돋보기, 지팡이, 　휠체어 등)를 제공하지 않는 행동 · 병원에서 치료를 받아야 할 상황인데도 병원에 모시지 않는 행동 · 필요한 기본생계비용을 제공하지 않거나 중단하는 행동 · 연락 또는 왕래하지 않고 방치하는 행동 · 동의 없이 시설에 입소시키거나 병원에 입원시키고 연락을 끊는 행동

출처: 한국여성정책연구원(2022). 2022년 가정폭력실태조사 연구. 저자 편집.

표 6.8	지난 1년간 가족원에 의한 노인학대 피해 경험

(단위: %)

구분	신체적 학대	정서적 학대	경제적 학대	방임	계
전체	0.4	3.3	0.4	0.5	4.1
여성	0.3	4.1	0.2	0.5	4.9
남성	0.4	2.3	0.6	0.6	3.1

출처: 한국여성정책연구원(2022). 2022년 가정폭력실태조사 연구.

주가해자는 아들(66.1%)이 가장 많았고 다음으로 며느리(31.3%), 딸(2.6%)의 순으로 나타났다. 주가해자와 현재 '함께 살고 있다'고 응답한 비율은 12.0%, '함께 살고 있지 않다'고 응답한 비율은 88.0%이었다. 한편 노인학대 피해에 대해 주위에 도움을 요청한 경우는 단 한 명도 없는 것으로 나타났다. 주위에 도움을 요청하지 않은 이유로는 '가족이라서'라고 응답한 경우가 60.1%로 가장 높았고, '창피하고 자존심 상해서'(27.9%), '그 순간만 넘기면 되어서'(9.7%) 등의 순이었다. 여전히 가정폭력은 가족문제이기 때문에 피해를 당했지만 이해하고 넘어가야 하며, 부끄러운 일이므로 가능하다면 그 순간을 넘겨야 하는 문제로 인식되고 있다(한국여성정책연구원, 2022).

4) 가정폭력의 문제점

가정폭력은 피해가족원에게 우울증, 자존감 저하, 수치심, 공격성, 고도의 스트레스, 외상 후 스트레스 장애 등 매우 심각한 영향을 미치게 된다. 장기간 노출된 피해자는 학습된 무기력, 사회불안 증상이 나타난다. 가정폭력의 가해자는 보통 폭력 후 가족원에게 속죄하고 다시 또 폭력을 행사하는 과정을 반복하게 되는데, 이러한 과정에서 피해자는 자기보호력을 상실하고 스스로 헤어나오기 어려운 굴레에 빠지게 된다. 특히 가해자가 폭력의 원인을 피해자의 탓으로 돌리고, 폭력을 정당화하면서 가스라이팅(gas-lighting)할 때 피해자는 자신의 잘못으로 폭력을 당한다고 착각하기도 한다. 한편 학습된 무기력은 대처능력을 떨어뜨리고 독립성과 개별적인 정체성에도 심각한 손상을 입혀 가해자의 과도한 통제에서 벗어나지 못하게 한다. 또한, 수치감과 낮은 자존감 때문에 사회적 상황에 대한 두려움을 느끼고 점점 타인과 거리를 두면서 더욱더 사회적 지원체계와 멀어지고 고립하게 되는 추가적인 문제가 파생된다.

한편 가정폭력의 직접적인 피해자가 아니더라도 자녀들이 이러한 상황을 목격하게 되면서 자녀의 발달단계에 따라 다양한 문제가 발생한다. 구체적으로 유아기에는 정서적으로 불안정한 가정환경과 양육 영향으로 인해 부모와의 애착이 불안정하게 형성된다. 이는 이후 대인관계에도 영향을 미쳐 긍정적인 대인관계 형성이 어려워진다. 아동기에는 낮은 자존감, 부정적 자아상, 죄책감 등 이 시기의 발달과제에 부정적인 영향을 미치게 된다. 상대적으로 남아는 공격적 행동 등 외현적 문제행동으로 표출하는 경우가 많고 여아는 우울과 불안 등 내재화된 문제행동을 보이는 경우가 많다. 청소년기에는 수치심으로 인한 사회적 고립, 불안, 가해자와의 동맹, 부모역할 대행, 폭력행동, 분노, 우울, 가출, 비행, 갈등해결 기술의 부족 등이다.

가정폭력의 심각한 문제점은 다음과 같은 네가지 특징과 관련된다(여성가족부, 2018).

첫째, 은폐성이다. 가정이라는 사적 공간 내에서 발생하기 때문에 외부에 잘 알려지지 않을 가능성이 크다. 가족원을 범죄자로 만들까 두려워 숨기기도 하고, 가정의 문제라고 치부되며 사회적으로 묵인될 가능성이 있다.

둘째, 반복성이다. 가정이라는 같은 공간에서 계속 마주하는 가족관계이므로 지속적 · 반복적으로 발생한다.

셋째, 중복성이다. 배우자, 자녀, 부모 등 피해자가 여러 명 발생하기도 하고, 피해자와 가해자가 중첩되기도 하면서 악순환되는 문제가 있다.

넷째, 순환성이다. 폭력에 대한 학습과 건설적 갈등해결에 대한 학습결여로 인해 세대 간 대물림될 가능성이 크다.

5) 원인 및 대처방안

가정폭력의 원인을 정리하면 다음과 같다.

첫째, 권위주의적인 가부장적 의식이다. 즉 자신이 집안의 우두머리여야 한다는 부담은 있으나 경제적 능력이 낮거나 가족원이 자기 뜻대로 움직이지 않는다고 느끼면 자신의 권위에 대한 위협을 느끼고 폭력을 통해서라도 자신의 힘과 위치를 확인하려고 하는 심리이다.

둘째, 강한 가족주의이다. 과거 한국의 강한 가족주의는 오히려 가족의 문제를 가족의 책임으로 떠넘기며 가정폭력의 은폐와 반복적 발생을 촉진했다고 볼 수 있다. 여전히 가정폭력은 '숨겨진 문제', '적과의 동침'으로 심각성을 내포하고 있다. 특히 아동과 노인은 스스로도 학대를 인식하지 못하거나 구제가능성을 알지 못해 자포자기하는 경우가 많다. 특히 노인학대의 피해자인 노인은 가해자인 가족원을 죄인으로 낙인찍기 싫어서 스스로 숨기는 경향이 있다.

셋째, 병리적 가족체계 및 파괴적 갈등대처방법이다. 가정폭력은 가족구성원이 서로의 인격을 존중하고 평등하게 여기는 관계가 아니므로 발생한다. 또한, 평소 가족 간 원활한 의사소통, 친밀한 관계 유지, 가정 내 · 외적인 변화에 대한 적응이 잘 안 되므로 갈등에 대한 건설적 대처가 어렵다. 이러한 병리적 가족체계 내에서 가족원 간 부정적인 감정을 언어적, 정서적, 신체적인 폭력으로 표출하고 지속적이며 반복적으로 파괴적 상호작용을 하면서 악순환하게 된다.

넷째, 학습된 폭력이다. 사회학습이론에 의하면 폭력에 대한 관찰학습, 잘못된 보상과 벌의 결과로 폭력을 학습하게 된다. 대부분 원가족의 부모로부터 학습하게 되며, 대안행동을 학습할 기회의 제한으로 인해 폭력행위를 고수하게 된다. 이 때문에 가정폭력은 대를 이어 세습하게 되는 문제가 크다. 예를 들어 성장기 동안 부모의 체벌에 불만이 많았지만, 체벌하지 않는 훈육의 방법을 학습하지 못하였기 때문에 이후에 부모가 되어 자신의 자녀에게 체벌하는 악순환이 반복되는 것이다.

다섯째, 아동기의 상실이나 성장 과정의 부정적 경험이다. 아동기에 과도한 책임을 졌던 사람은 성인이 되어서도 해결되지 못한 의존욕구가 있다. 이 때문에 대인관계에 과도하게 의존하거나 반대로 거부하는 등의 친밀한 관계 형성에 어려움을 겪게 된다. 또한, 성장 과정 동안 억압된 자율성이나 외상 후 스트레스 장애에 해당하는 사건을 경험한 경우 불안 증상과 정서적 문제를 겪을 수 있다. 불안정한 정서를 억압과 폭발이라는 부적응적인 감정 해소기법으로 폭력을 행사하기도 한다.

여섯째, 분노조절 장애와 공감능력의 부족이다. 분노조절 장애가 있는 경우 중립적 자극을 공격적으로 지각하고, 평소 부정적으로 편향된 정서 인지의 경향성을 보인다. 또한, 다른 사람의 입장에서 생각하는 공감능력이 부족할 경우 자기중심성이 강하고 통제력이 부족한 특징 때문에 상대방을 공격하는 성향이 있다.

일곱째, 음주와 가정폭력은 매우 높은 상관관계가 있다. 이는 알코올 자체가 뇌하수체 중심부에 있는 반사부위의 기능을 어느 정도 억제하여 통제력이 낮아지기 때문이다. 또한, 음주 후 잘못된 술버릇을 학습한 영향이 있다. 반면 일탈을 합리화하는 중화이론(neutraliza-tion theory)에 의하면 폭력 행위의 원인을 술에 전가하여 자신의 행동에 대한 책임을 회피하고 변명의 도구로 음주를 사용할 수도 있다.

종합적으로 배우자폭력, 아동학대, 노인학대 등의 가정폭력을 예방하고 대처하기 위한 방안을 정리하면 다음과 같다.

첫째, 가정폭력에 대한 잘못된 인식을 바로잡아야 한다. 가정폭력은 사적인 가족만의 문제가 아니라 전사회의 문제로서 인식전환을 위한 예방교육과 홍보가 지속해서 이루어져야 한다. 특히 피해자에게 폭력의 원인이 있다거나 피해자가 원한다면 가정폭력에서 벗어날 수 있다는 피해자 책임론은 반드시 개선되어야 할 잘못된 인식이다. 이러한 피해자 책임론은 피해자 스스로 자신의 탓으로 돌리고 더욱더 폭력의 굴레에서 헤어나오지 못하고 자포자기하게 만드는 원인이 된다. 또한, 가부장적 사회제도와 모든 인간을 평등하게 존중하지 못하는 사회인식수준을 개선해야 한다. 이를 위해 모든 사람에게 해당하는 보편적인 인권에 대한 감수성을 일깨우는 캠페인을 벌일 필요가 있다. 또한, 전국민적으로 가정폭력의 본질과 심각성에 대해 알려 경각심을 올리고 가정폭력 예방에 대해 관심을 갖도록 해야 할 것이다.

둘째, 폭력 허용적인 사회문화의 개선이다. 이를 위해 가장 근본적으로는 가정에서 자녀에 대한 체벌이 사라져야 한다. 유·아동기부터 성장기 동안 부모의 체벌에 노출되면 자연스럽게 폭력은 어쩔 수 없이 발생하는 것이라고 받아들일 가능성이 크다. 폭력이나 위협을 하지 않아도 갈등과 문제를 해결할 수 있다는 것을 기초적으로 부모가 가르칠 수 있어야 한다. 나아가 유치원과 학교에서 폭력예방교육이 지속적으로 이루어져야 할 것이다.

셋째, 건강한 가족관계의 형성이다. 평소 가족원 간 함께 공유하는 활동을 통해 소통의 시간을 갖고 상호 친밀감을 쌓고 이해하는 노력을 기울여야 한다. 또한, 서로의 불만을 원활하게 타협하는 건설적인 갈등해결 방식에 대한 학습과 실천이 요구된다. 한편 강한 가족주의에 기반을 두어 너무 의존하는 관계를 형성하는 것은 건강한 가족이 아니다. 서로 독립된 인격체임을 존중하면서 각자 자립할 수 있도록 가족관계를 형성해야 한다.

넷째, 가정폭력이 발생하면 우선 1366을 통해 위기 개입 상담과 종합적인 도움을 구할 수 있다. 가정폭력 관련 법 및 제도에 대한 인지도를 높이고 필요할 경우 활용하여야 한다. 「가정폭력범죄의 처벌 등에 관한 특례법」에서는 가해자이지만 가족원을 범죄자로 낙인찍기 어려운 딜레마를 고려하였다. 이에 가정폭력으로 신고된다 하더라도 반드시 전과자가 되는 것은 아니다. 즉 바로 형사사건으로 처벌하는 것이 아니라 가정보호사건으로 보호처분이 가능하도록 하였다. 이로써 가해자는 교정·치료 상담을 받을 수 있고, 보호시설 감호가 이루어질 수 있다. 신고접수 시 경찰의 출동이 의무화되었으며, 응급 및 임시조치 등 폭력 가해자에 대한 초동 조치를 하여야 한다. 신고한 사람에 대한 비밀은 보장된다. 검찰은 재발 우려 시 가해자에 대한 퇴거 및 격리, 경찰관서의 유치장, 구치소 유치 청구가 가능하다. 피해자는 원스톱지원센터인 1366을 통해 위기 개입 상담과 일주일 이내의 긴급보호를 받을 수 있다. 또한, 심리상담, 주거, 법률, 의료지원기관에 연계되어 다양한 서비스를 지원받을 수 있다. 보호시설에 자녀와 함께 동반 입소하여 의식주를 받을 수 있으며 원한다면 자립을 위한 직업훈련 및 취업 연계, 자녀의 비밀 전학 등 학습 지원이 가능하다.

■ 아동보호전문기관(https://www.ncrc.or.kr)

아동복지법 제45조(아동보호전문기관의 설치 등)에 따라 학대받은 아동의 발견, 보호, 치료에 대한 신속처리 및 아동학대 예방을 담당하는 아동보호전문기관을 전국적으로 설치·운영하고 있다. 아동학대 신고접수, 현장조사 및 응급보호의 업무를 수행하며 피해아동과 그 가족 및 아동학대행위자를 위한 상담·치료 및 교육 등을 수행하고 있다. 아동학대 신고번호는 112이며 아동지킴콜 112앱을 통해서도 가능하다.

■ 노인보호전문기관(https://noinboho1389.or.kr/)

노인보호전문기관은 노인복지법 제39조의 5에 따라 학대받는 노인의 발견·보호·치료 등을 신속히 처리하고 노인학대를 예방하기 위하여 전국적으로 설치·운영되고 있다. 노인학대 신고번호는 112 외에 국번 없이 전국 1577-1389로도 가능하다. 이 외에 노인인식 개선교육, 사업시설 내 노인권리 보호 및 기타 노인의 권익보호를 위한 사업 등을 실시하고 있다.

데이트 상대가 다음과 같은 행동 중 하나라도 한다면 위험신호일 수 있습니다. 다음의 항목마다 당신 또는 연인에게 해당여부를 체크해보세요.

항목	나	연인
1. 큰소리로 호통을 친다.		
2. 온종일 많은 양의 전화와 문자를 한다.		
3. 상대방의 통화내역이나 문자 등 휴대전화를 점검한다.		
4. 옷차림이나 헤어스타일 등을 자신이 좋아하는 것으로 하게 한다.		
5. 다른 사람들을 만나는 것을 싫어한다.		
6. 날마다 만나자고 하거나 기다리지 말라는 데도 기다린다.		
7. 만날 때마다 스킨십이나 성관계를 요구한다.		
8. 과거를 끈질기게 캐묻는다.		
9. 헤어지면 죽어버리겠다고 한다.		
10. 둘이 있을 때는 폭력적이지만 다른 사람이 있으면 태도가 달라진다.		
11. 싸우다가 외진 길에 상대방을 버려두고 간 적이 있다.		
12. 문을 발로 차거나 물건을 던진다.		

출처: 서울시 · 한국여성의전화, 저자 편집.

　　이상의 항목을 바탕으로 나와 연인의 상호작용에 문제는 없는지 점검해 보세요. 가능하다면 연인과 함께 이야기 나눠보세요.

_____

_____

_____

_____

07 장

결혼의 재구성

평생 동반자로서 함께 살자고 법적으로도 약속했지만, 결혼생활 동안 맞닥뜨리는 다양한 갈등을 타협하지 못하고 이혼을 선택하기도 한다. 더구나 노년기가 길어지면서 막연히 참으며 결혼생활을 유지하지 않는다. 자식 때문에 참고 살 필요도 없으며, 늦기 전에 자유롭고 편안한 삶을 시작하기 위해 황혼이혼을 선택한다. 또한, 이혼 후 다시 새로운 결혼생활과 관계망을 형성하는 재혼을 하기도 한다. 법적으로는 부부이지만 별거하면서 각자 개인생활을 누리는 졸혼을 선택하기도 한다.

이와 같이 지금보다 행복해지기 위해 이혼, 재혼, 졸혼 등 결혼의 재구성이 이루어질 수도 있다. 하지만 결혼의 재구성은 기대와 달리 초혼의 결혼생활보다 더욱더 힘든 적응과정을 초래할 수도 있다.

이 장에서는 이혼, 재혼, 졸혼의 의미와 현황을 살펴보고, 결혼의 재구성 과정에서의 문제점 및 방안에 대해 파악해 보고자 한다.

주제어

협의이혼, 재판이혼, 황혼이혼, 재혼, 졸혼

미리 생각해 보기

1. 이혼을 결정하기 전에 어떤 것을 고려해야 할까요?

2. 당신이 생각하는 졸혼은 어떤 의미인가요?

1. 이혼

1) 이혼의 의미와 현황

이혼은 혼인한 부부가 법적인 결혼의 제도적 장치를 소멸시키는 것을 의미한다. 즉 이혼으로 인해 배우자 및 인척관계가 소멸되고, 결혼으로 맺어진 부부공동생활에서의 법적인 권리와 책임이 사라지게 된다.

이혼의 종류는 협의이혼과 재판이혼으로 크게 구분할 수 있는데, '합의'가 가장 중요한 쟁점이다. 부부가 이혼에 합의한 경우에는 협의이혼을 할 수 있으며, 합의가 이루어지지 않으면 당사자 일방의 청구에 의해 법원의 재판으로 이혼하는 재판상 이혼을 할 수 있다(찾기 쉬운 생활법령정보). 이혼종류별 구성비를 보면(통계청, 2023), 2022년 협의에 의한 이혼은 전체 이혼 중 77.3%이며, 재판이혼은 22.6%의 비중을 보였다.

협의이혼은 부부가 자녀양육과 재산분할에 관한 사항을 협의하고 그 내용을 기재한 협의이혼 확인신청서를 가정법원에 제출하여 판사의 확인을 받는다. 이후 시(구)청, 읍, 면사무소에 이혼신고를 함으로써 결혼관계를 종결시키는 제도이다. 구체적으로 법원에 협의이혼 신청 이후 숙려기간을 거치게 된다. 숙려기간은 미성년 자녀가 있다면 3개월, 자녀가 없거나 성년자녀의 경우는 1개월이다. 또한, 미성년 자녀가 있다면 자녀양육 안내를 받아야 한다. 자녀양육 안내는 부모의 이혼과정에서 자녀들이 겪게 되는 심리적 변화와 갈등을 이해하고, 이혼 이후 부모의 역할을 원활하게 하여 자녀의 적응을 돕기 위한 부모교육 관련 내용이다.

이혼 관련 합의가 안 될 때 재판이혼을 청구하기 위해서 이혼 소송을 하려는 사람은 소장을 제출하여야 한다. 법원은 원고가 제출한 서류를 검토하고 상대방 피고에게 소장을 우편으로 송달한다. 피고는 소장 내용에 대해 답변서를 제출하고 판사는 변론 기일을 지정해서 부부 모두 법정에 출석시켜 부부의 말을 듣는 절차를 거친다. 이후 판사는 최종 판결 이전에 필요에 따라 임시 양육비 지급 결정, 임시 양육자 지정 및 면접교섭 결정, 양육에 관한 교육 명령, 접근 금지명령 등의 임시조치를 취할 수 있다. 상담이 필요하다면 가사상담위원을 통해 협의를 권유하기도 한다. 그리고 사실조사촉탁, 감정, 사실조회, 증인 및 당사자 본인 신문, 자녀 의견 청취 등을 통해 최종 판결을 내린다.

한편, 이혼건수 및 조이혼율 추이를 보면 1997년 조이혼율(인구 1천 명당 이혼건수)은 2.0건에서 2003년 3.4건까지 증가추세를 보이다가 2022년 현재 1.8건으로 다시 낮아졌는데 이는 혼인건수의 감소의 원인도 있다(그림 7-1 참조). 이혼연령은 20년 전과 비교하여 지속적인 상승 추세를 보인다. 2022년 현재 평균 이혼연령은 남성 49.9세, 여성 46.6세로 20년 전보다 남성과 여성은 각각 9.3세, 9.5세 상승하였다.

그림 7-1 **이혼건수 및 조이혼율 추이 (1970~2022)**

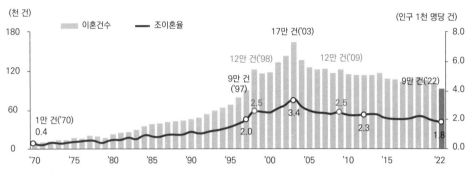

출처: 통계청(2023). 2022년 혼인·이혼 통계.

주목할 점은 2002년에는 혼인 지속기간이 길수록 이혼비율은 감소하여, 혼인 지속기간 20년 이상의 이혼은 전체 이혼의 15.8%로 4년 이하의 신혼부부 이혼(26.9%)보다 낮은 비율이다. 하지만 2022년에는 혼인 지속기간 4년 이하인 신혼부부의 이혼비율(18.6%)보다 20년 이상 이혼비율(36.7%)이 훨씬 많다(그림 7-2 참조).

그림 7-2 **혼인 지속기간별 이혼 구성비 (2002, 2022)**

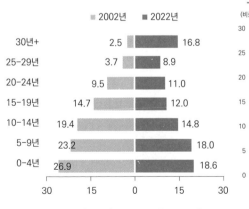

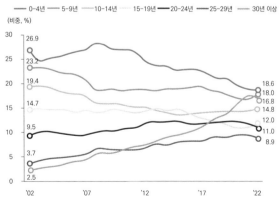

출처: 통계청(2023). 2022년 혼인·이혼 통계.

20년 이상의 황혼이혼이 차지하는 비율은 20년 전과 비교하면 2.32배의 증가율을 보여 이혼의 변화양상을 살펴볼 수 있다. 이혼에 대한 견해는 '이혼을 할 수도 있고 하지 않을 수도 있다'는 중립적 의견이 2022년 49.2%로 2014년 39.9%보다 증가하였고, '하지 말아야 한다'는 2014년 44.4%에서 2022년 27.1%로 감소하는 추세이다(통계청, 2022).

2) 이혼의 증가 원인

첫째, 가족가치관의 변화이다. 과거 제도적 가족관점에서는 가족의 틀을 유지하기 위한 도구적 기능 수행이 중요했다. 즉 권위적인 가부장권에 근거한 수직적 위계구조 하에서 친밀하고 평등한 가족관계, 각 가족원의 행복은 상대적으로 중요가치가 되지 못했다. 하지만 현대사회는 가족원 간의 정서적 표현기능의 수행이 중요한 우애적 가족가치관으로 변화하였다. 즉 부부의 애정과 친밀감이 없는 가운데 가족원의 희생을 요구하며 가족의 틀을 유지하지 않는다.

둘째, 이혼을 바라보는 관점이 변화하였다. 과거 구조기능주의 관점에서 가족은 사회체제유지 기능을 수행하기 위해 부부와 자녀로 이루어진 형태 유지가 중요하였다. 이러한 과거 패러다임에서 이혼은 가족의 해체 또는 가족제도의 위기 증후라고 할 수 있다(조흥식 외, 2018). 이에 이혼은 비정상 가족과 사회문제를 양산한다는 낙인의 시각이 팽배하였다. 또한, 이혼 가족에 대한 사회적 편견이 만연하였던 것이 사실이다. 이러한 주변인의 시선 때문에 병리적 가족관계에도 불구하고 이혼을 결정하지 못하는 경우가 많았다. 하지만 오늘날 가족형태의 다양화, 다양성에 대한 존중, 형태가 아니라 내적 기능이 중요한 건강가정으로의 관점의 진전은 이혼에 대한 편견을 낮추게 하였다.

셋째, 여성의 경제적 독립 가능성이 증가했다. 여성의 교육수준 및 사회참여 기회의 증가는 경제적 자립능력뿐 아니라 심리적으로도 홀로서기의 가능성을 높였다. 또한, 가사노동의 사회화는 전통적인 성역할 측면에서 남성의 가정내 기능적 독립성을 높였다. 궁극적으로 과거와 비교해 부부 상호 간 도구적 필요성이 감소했다고 할 수 있다(유영주 외, 2008). 즉 사회교환이론 측면에서 결혼생활을 유지하기 위해 들어가는 비용보다 보상이 적다면 결혼생활을 종결할 것이다. 이때 주어지는 보상물의 가치는 대체가능성이 높을수록 낮아진다.

한편, 이혼 사유의 1위는 성격 차이이다. KOSIS 국가통계포털의 2017년 이혼건수에 대한 이혼사유별 분석에 의하면, 성격차이(43.1%)가 가장 많았고, 그다음은 기타(20%), 경제문제(10.1%), 미상(8.4%), 가족 간 불화(7.1%), 배우자 부정(7.1%), 정신적·육체적 학대 (3.6%), 건강문제(0.6%)의 순이다. 성격차이로 인한 이혼이 가장 많으며, 경제문제도 전체 이혼사유 중 10%를 차지하고 있다.

재판이혼은 민법 제840조에 여섯 가지 이혼 청구 사유를 명시하고 있다. 1호에 부정행 위란 배우자가 아닌 다른 사람과 성관계만이 아니라 손깍지를 잡거나 몸을 더듬는 경우, 연락수단을 통하여 애정표현을 하는 경우, 한 집 혹은 한 방에서 함께 잠을 청한 경우, 여 행을 간 경우 등도 포함한다. 6호에 기타 사유는 예를 들어 이유 없는 성관계 거부, 과도한 신앙생활 집착으로 인해 결혼생활을 소홀히 하거나 알코올 중독 등이 포함되며, 성격 차이 의 원인으로 인한 재판이혼 청구도 증가하고 있다.

제840조(재판상 이혼원인) 부부의 일방은 다음 각호의 사유가 있는 경우에는 가정법원에 이혼을 청구할 수 있다.

1. 배우자에 부정한 행위가 있었을 때
2. 배우자가 악의로 다른 일방을 유기한 때
3. 배우자 또는 그 직계존속으로부터 심히 부당한 대우를 받았을 때
4. 자기의 직계존속이 배우자로부터 심히 부당한 대우를 받았을 때
5. 배우자의 생사가 3년 이상 분명하지 아니한 때
6. 기타 혼인을 계속하기 어려운 중대한 사유가 있을 때

한국가정법률상담소는 2022년 상담소에서 진행한 총 4,016건의 이혼상담을 분석하여 발표하였는데(2023년) 남녀 모두 민법 제840조 제6호 사유 중 '경제갈등'(여성 11.2%, 남성 5.7%)과 '빚'(여성 4.4%, 남성 2.0%)을 이유로 한 상담비율이 높았다. 특히 '빚'을 이유로 한 상 담비율은 남녀 모두 2021년(여성 2.9%, 남성 0.5%)에 비해 많이 증가하였다. 감당할 수 없는 빚으로 인해 당장 생계가 막막한 이들이 많고 이러한 어려움은 부부간 경제갈등으로 이어 져 혼인파탄의 주요 원인이 되고 있다고 지적하였다. 또한, 여성의 이혼상담 사유로는 '남 편의 부당대우(폭력)'가 1,704건(53.9%)으로 가장 많아 남편의 가정폭력의 심각성을 지적하 였다. 한편 전체 상담 중 60대 이상이 차지하는 비율은 여성 24.3%, 남성 50.1%로 2002년 60대 이상 여성 5.8%, 남성 11.6%에 비해 노년층의 이혼상담 비율이 가파르게 증가하였다.

3) 이혼의 과정

부부가 이혼에 이르기까지는 다양하고 복합적인 단계가 내포되어 있다. 법적 이혼과 동시에 결혼생활과 관련된 모든 문제가 단기간에 마무리되는 것은 아니다. 이 때문에 법적 이혼의 합법적 종결의 단적인 측면만 파악하기보다는 이혼의 과정 단계를 다양한 측면에서 살펴봐야 한다. 김혜경 외(2014)가 제시한 이혼의 단계를 기초로 하여 이혼의 과정을 정리하면 다음과 같다. 여기에서 제시한 정서적 이혼, 법적 이혼, 경제적 이혼, 지역사회 이혼, 심리적 이혼이 반드시 차례로 이루어지는 것은 아니다. 개인과 상황에 따라 이러한 이혼의 단계가 복합적으로 일어나기도 하고 법적 이혼 이후에도 오랫동안 진행되거나 완전히 해소되지 않기도 한다.

첫째, 정서적 이혼(emotional divorce)이다. 정서적 이혼 전에는 부부갈등을 해결해보고자 대화를 시도해 보기도 한다. 하지만 이러한 대화의 시도가 건설적 갈등해결로 이어지지 않고 비난, 경멸, 방어, 회피의 파괴적 갈등으로 악순환된다. 이러한 악순환이 더욱 진전된 정서적 이혼 단계에서는 부부간 의사소통이나 감정교류가 전혀 없거나 서로에 대한 거부 정도가 심해서 두 사람의 힘으로는 관계를 회복하기 힘든 상태라고 할 수 있다.

둘째, 법적 이혼(legal divorce) 단계는 부부관계를 합법적으로 종결하는 것이다. 보통 정서적 이혼 단계를 거친 후에 법적 이혼을 결정하지만, 정서적 이혼 단계를 마무리하지 않고 자존심 때문에 법적 이혼을 진행하는 부부들도 많다. 부부관계의 회복 가능성을 배제한 채 경솔하게 법적 이혼을 신청하는 안타까움이 있다. 반면 부부간 정서적 유대가 존재하지 않는데도 자녀 때문에 또는 집착이나 위신 때문에 이혼하지 않은 채 법적으로 부부관계를 유지하기도 한다. 한편 법적 이혼의 과정에서 숙려기간을 거치게 되는데, 이 기간에 의무면담과 장기상담지원 프로그램을 통해 법적 이혼을 재고하고 부부관계가 회복되기도 한다.

셋째, 경제적 이혼(economic divorce)은 재산분할과 위자료 등의 부부 공동의 재산처분과 이혼 후 경제적인 부분과 관련한 정리이다. 보통 법적 이혼의 단계에서 경제적 이혼을 동시에 진행하게 된다. 법적 이혼 단계 이전에는 실제로 경제적 이혼까지 고려하지 못한 경우가 많다. 하지만 법적으로 부부관계가 종결되면 재산상의 모든 권리와 의무도 소멸하기 때문에 공동재산에 대한 분배가 함께 진행되어야 한다. 부부는 민법상 공동생활과 서로의 부양을 위해 협력해야 하는 관계이므로 공동재산의 대상 여부는 법적인 소유자를 기준으로 하는 것은 아니다. 경제적 이혼의 단계에서 큰 갈등이 발생할 수 있는데, 협의이혼 후 2년 이내에 재산분할을 청구할 수 있다. 만약 원활한 합의가 이루어지지 않는 경우는 재판으로 이어지기도 한다. 재판이혼에서는 결혼생활 동안 자산을 축적하는 데 이바지한 정도를 고려하여 판결이 이루어지며, 손해배상청구도 가능하다. 법원이 재산분할 비율을 판단할 때는 부부의 혼인기간, 직업, 수입 등을 고려한다. 또한, 전업주부도 가사노동을 통해 재산형성에 기여하는 것이므로 가사노동 수행기간과 참여율도 재산분할 비율 판단에 고려 대상이 된다.

넷째, 지역사회 이혼(community divorce)이다. 부부가 결혼생활 동안 공동으로 알고 지낸 친지와 친구 등의 관계망이 분리되거나 상실된다. 법적 이혼으로 인해 부부관계가 소멸함과 동시에 결혼으로 형성되었던 상대 배우자와 관련된 인척 관계망도 법적으로 소멸한다. 하지만 부모가 이혼하여도 부모자녀의 관계는 법적으로 계속 유지되는 것이기 때문에 자녀의 입장에서는 부모의 원가족과 관련된 친인척 관계가 소멸하는 것이 아니다. 이에 자녀가 있는 경우에는 전 배우자의 원가족 관계망과의 왕래에 대해 협의를 해야 한다. 또한, 법적 이혼 후에는 공동거주가 아닌 물리적 분거가 이루어지게 된다. 보통 경제적 이혼의 재산분할로 인해 결혼생활동안 공동거주했던 주택을 처분하고 이사를 하게 되는 경우가 많다. 물리적 이사가 이루어지면서 자연스럽게 기존의 지역사회 네트워크와 멀어지게 된다. 더구나 자녀로서는 지역사회환경이 달라지면서 동시에 전학이 이루어지면 또래친구들과의 관계망이 달라지는 등 적응해야 할 상황이 더욱 많아진다고 할 수 있다.

마지막으로 심리적 이혼(psychological divorce)이다. 이 단계는 전 배우자와의 관계 및 의존 정도, 이전의 결혼에 대한 애착 및 분노 등의 감정으로부터 완전히 분리되어 심리적으로 자유로워지는 과정이다. 심리적 이혼의 단계에 이르는 데에는 사람마다 시간 및 적응기간이 다를 수 있다. 자신이 '이혼'하였다는 사실을 심리적으로 받아들이고 새로운 삶에 적응하기 위해서는 이혼 후 2~5년의 세월이 필요한 것으로 보인다(한경혜, 성미애, 진미정, 2016).

Bohannan은 이혼의 단계에서 고려해야 할 영역을 정서적, 법적, 경제적, 부모역할, 사회적 관계, 심리적 측면의 6가지로 분류하고 있다. 그리고 이러한 영역이 서로 연결, 중복되어 나타나는 복합적 과정이라고 하였다(김춘경 외, 2016, 재인용). 즉 법적 이혼만으로 이전 결혼생활의 모든 영역이 자동으로 정리되고 종결되는 것은 아니다. 이에 건강한 이혼을 이루기 위해서는 이혼의 준비단계에서 정서적·경제적·지역사회·심리적 이혼과 부모역할의 조정까지 깊이 있게 고려해야 한다.

4) 이혼으로 인한 적응과제

이혼은 일상생활에 큰 변화를 가져오는 사건이다. 배우자의 사망 다음으로 재적응 지수가 높은 사건이 이혼이다. 이혼 후 배우자의 존재 및 역할 등이 사라지기 때문에 이러한 변화된 환경에 적응하는 것은 무엇보다도 중요하다. 이혼 후 적응의 성패와 관련하여 독립적인 정체감 확립과 변화에 대한 적응력은 무엇보다 중요하다(Kitson, 1992; Kitson & Raschke, 1981; 문현숙, 김득성, 2000). 또한, 이혼 후 자녀를 양육하는 부모는 배우자 없이 생계 및 양육을 홀로 책임져야 한다는 이중부담 때문에 높은 스트레스를 겪게 된다(김은정, 백혜정, 2007). 이러한 스트레스는 일상생활에서 자녀에게 투사되어 양육부모와 자녀관계에 부정적 영향을 미칠 수 있다. 이에 이혼 후 비동거 부모의 양육비 지원과 부모역할에 대한 협력은 매우 필수적이라고 할 수 있다. 국가는 미성년 자녀의 안전한 양육환경 조성을 목적으로 2014년 양육비 이행확보 및 지원에 관한 법률을 제정하였으며 양육비 불이행의 경우 재산조사, 재산추심, 운전면허정지, 출국금지, 명단공개, 감치 등 제재를 계속 강화하고 있다.

부모의 이혼 후 자녀입장에서는 한쪽 부모의 일상적인 부재를 경험하게 되는 것이다. 물론 면접교섭을 통해 함께 살지 않는 부모를 만날 수 있다. 하지만 이러한 새로운 환경에 대한 적응시간이 요구되며 이 과정에서 자녀는 상당한 스트레스를 겪게 된다(남영옥, 2010). 이혼 가정의 자녀들은 일상생활에서 부 또는 모의 부재로 인하여 부모의 역할을 학습할 기회를 잃게 되며, 친밀한 부부관계를 관찰하고 모방할 기회가 상실됨으로 인해 타인과의 친밀한 관계 형성에 부정적인 영향을 미칠 수 있다(김은정, 백혜정, 2007; 김혜경 외, 2014). 또한, 이혼은 가정의 경제상황에 부정적인 영향을 미침으로써 자녀들에게 제공되어야 할 자원을 충분히 제공하지 못하는 문제가 발생할 수도 있다(김은정, 백혜정, 2007).

이처럼 부모의 이혼은 이혼 당사자뿐 아니라 자녀의 스트레스 경험 및 적응과제를 발생시킬 수 있다는 것을 명심해야 한다. 하지만 부모의 이혼으로 인한 자녀의 혼란스러운 감정을 부모가 공감 및 위로해주고 앞으로 변화될 상황에 대해서 예측할 수 있도록 도와준다면, 자녀는 부모에 대해서 기존에 가지고 있던 신뢰감을 유지하게 될 것이다(주소희, 2007). 부모의 지지와 배려가 이혼 후 자녀의 정서적 안정과 적응에 관건이 된다고 할 수 있다(유영주 외, 2008; 주소희, 2007).

2. 재혼

1) 재혼의 의미와 현황

재혼이란 이혼을 하거나 사별한 성인남녀가 새로운 파트너를 만나 공식적인 결혼생활을 다시 시작하게 되는 것을 의미한다. 재혼에 대한 과거 부정적 이미지로 인해 '새혼'이라는 용어가 등장하기도 했다.

혼인종류(초·재혼)별 건수를 보면(통계청, 2023) 남녀 모두 재혼이거나 초혼의 배우자와 재혼하는 비율은 22.6%를 차지한다. 전체 결혼에서 초혼과 재혼이 차지하는 비중의 추이변화를 10년간 살펴보면, 일관성 없이 증감이 반복되고 있다(표 7.1 참조). 2022년 평균 재혼연령은 남성 51.0세, 여성 46.8세로 10년 전보다 남성과 여성은 각각 4.4세, 4.5세 증가하였다. 재혼한 부부의 연령 차이는 2012년 4.3세, 2022년 4.2세로 초혼부부와 마찬가지로 점차 감소하는 추세다. 한편 통계청의 사회조사에 의하면 재혼에 대한 견해는 '해야 한다'(8.1%)와 '하지 말아야 한다'(14.9%)고 생각하는 비율은 2년 전보다 각각 0.3%p, 2.4%p 감소한 반면 '재혼에 대해서 해도 좋고 하지 않아도 좋다'는 중립적 의견은 2022년 67.5%로 2년 전보다 2.6%p 증가하는 추세이다(통계청, 2022).

표 7.1   혼인종류별 건수(2012~2022)

(단위: 천 건, %)

구분	2012	2013	2014	2015	2016	2017	2018	2019	2020	2021	2022
계*	327.1	322.8	305.5	302.8	281.6	264.5	257.6	239.2	213.5	192.5	191.7
남(초)+여(초)	257.0 (78.6)	255.6 (79.2)	239.4 (78.4)	238.3 (78.7)	221.1 (78.5)	206.1 (77.9)	200.0 (77.6)	184.0 (76.9)	167.0 (78.2)	149.2 (77.5)	148.3 (77.4)
남(재)+여(초)	13.5	12.8	12.0	11.7	11.1	10.5	10.2	9.8	7.9	7.1	7.4
남(초)+여(재)	18.9	18.2	18.4	18.0	16.7	16.2	15.9	15.0	12.8	11.7	11.3
남(재)+여(재)	37.6	36.1	35.5	34.7	32.1	31.1	30.7	29.4	25.2	23.8	23.5

* 미상 포함, 남(초):남자 초혼, 남(재):남자 재혼, 여(초):여자 초혼, 여(재):여자 재혼
출처: 통계청(2023). 2022년 혼인·이혼 통계.

2) 재혼가족의 적응과제

재혼의 가족관계는 초혼과는 분명히 다르다. 서로 다른 가족의 문화와 역사가 있으므로 초혼의 가족관계보다 여러 면에서 적응상의 복잡함과 어려움이 존재한다(정현숙 외, 2000). 더구나 이전 결혼생활과는 확실하게 다를 것이라는 재혼 부부의 낙관적 기대와 현실의 차이는 더욱 크게 다가올 가능성이 크다. 이전의 종결된 결혼생활에 대한 충분한 적응과 심리

적 자립을 갖춘 후에 재혼을 결정하는 것이 바람직하다. 경제적 또는 부양의 문제 해결책으로 재혼을 의존적으로 선택하는 것은 재혼생활의 질에 부정적 영향을 미칠 가능성이 크다.

특히 전혼자녀가 있는 재혼가족은 두 가족의 문화가 만나 새로운 가족관계를 형성하는 것이다. 자녀입장에서 이전의 부 또는 모와의 관계망이 내재되어 있는 상태에서 새로운 재혼가족의 관계를 형성하며 생활하게 된다. 이때 자녀는 새로 형성한 부모와 친생부모 사이에서 충성갈등을 겪으며 새로 형성한 부모를 거부하기도 한다. 마찬가지로 양쪽 부모에게 전혼자녀가 있는 경우는 새롭게 형성된 형제자매 관계에서도, 그리고 부모입장에서도 애정표현에서 오해나 질투심, 또는 실제 차별이 일어날 수 있다. 이혼한 친생부모가 언젠가는 재결합할 수도 있다는 희망을 품고 있었던 자녀는 부모의 재혼선택에 절망감을 느끼기도 한다.

더구나 재혼 부모의 자녀양육 방식과 훈육원칙의 차이는 자녀를 더욱 혼란스럽게 만든다. 또한, 이로 인한 재혼 부부의 잦은 갈등은 자녀양육에 대한 유능감을 낮춰 서로 방관자의 상황을 만들기도 한다. 새 부모와 자녀관계는 친생부모와 자녀관계보다 소원하며 갈등이 크고 재혼생활 갈등의 원천이 될 가능성이 크다(유영주 외, 2008).

한편 재혼가족의 청소년 자녀는 발달단계상 자아정체감이라는 적응과제와 함께 주어진 재혼가족이라는 새로운 환경에 적응해야 하는 부담감이 상대적으로 높을 가능성이 크다. 이에 자녀도 마음의 준비를 할 수 있도록 재혼의 결정과정부터 충분한 대화를 나눌 필요가 있다. 이는 청소년 자녀 스스로가 부모의 재혼 결정에 자신이 무시되거나 소외되지 않았다는 느낌을 갖도록 하기 위해 중요한 과정이다(김효순, 2007). 또한, 새롭게 형성된 부모와의 관계가 좋은 청소년은 재혼가정에 대한 고정관념을 더 적게 갖는 것으로 보고되었다(임춘희, 2006). 부모의 재혼으로 좋아진 점에 대하여 청소년 자녀는 경제적 안정, 가정의 화목, 재혼한 친생부모의 행복감 향상 등을 긍정적으로 인식했다. 이에 부모의 이해와 관심, 개방된 대화와 같은 부모자녀 간의 만족스러운 심리적 교류를 통해 청소년 자녀입장에서 직접적이고 내면적으로 재혼가족생활이 주는 이득을 경험할 수 있다(임춘희, 2006).

재혼의 부부관계에서도 배우자의 전폭적인 지지는 성공적인 재혼생활의 질에 가장 밀접한 영향을 미치는 요인이며, 의사소통 및 갈등해결을 잘 하는 재혼가족의 결혼만족도가 높았다(정현숙 외, 2000). 따라서 성공적인 재혼생활을 영위하기 위해 새롭게 형성된 가족관계의 결속도를 높이고, 모든 가족원의 의사소통과 문제해결 능력을 갖추기 위한 노력이 중요하다. 개인적 노력과 함께 가족복지 차원에서 재혼가족 관계향상 프로그램과 실천적 개입의 지원 서비스가 활성화될 필요성이 있다(김효순, 2016).

3. 졸혼

1) 졸혼의 의미와 현황

졸혼은 2004년 일본의 작가 스기야마 유미코의 저서 졸혼시대에서 처음 사용한 용어로 한국에서는 2016년부터 본격적으로 사용되기 시작하였다(이창식, 장하영, 유은경, 2019). 졸혼 (卒婚)은 '결혼을 졸업한다'라는 뜻으로 이혼과는 다른 개념이다. 즉 졸혼(卒婚)이란 법적 · 사회적 결혼상태는 유지되어 있지만, 서로의 삶에 간섭하지 않고 독립적으로 생활하는 것을 의미한다. 하지만 이혼은 아니므로 가끔 만나면서 자녀양육의 의무나 집안의 대소사는 함께 지낸다.

표 7.2 졸혼에 대한 인식

(단위: %, 명)

구분		절대 하면 안 됨	가능한 한 하면 안 됨	보통	상황에 따라 할 수 있음	전적으로 할 수 있음	계(명)
전체		22.8	23.0	12.0	40.3	1.9	100.0(2,022)
성별	남성	29.5	24.4	12.4	32.3	1.5	100.0(1,010)
	여성	16.1	21.7	11.7	48.2	2.3	100.0(1,012)
연령	50~54세	17.3	19.0	14.6	46.1	3.0	100.0(595)
	55~59세	20.7	24.7	12.2	41.1	1.3	100.0(608)
	60~64세	25.4	25.4	10.9	37.1	1.2	100.0(485)
	65~69세	32.6	24.0	8.7	32.9	1.8	100.0(334)

출처: 한국보건사회연구원(2018). 저출산 · 고령사회 대응 국민 인식 및 욕구 모니터링.

한국보건사회연구원(2018)에 의하면 중년과 노부부 사이에서 황혼이혼 대신 법률적으로 결혼상태를 유지하면서 실제는 분거를 통해 각자의 생활을 하는, 즉 이혼의 대안으로 이른바 '졸혼'이라는 현상이 증가하고 있는 것으로 나타났다. 신중년(50~69세)을 대상으로 졸혼에 대해 어떻게 생각하는지 질문한 결과 '상황에 따라 할 수 있다'에 2/5(40.3%)정도가 응답하여 가장 높은 비중을 보였고, 그다음으로 '졸혼은 가능한 하면 안 된다'(23.0%), '절대 하면 안 된다'(22.8%), '보통이다'(12.0%) 등으로 나타났다. 한편 남성보다 여성의 졸혼에 대한 동의비율이 더 높았고 연령이 높을수록 졸혼에 부정적인 인식이 강한 것으로 나타났다(표 7.2 참조).

2) 졸혼의 증가 원인

「졸혼시대」의 저자 스기야마(장은주 역, 2017)에 의하면 졸혼의 진정한 동기는 지금까지 유지해 온 가족관계, 생활방식, 역할분담을 리셋하여 본연의 나 자신을 되찾기 위함이다. 즉 사적 영역에서 부양과 돌봄 등 가족과의 분리를 통해 그동안 간직하고 있었던 개인적인 꿈을 실행하거나 자유로운 삶의 형태를 갖추는 것이다. 스기야마는 졸혼은 가장 나답게 사는 법, 일상에서 내 삶의 비중을 늘리는 새로운 결혼생활이라고 말한다.

한편, 부부간의 성격차이로 인해 맞지 않는 결혼생활을 유지하기보다 졸혼을 선택하기도 한다. 평균수명의 증가는 노년기 부부생활의 장기화를 가져왔다. 부부가 한집에서 함께 사는 것이 행복을 담보하는 것은 아니다. 특히 한국사회의 현재 50대 이상의 부부는 전통적인 가족주의의 틀에서 개인의 행복추구보다는 가족이라는 집단의 유지를 위한 역할에 집중하여 결혼생활을 한 경우가 대부분이다. 하지만 부모역할에서 어느 정도 자유로워진 중노년기에 부부간 친밀한 교감이 없는 결혼생활을 이어나가기는 쉽지 않다. 서로에게 부정적인 감정으로 스트레스와 갈등을 겪기보다 이혼의 차선책으로 별거와 같은 의미로 졸혼을 선택하는 것이다. 오늘날 전통적인 결혼생활보다는 개인의 가치 있는 삶을 우선시하는 경향으로 의식은 변화하고 있지만, 아직 이혼의 부정적인 편견과 이혼에 대한 부담감을 의식하는 것이다. 이에 법적으로 이혼을 하지 않으면서 각자 독립적인 생활을 영위해가는 졸혼을 선택하는 이유이기도 하다(이창식, 장하영, 유은경, 2019).

현재 한국사회에서 유행하는 졸혼은 전통적인 가족주의하에서 각자 고유한 개인은 없고, 자녀양육과 가족의 역할수행만 압축적으로 집중하다가 폭발적으로 중노년기 이후 억압되었던 각자의 자유로움 추구와 자신에게 집중하는 생활이라고 할 수 있다. 중노년기 이후 몰아서 장기적으로 거리두기 하기보다는 결혼생활 동안 필요할 때마다 '휴혼'할 것을 권한다. 1개월 이내의 짧은 '휴혼'을 통해 각자 자신에게 집중하고 자유감을 추구하는 시간을 통해 서로의 관계에 대해서도 건설적으로 성찰할 수 있을 것이다. 스기야마는 서로에게 의존하는 삶에서 벗어나 자립하는 것이 앞으로 부부들이 지켜야 할 모습이라고 하였다(장은주 역, 2017). 이제는 시대적 변화와 함께 결혼생활의 문화를 바꾸고 내용을 재구성해야 할 필요가 있다. 즉 전체 결혼생활 동안 '따로 또 같이' 또는 '건강한 연대'가 가능하도록, 의존이 아니라 서로 자립하면서 의지할 수 있는 새로운 결혼생활 문화의 각본과 모델이 필요하다.

3) 졸혼의 준비

졸혼의 시작은 대부분 자녀진수기 이후인 중노년기 부부에서 이루어진다. 졸혼의 결정은 한 사람의 선택으로 이루어지는 것이 아니라 부부와 자녀 등 가족과 의논해야 한다. 졸혼을 시작하게 되면, 각자 거처의 문제부터 의식주 생활은 어떻게 해결할지 등 다양한 의사결정 사항이 발생하게 된다. 각자의 자유감 추구와 자립생활이 가능하도록 하기 위해서는 철저한 준비 아래 졸혼생활을 계획해야 할 것이다. 졸혼생활의 준비사항을 강은송(2020)이 제시한 내용을 기초로 하여 살펴보면 아래와 같다.

첫째, 졸혼의 기간을 정해야 한다. 예를 들어 3개월, 6개월, 1년 등의 기간을 정하는 것이 좋다. 너무 장기간 졸혼을 하게 되면 부부의 이질감을 누적시키기 때문이다.

둘째, 정기적인 만남을 정해야 한다. 졸혼생활 동안 가족과의 유대관계를 차단하는 것이 아니다. 일주일에 한 번, 또는 한 달에 두 번 등 부부 및 가족과 만남을 통해 유대감이나 친밀감을 이어나가야 한다.

셋째, 역할을 다시 조정해야 한다. 졸혼하게 되면, 각자 다른 공간에서 따로 생활하게된다. 각자 자신의 독립적인 공간에서 스스로 의식주를 해결해 나가야 한다. 나아가 기존의 성역할 분담이 아니라 융통적인 공동의 협력체제로 가사를 해결해 나가는 것이 필요하다(성미애 외, 2019).

라트족(L.A.T: Living Apart Together)

'따로 또 같이 산다'라는 의미의 라트(L.A.T.)족은 서유럽이나 미국에서는 꽤 알려진 개념이다. 이들은 자신의 독립된 공간과 생활습관을 유지하기 위해 따로 사는 부부이다. 부부는 거창한 인생철학이나 가치관의 문제로 충돌하기보다는 의외로 아주 작은 습관, 생활방식, 취향 등에서 생긴 삐걱거림이 발단되어 위기 상황을 맞게 된다. 라트족은 같이 살면서 라이프스타일의 차이로 다투기보다 따로 살면서 평화를 지키는 게 더 낫다고 판단하는 것이다. 하지만 라트족으로 살아가는 데는 생각보다 많은 노력이 필요하다. 즉 떨어져 살기에 서로를 진심으로 믿어야 부부관계가 유지될 수 있고, 각자의 생활을 존중하되 함께 소통하고 공유하는 경험을 쌓기 위한 활동들이 지속적으로 이어져야 한다.

출처: tvN 판타스틱 패밀리 제작팀(2017), 한겨레신문(2017.02.13.).

넷째, 부부의 성생활이다. 성인 후기의 성적 활동은 직접적 성적 욕구의 충족도 있지만, 위로와 위안의 애정적·정신적 의미가 더 중요하다(김현철, 2001). 노년기 부부의 사랑 표현 및 성생활과 삶의 질의 관련성(이혜자, 김윤정, 2004)을 고려할 때, 졸혼기간 동안 성생활에 대한 상의와 합의가 필요하다.

마지막으로, 가족대소사 및 가계경제운영이다. 졸혼 기간에도 가족의 대소사는 함께 의논하고 해결해 나가는 것이 바람직하다. 그뿐만 아니라, 각자의 생활비 충당 등 가계경제를 어떻게 운영할지에 대한 충분한 합의와 재조정이 이루어져야 한다.

다음은 '졸혼계약서' 예시입니다. 당신은 졸혼계약서에 어떠한 내용을 넣고 싶은지 고민하고 구체적으로 작성해보세요.

졸혼계약서	
계약 내용	• 졸혼 기간(이후 갱신 가능함) – 년 월 일 ~ 년 월 일 • 부부 및 가족과의 정기적인 만남 횟수 – • 역할 재조정 – (예시) 각자의 생활공간에서 스스로 의식주(가사노동)를 해결하기 – • 부부의 성생활 – • 가족대소사 – (예시) 자녀 및 가족의 대소사가 생기면 서로 통화하여 의논하기 – • 가계경제운영 – • 기타사항 – (예시) 각자의 거주장소를 방문할 때는 미리 알리고 사전에 허가를 받는다 –

계약서 작성일자 : 년 월 일

졸혼자 : (인) (인)

출처: 강은송(2020). 이혼해도 괜찮아 졸혼해도 괜찮아. 라온북. 저자 편집.

08 장

의사소통과 갈등해결

파트너 관계는 다른 인간관계보다 서로에게 바라는 요구가 더 많고, 서로에 대해 더 많이 관여하게 되므로 다른 인간관계보다 갈등이 자주 일어날 수 있다. 파트너 간 갈등이 생기는 것은 당연하며 이를 어떻게 해결하느냐에 따라 관계를 향상하는 긍정적인 기회가 될 수 있다. 반면에 갈등이 긍정적으로 해결되지 않고 심화하면 긴장감과 적대감을 가져오게 된다.

자기 기분대로, 내 성격대로 상대방에게 부정적 감정을 쏟아내고 '그래도 나는 뒤끝은 없잖아' 하면서 자신의 언어폭력을 무마하고 있지는 않은가? 언어폭력은 물리적 폭력보다도 마음에 깊은 상처를 남기는 폭력이다. 또한, 그 상처는 씨앗이 되어 마음 밭에 뿌리를 내리고 그 사람의 자존감과 인격성장에 부정적 영향을 미쳐 제2, 제3의 문제를 일으킨다.

생각하는 것이 서로 다르므로 의사소통이 안 되기도 하고 잘못된 의사소통 습관 때문에 갈등을 일으키기도 한다. 각자의 금성 말, 화성 말을 서로에게 요구할 것이 아니라 두 사람이 살아가기에 원활한 기호를 새롭게 습득해 나가야 한다. 또한, 갈등해결방식도 습관이다. 원가족에서 20~30년 익숙해진 습관은 하루아침에 바꾸기 힘들다. 습관을 바꾸는 데 66일이 걸린다고 한다. 이를 명심하고 의사소통 및 갈등해결의 기술을 배우고 익히기 위해 끊임없이 인내하며 실천해야 할 것이다.

주제어

의사소통의 구성요소, 괴적 갈등해결방식과 건설적 갈등해결방식, 이혼으로 가는 지름길, 경청과 공감, 자기주장적 말하기와 타협하기

미리 생각해 보기

1. 듣기와 경청은 어떻게 다른가요?

2. 파괴적 갈등해결방식과 건설적 갈등해결방식은 각각 무엇일까요?

1. 의사소통의 의의

1) 의사소통의 핵심 의미

의사소통은 개인과 개인을 연결하는 가장 기초적인 도구이다. 모든 인간은 몸짓, 소리, 문자 등의 비언어적·언어적 기호를 통해 상호작용하면서 사회적 집단을 구성·유지·발전시키며 공존한다. 의사소통의 정의는 학자마다 다양하다. 종합해 보면 의사소통이란 "유기체들이 기호를 통하여 정보나 메시지를 전달하고 수신해서 서로 공통된 의미를 수립하고, 나아가서는 서로의 행동에 영향을 미치는 과정 및 행동"이라고 할 수 있다(김외숙, 이기영, 2015).

의사소통의 영어단어인 커뮤니케이션(communication)의 라틴어 어원은 코무니스(communis)이다. 즉 의사소통은 개인 1인이 아니라 2인 이상 다수의 사람 간 '공유(共有)'에 핵심 의미가 있으며, 다수의 사람이 공유하는 데 필요한 도구라고 할 수 있다. 타인을 이해하고 타인에게 자기를 이해시키는 과정으로써 교류하기 위한 수단이다. 깊이 있게 살펴보면 사고의 과정, 공상하기, 자아성찰 등 내 안에 자기내적 소통(Intrapersonal communication, 자아소통)과 대인 간 의사소통(Interpersonal communication)으로 구분할 수 있다. 하지만 여기에서는 일반적인 대인 간 의사소통만 다루고자 한다.

창세기 11장 1~9절(바벨탑 사건)

온 땅의 언어가 하나요 말이 하나였더라. 이에 그들이 동방으로 옮기다가 시날 평지를 만나 거기 거류하며 서로 말하되 "자, 벽돌을 만들어 견고히 굽자." 하고 이에 벽돌로 돌을 대신하며 역청으로 진흙을 대신하고 또 말하되 "자, 성읍과 탑을 건설하여 그 탑 꼭대기를 하늘에 닿게 하여 우리 이름을 내고 온 지면에 흩어짐을 면하자." 하였더니 여호와께서 사람들이 건설하는 그 성읍과 탑을 보려고 내려오셨더라. 여호와께서 이르시되 "이 무리가 한 족속이요 언어도 하나이므로 이같이 시작하였으니 이후로는 그 하고자 하는 일을 막을 수 없으리로다. 자, 우리가 내려가서 거기서 그들의 언어를 혼잡하게 하여 그들이 서로 알아듣지 못하게 하자." 하시고 여호와께서 거기서 그들을 온 지면에 흩으셨으므로 그들이 그 도시를 건설하기를 그쳤더라.

대인 간 의사소통의 기능은 2인 이상의 집단을 조직하고 유지·발전시키는 기능을 한다고 할 수 있다. 창세기 11장 1~9절에 기록된 '바벨탑 사건'을 통해 의사소통이 결속력에 핵심적인 역할을 한다는 것을 알 수 있다. 경영학에서는 조직관리 측면에서 의사소통을 조직의 벽돌을 연결하는 시멘트와 같은 기능을 한다고 비유하기도 한다.

2) 의사소통의 구성요소와 방해요인

의사소통의 구성요소는 송신자(sender), 수신자(receiver), 메시지(message), 회로(channel), 피드백(feedback)의 다섯 가지로 정리할 수 있다(김외숙, 이기영, 2015). 구성요소마다 역할과 의사소통을 방해하는 요인을 살펴보면 원활한 의사소통을 위해 어떠한 노력을 해야 할지 고찰할 수 있다.

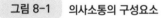 그림 8-1　의사소통의 구성요소

(1) 송신자

송신자(sender, S)는 메시지를 수신자에게 제대로 전달해야 하는 사람이다. 따라서 송신자는 전달하고자 하는 내용을 명확하게 인식해야 하며, 인식한 내용을 수신자가 이해할 수 있는 기호로 전환할 수 있어야 한다.

송신자에게서 발생할 수 있는 방해요인은 송신자가 전달할 내용을 명확하게 인식하지 못한 경우, 내용은 인식했으나 수신자가 이해할 수 있는 기호로 전환하지 못한 경우, 수신자에 대하여 심리적으로 불안하거나 비호의적인 경우이다. 이상의 방해요인이 발생한다면 다른 구성요소에서 아무리 역할을 잘하더라도 원활한 의사소통이 이루어지기 어렵다.

(2) 수신자

수신자(receiver, R)는 메시지를 제대로 전달받아야 하는 사람이다. 이를 위해 수신자는 우선 송신자에게 집중하여 메시지를 놓치지 말아야 하며, 송신자가 보내는 기호를 해독할 수 있어야 한다. 수신자의 역할을 제대로 못 하면 원활한 의사소통을 기대하기 어렵다.

수신자에게서 발생할 수 있는 방해요인을 정리하면 송신자의 메시지에 집중하지 못하여 수신 자체를 제대로 하지 못한 경우, 메시지는 수신했으나 기호를 잘못 해석하거나 오해한 경우, 송신자에 대한 신뢰가 낮거나 비호의적인 경우이다. 의사소통의 과정에서 송신자와 수신자의 정서도 교류되기 때문에 송신자와 수신자의 서로에 대한 정서상태가 의사소통에 영향을 미치게 된다.

(3) 메시지

송신자와 수신자가 있지만 서로 메시지(message, M)를 주고받지 않는다면 의사소통이 이루어지지 않을 것이다. 메시지는 전언(傳言)으로 내용과 기호로 구분할 수 있다. 내용(content)은 전달하고자 하는 메시지의 의미이며 정보 자체이다. 기호(code, sign)는 메시지 내용을 담은 상징으로 언어적·비언어적 기호로 분류된다. 언어적 기호는 문자로써 쓰고 읽고 말하고 듣는 것이 포함된다. 비언어적 기호는 몸짓, 표정, 눈빛, 외모와 행동, 옷, 장신구, 공간적 거리 등이 포함된다. 의사소통을 연구하는 학자들에 의하면 일상생활에서 언어적 기호와 비언어적 기호의 사용 비중이 4 대 6 또는 3 대 7 정도로 비언어적 기호 사용이 훨씬 많다.

메시지에서 발생하는 방해요인은 언어적 기호와 비언어적 기호가 일치하지 않는 경우이다. 또한, 언어적 기호보다 비언어적 기호의 객관성은 현저하게 떨어지고 주관적으로 해석하게 된다. 기호에 대한 의미가 여러 개일 경우에 받아들이는 사람 또는 문화권의 차이로 의미 해석을 다르게 할 수 있다. 송신자의 의도와 상관없이 사람들은 상대의 비언어적 기호들을 계속 수신하며 자의적 해석을 한다는 점을 주의해야 한다.

(4) 회로

회로(channel, C)는 메시지가 전달되는 도구이다. 메시지는 회로가 없이 전달될 수 없다. 종이나 칠판에 쓰인 기호를 시각적으로 파악할 수 있으며 전파나 공기의 진동을 통해 소리를 전달받을 수 있다. 이러한 회로가 훼손되거나 주변의 소음이 발생하거나 송신자와 수신자 간의 거리가 물리적으로 멀어진다면 원활한 의사소통에 지장이 발생하게 된다.

(5) 피드백

피드백(feedback, F)은 수신자가 메시지를 어떻게 받아들이고 있는가에 대한 반응이다. 피드백을 통해 송신자는 전달한 메시지를 수신자가 어떻게 이해했는지를 파악하고 이후 의사소통을 어떻게 할지를 탐색하게 된다. 간과하기 쉽지만, 원활한 의사소통을 위해 매우 중요한 구성요소이다. 피드백에서 발생하는 방해요인은 피드백이 없거나 실제와 다른 거짓 피드백이라고 할 수 있다.

3) 의사소통의 유형

집단마다 독특한 메시지 체계가 있다. 또한, 같은 집단일지라도 상황마다 서로 교류하고 관계를 맺고 의사결정을 하는 의사소통의 유형이 다르다. 다음과 같이 크게 사슬형, 바퀴형, 전체연결형으로 분류할 수 있다.

그림 8-2　의사소통 유형

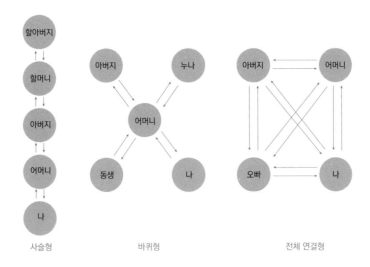

(1) 사슬형

일자형으로 연결된 사슬의 각 고리는 바로 위나 바로 아래의 고리와 연결되며, 몇 개를 건너뛰어 다른 고리와 직접 연결할 수 없다. 이처럼 사슬형의 의사소통은 메시지가 윗사람에게서 그다음의 아랫사람으로, 또는 아랫사람으로부터 그다음의 윗사람으로 단계적으로 전달되는 유형이다.

사슬형의 의사소통은 위계질서를 유지하는 데 도움이 된다. 따라서 위계적 체계가 요구되는 회사, 공공기관, 군대, 전통적인 가족 등이 사슬형의 의사소통을 하는 대표적인 집단이라고 할 수 있다. 하지만 메시지 전달 시간이 오래 걸리고 전달과정에서 정보가 왜곡될 수 있는 단점이 있다.

(2) 바퀴형

바퀴형의 의사소통 구조는 바퀴모양처럼 중심축이 되는 한 구성원이 있다. 중심에 있는 구성원은 모든 구성원과 직접 의사소통을 하지만 다른 구성원들은 중심이 되는 한 구성원과 주로 의사소통을 하고 서로는 직접 의사소통을 하지 않는 형태이다.

중심이 되는 구성원은 허브 역할을 하면서 체계 내의 긴장을 효율적으로 관리하거나 의사소통의 전체적 조율을 통해 업무의 속도를 높일 수 있다. 하지만 사슬형과 마찬가지로 전체구성원이 직접 정보를 교환하는 것이 아니므로 정보가 왜곡될 수 있다. 또한, 허브 역할을 하는 구성원에게 권력이 집중되고, 부재할 경우 소통이 마비되는 심각한 단점이 발생할 수 있다.

(3) 전체 연결형

전체 연결형은 모든 구성원이 서로 직접 의사소통을 하는 유형이다. 따라서 모든 구성원의 동등한 참여가 가능하므로 민주적인 의사소통이라고 할 수 있다. 반면 모든 방향으로 메시지가 퍼지고 피드백이 사용되므로 위계를 세우기 어렵고 메시지가 서로 경쟁하며 혼란스러워질 수도 있다.

2. 가족체계 내 의사소통

가정이라는 집단 내에서 가족 간의 의사소통은 일상생활을 영위하고 삶의 질을 결정짓는 데 매우 중요한 역할을 한다. 가정은 어느 한 사람이나 일부 가족원에 의해서 관리되는 것이 아니고, 전 가족원이 참여하고 협력함으로써 목표를 달성해 가는 것이며, 이러한 연결관계는 의사소통에 의해서 비로소 가능하게 된다.

1) 부부의 의사소통

부부의 의사소통은 가족이라는 집단을 유지, 발전시키는 기본적인 도구이며 부부의 의사소통만족도는 결혼생활 만족도와 직접 관련된다. 부부는 가족생활주기 단계를 거치면서 가정의 목표수립, 서로의 역할 기대와 조정 및 수행, 일상적인 정서교류 등을 위해 직접 끊임없이 의사소통하면서 서로를 이해하고 배려하고 타협해야 한다.

하지만 부부간 평등하지 못한 상하위계의 지배적 의사소통, 비난 · 경멸 · 변명 · 회피하는 의사소통, 자기주장을 솔직하게 하지 못하는 의사소통, 언어적 기호보다 비언어적 기호를 많이 사용하는 의사소통 등의 부정적 의사소통이 많이 이루어진다. 특히 결혼 햇수가 증가함에 따라 서로에게 열정이 감소하고 함께 참여하는 활동이 줄어들면서 심리적 장벽이 생기고 서로 대화를 회피하거나 오해의 소지가 큰 자기만의 비언어적 기호로 표현하는 경우가 많다. 또한, 상대방의 의사를 정확히 확인하지 않고 상대에 대해 잘 알고 있다고 착각하고 자의적으로 해석하기도 한다. 부부는 말하지 않아도 상대방이 무엇을 어떻게 느끼는지 잘 알고 있다는 신화는 잘못된 것이다.

2) 부모자녀 간의 의사소통

부모자녀의 의사소통 방식은 어떠하며 얼마나 자주 하는가, 그 내용은 무엇인가 등은 자녀의 정신건강과 잠재력에 영향을 미치게 된다. 또한, 자녀는 부모의 의사소통 방식을 보며 대인 간 의사소통 방식을 습득하게 된다. 나아가 자녀의 인성 형성은 가족의 의사소통 기술에 크게 영향을 받는다. 서로를 정서적으로 받아들여 주는 수용적인 의사소통 방식은 자녀의 학습 및 협동능력, 공감력 등의 개발에 효과적이다. 따라서 가정에서는 인적 자원의 개발 측면에서도 따뜻하고 상호적인 의사소통을 해야 하며 이를 적극적으로 노력해야 할 것이다.

부모자녀 간의 대화는 서로의 기대와 요구를 알 수 있게 함으로써 부모는 자녀가 바라는 것이 무엇이며 학교생활이나 친구 사이에 어떤 문제가 있는지를 감지할 수 있다. 자녀도 부모의 입장이나 부모의 의도를 이해하고 부모가 자기에게 기대하는 것이 무엇인가를 알 수 있다.

그러나 현대의 가정은 부모자녀가 만날 기회 자체가 드물다. 우선 시간의 공유가 어렵고, 각자 TV나 컴퓨터, 스마트폰에 몰두하는 경우가 더욱 많다. 또한, 대화의 내용도 학업과 관련한 것이 대부분이다. 실제 청소년통계(통계청, 2023) 조사결과, 10대 청소년이 평일 하루 자유롭게 활용할 수 있는 여가(자유)시간은 2~3시간이 24.1%로 가장 높고, 1~2시간은 23.5%, 1시간 미만이 11.4%이었으며 주당 평균 인터넷 이용시간은 24.3시간으로 나타났다. 2020년 청소년종합실태조사에 따르면, 월 1~3회 부모님과 여가활동을 같이 한다고 응답한 청소년은 37.9%, 부모님과 함께 여가활동을 거의 하지 않는 청소년은 19.8%였다. 또한, 자신의 고민에 대하여 부모님과 대화를 거의 하지 않는 청소년의 비율은 18.9%이었으며, 평일 하루 평균 아버지와 함께 보내는 시간이 전혀 없거나 30분 미만인 경우가 55.3%, 어머니와는 21.7%로 나타났다(한국청소년정책연구원, 2021).

3. 파괴적 갈등해결방식과 건설적 갈등해결방식

갈등은 나쁜 것이 아니다. 서로 사랑하지 않기 때문에 발생하는 것이 아니다. 갈등은 서로 다른 사람이기 때문에 생길 수밖에 없다. 한평생 부부는 서로의 다른 생각을 조율하여 제한된 자원으로 가족원의 욕구를 충족하고 의사결정을 해나가야 한다.

상대가 내가 아니므로 불편한 것이고, 다른 두 사람이 서로 맞추어 변화해야 하므로 편하지 않을 뿐이다. 하지만 이러한 갈등과정을 통해 부부는 합리적인 의사결정을 할 수 있으며 서로 적응하고 발전해 나갈 수 있다.

갈등이 부정적인 것이 아니라 단지 갈등을 해결하는 방식이 문제이다. 갈등을 해결하는 방식에 따라 파괴적인 관계로 진전될 수도 있고 건설적인 관계로 진전될 수도 있다. 특히 Gottman은 갈등의 내용과 상관없이 어떻게 싸우느냐 하는 방식의 문제에 따라 부부관계의 질이 달라진다고 지적한다. 성격 차이, 가사노동의 분담, 경제적 문제, 자녀양육, 원가족 문제 등 다양한 주제의 갈등이 생겼을 때 이를 해결하는 방식이 파괴적이면 부부관계는 점점 더 악화되고 가족 전체에 매우 부정적 영향을 미치게 된다.

1) 파괴적인 갈등해결방식

파괴적인 갈등해결방식들을 나열하자면 다음과 같다. 첫째, 비판적이고 평가적인 대화이다. 상대방의 언행을 그대로 받아들이기보다는 자신의 기준에 비교하여 그에 대해 평가하고 비판하는 것이다. 둘째, '너 때문에' 등의 책임전가식의 대화이다. 갈등은 서로가 다름을 받아들이지 못한 서로에게 원인이 있는 것이지 혼자만의 잘못에서 비롯될 수는 없다. 셋째, 상대방의 동기와 태도, 감정을 직접 확인하지 않고 자의적으로 추측하면서 대화하는 것이다. 넷째, 상대방의 자존심에 상처를 주는 말, 예를 들어 '바보, 머저리, 형편없는' 등과 같이 상대방의 인격이나 능력을 비난하는 경우이다. 다섯째, 비꼬는 말투, 비웃는 태도 등과 같이 부정적인 억양과 표정, 자세를 취하는 것이다. 여섯째, 상대방의 시선을 피하는 태도이다. 사람 간에 눈맞춤은 시각적으로 보는 것 이상의 감정의 교류가 이루어지는 행위이므로 상대방과의 눈맞춤을 피하게 되면 서로의 감정을 연결하는 선이 끊기게 된다. 일곱째, 과거를 계속 들추는 대화이다. 현재의 문제를 해결하는 데 집중하는 것이 중요하다. 여덟째, '항상, 전혀, 절대, 결코, 단 한 번도' 등의 단어를 자주 사용하는 것이다. 이러한 과장 부사는 상대를 자극하게 되고 흑백논리 사고의 함정으로 빠뜨릴 수 있다. 아홉째, 객관적인 사실에 근거한 솔직한 감정표현이 아니라 상황에 대해 감정적으로 호소하여 해결하고자 하는 것이다. 예를 들어 '여자의 무기는 눈물이다!?'라고 생각하여 어떠한 갈등을 눈물로 해결하려고 시도하는 것은 문제의 본질을 흐리고 이성적인 판단에 의한 대안 선택을 어렵게 한다.

미국 워싱턴 주립대학교의 심리학과 교수인 Gottman은 약 35년간 3,000쌍의 부부를 실증적으로 조사한 결과, 이혼의 위기에 처한 부부들의 공통점은 갈등해결방식이 파괴적이라는 것을 발견하였다. Gottman은 부부관계를 이혼으로 치닫게 하는 '네 가지 위험요인'으로 비난, 경멸(모욕), 방어반격(변명), 회피(담쌓기)를 제시하였다(Gottman & Silver, 2000, 임주현 역, 2002; 최성애, 2010).

비난과 경멸은 '당신은 잘못되었다'라는 메시지를 담고 있으므로 듣는 사람은 화가 나게 되고 부정적인 감정에 휩싸여 해결해야 하는 문제에 집중하지 못하게 된다. 특히 상대방의 인격을 무시하고 모욕하는 경멸은 매우 위험한 방식이다. 비난과 경멸은 상대방을 공격하는 메시지이기 때문에 상대방은 자연스럽게 방어반격을 하게 되고 계속 공격과 방어반격의 악순환에 빠져 갈등해결이 불가능한 상황이 되어 버린다. 이런 상황이 지속되면 어느 한쪽에서 담쌓기를 통해 눈맞춤을 회피하고 대답을 하지 않는 등 타협의 시도조차 차단해 버리는 최악의 선택을 하게 된다.

2) 건설적인 갈등해결방식

건설적인 갈등해결방식을 나열하면 다음과 같다. 첫째, 비판과 평가보다는 구체적이고 긍정적인 대안을 제시한다. 둘째, 자신의 책임을 인정하고 나를 주어로 '내 생각에는……' 이라는 표현을 사용한다. 셋째, 상황을 질문하여 상대방이 설명할 기회를 제공한다. 넷째, 상대방의 인격을 비난하지 말고 구체적으로 문제에 초점을 맞추어 대화한다. 다섯째, 부정적인 감정을 직접 분명하게 언어로 표현한다. 여섯째, 상호 시선을 맞추고 대화한다. 일곱째, 과거가 아니라 현재에 초점을 두는 대화를 한다. 여덟째, '가끔', '이런 상황에서……' 등으로 부분적인 여지를 남겨둔다. 아홉째, 감정적인 분위기로 상황을 무마시키지 말고 이성적으로 문제를 해결하고자 노력한다.

표 8.1 건설적 갈등해결과 파괴적 갈등해결

건설적 갈등해결	영역	파괴적 갈등해결
현재의 문제를 명확히 한다	주제	과거를 끄집어낸다
긍정·부정 감정을 모두 표현한다	감정	부정 감정만을 표현한다
있는 그대로의 정보를 제공한다	정보	제한된 정보만을 제공한다
사람보다는 문제에 초점을 둔다	초점	문제보다는 사람에게 초점을 둔다
모두에게 책임이 있음을 수용한다	책임	상대방에게 모든 책임을 전가한다
유사성에 초점을 둔다	인식	차이에 초점을 둔다
변화를 추구한다	변화	변화에 저항한다
두 사람 다 이긴다	결과	한 사람이 지거나 두 사람 다 진다
갈등해결을 통해 친밀감이 높아진다	친밀감	갈등을 증폭시켜 친밀감이 낮아진다
신뢰가 형성된다	태도	의심을 낳는다

출처: Olson & Olson(2000), 21세기가족문화연구소 역(2003). 건강한 부부관계 만들기.

Gottman은 비난 대신 요청하기, 경멸 대신 존중과 호감으로 표현하기, 방어 대신 자신의 책임 인정하기, 담쌓기 대신 대화하기를 취해야 한다고 하였다(최성애, 2010). 한편 Gottman이 제시하는 싸움의 기술 세 가지는 적절한 화해시도, 진정하기, 타협하기이다. 첫째, 각자의 주장만 고집하고 상대방의 시시비비만 따지는 평행선을 달릴 것이 아니라 자신의 잘못을 인정하고 함께 마주보며 해결책을 찾기 위한 화해의 시도가 우선되어야 한다. 둘째, 흥분되면 심장박동수가 올라가고 이성적인 판단을 하는 전두엽의 기능이 제대로 되지 않는다. 따라서 이때 실언을 하거나 비이성적인 결정을 하게 되므로 감정적으로 흥분이 된 상태라면 진정할 시간을 두고 나중에 다시 대화하는 것이 필요하다. 셋째, 싸우다 보면 문제해결을 위한 싸움보다는 서로 이기기 위한 싸움을 하는 데 에너지를 소모하기 쉽다. 싸움은 반드시 타협하기로 끝내야 함을 명심해야 한다. 타협하지 않은 싸움은 끝난 것이 아니므로 또다시 같은 싸움이 일어나게 된다.

4. 의사소통 기술의 향상

성숙한 사람은 자신과 의견이 다르다고 다투는 것이 아니라 의견이 다른 이와 함께 의논하고 타협할 줄 아는 사람이다. 개방적 · 수용적 · 자기주장적인 의사소통을 통해 상대방에게 자신의 의견과 소망을 알리고 서로의 차이를 인정하고 수용할 수 있어야 한다. 무엇보다 상대방을 존중하고 배려하는 마음이 중요하겠지만 또한 의사소통의 기술이 부족하므로 오해가 쌓이기도 한다.

1) 경청하기

경청(傾聽)하기는 원활한 의사소통을 하기 위한 가장 기본적인 기술이다. '경청'(listen)은 '듣다'(hear)와 엄연히 다른 의미이다. 듣는 것은 별다른 노력을 하지 않아도 소리가 전달되는 거리 안에 있다면 가능하다. 하지만 경청은 에너지를 쏟아야 하는 행위이고 상대방에 대한 존중의 의미가 포함되어 있다. 경청하기에서 주의할 것은 언어적 기호만이 아니라 비언어적 기호까지 경청하는 것이다.

경청의 표현 세 가지는 자세, 눈맞춤, 반응이다.

첫째, 자세는 상대방을 향해서 앉는다. 상대방을 향해서 앉더라도 팔짱끼기 등의 방어적인 자세는 좋지 한다. 또한, 화제에 따라 더욱 주목하는 내용일 때는 상대방 쪽으로 약간 상체를 기울이는 자세를 취한다. 몸을 앞으로 숙이는 것은 대화에 관심이 있음을 의미한다.

둘째, 부담스럽지 않은 적절한 눈맞춤을 한다. 몇 초 이상 무표정하게 응시하는 것은 상대방에게 부담을 주므로 피해야 한다.

셋째, 적절한 고개의 끄덕임, 즉 '음~', '아! 그랬구나~'와 같은 반응을 한다. 나아가 관심 있는 질문이나 상대방 말을 요약하거나 중요한 단어를 반복한다면 매우 적극적인 경청의 표현이 된다.

2) 공감하기

공감(共感)과 동감(同感)은 다르다. 동감은 상대방의 마음과 나의 마음이 같음을 의미하는 것으로 똑같은 경험을 했을 때 가능한 마음이다. 따라서 똑같은 경험을 하지 못한 경우에 동감은 할 수 없다. 하지만 공감은 상대방과 똑같은 경험을 하지 않았더라도 상대방의 처지를 생각하며 감정을 이입하는 것이다. 따라서 공감은 메시지의 내용 이상으로 상대의 감정에 초점두기이며 최고의 존중과 관심의 표현이라고 할 수 있다.

공감의 표현은 '메아리 화법' 또는 '앵무새 화법'으로 상대방의 이야기 중 핵심적인 요점이나 단어를 그대로 따라 하고 끝나는 어미는 인정하는 표현의 '~구나' 화법을 사용한다. 상대는 자신의 의견이나 감정을 공감받으면서 속상했던 마음이 누그러지고 문제를 해결하고자 하는 미래지향적 사고가 가능해진다.

3) 자기주장적 말하기

상대방은 독심술사가 아니다. 따라서 나의 생각과 감정, 소망을 말하지 않으면 상대방은 알 수 없다. 말하지 않고 알아주리라 기대하는 것은 어리석은 것이다. 하지만 자기주장적 말하기와 자기중심적 말하기는 구분해야 한다. 자기중심적 말하기는 상대방의 입장을 고려하지 않고 이기적으로 자기가 하고 싶은 말을 다 쏟아내는 것이다. 자기주장적 말하기는 상대방을 존중하면서 자신의 의견을 솔직하고 분명하게 전달하는 기술이다.

첫째, 나의 생각을 표현하는 것이다. 상대방의 자존심을 깎아내리는 말은 삼가면서 자기주장의 구체적 근거를 들어 설명한다. "나는 산에서 내려온 다음 식당에서 저녁까지 술을 마시는 것이 문제라고 생각해요. 등산은 건강을 위해 하는 것인데…… 그것 때문에 등산 가는 것을 주저하는 거예요."

둘째, 나의 감정을 나누는 것이다. 감정은 묵히면 폭탄이 되고 감정을 비언어적인 표정, 몸짓, 억양 등으로 표현하면 오히려 갈등을 증폭시킬 수 있다. 부정적 감정은 분명한

언어적 기호로 표현한다. "그럴 때마다 나는 당신의 건강이 걱정되고 내 말을 무시하는 것 같아서 속상해요."

셋째, 나의 소망 이야기하기이다. 자신이 원하고 바라는 것을 구체적으로 말하는 것이다. "그래서 나는 등산을 가지 않았으면 해요." 이때 서로가 희망하는 바가 상충하거나 상대방이 수용할 수 없는 때도 있다. 서로 한 걸음씩 양보하며 원하는 바를 일치시키는 타협을 할 수 있어야 한다.

한편 상대방에게 어떠한 의견을 전달할 때 '나'를 주어로 시작하면 이것은 나의 의견이기 때문에 상대방의 의견과 다를 수 있음을 인정하는 화법이 된다. '내 생각에는~', '내가 보기로는~', '내가 느끼기에는~' 등과 같이 주어를 '너'가 아니라 '나'로 시작하여 말하는 것이다. 같은 내용이라도 '너'를 주어로 하면 비난조로 들려서 상대방은 본능적으로 자기방어를 하게 되고 '아니'라고 반응하게 된다. 하지만 '나'를 주어로 시작하면 상대방도 덜 기분 나쁘고 말하는 사람도 말하면서 내가 주어가 되기 때문에 조금은 더 조심스럽게 말하게 된다.

4) 타협하기

서로에게 원하는 바가 일치하지 않을 때, 상대방과 함께 대안행동을 나열해 보고, 그중 상황에 맞는 최선의 대안을 선택하고 합의하며 타협해야 한다. 이때 긍정적인 대안행동을 구체적으로 나열해 가면서 하나하나 수용 가능성을 검토한다. 위의 예를 들자면 불만을 제기한 파트너는 등산을 아예 가지 않는 방법, 등산은 가더라도 식사는 하지 않고 바로 집으로 가는 방법, 등산 이후 식사만 하고 술은 먹지 않는 방법 등의 대안행동들을 함께 검토하면서 "등산 이후 저녁만 간단히 먹고 술은 마시지 않기로 합시다."와 같이 대안을 결정하면서 최종적으로 타협해 나간다. 타협하지 못하고 자신이 원하는 것만 주장하며 고집을 피운다면 그것은 타협이 아니라 명령이며 지시일 뿐이다.

사람들은 의사소통 기술을 배워도 안 될 것으로 생각하고 시도하지 않는다. 또는 조금 시도해 보고 '이론은 실제와 다르다'라며 포기한다. 또한, 마음이 이미 멀어졌기 때문에 해도 소용없을 것이라고 한다.

기분이 좋으면 웃는다. 역으로 웃다 보면 기분이 좋아질 수도 있다. 이것이 제임스-랑게(James-Lange) 이론이다. 그런데 사람들은 여전히 기분이 좋아야 웃을 수 있다는 한 방향만 생각한다. 지금 마음이 안되더라도 기술적으로 실천하다 보면 마음이 회복될 수 있다. 예를 들어 존댓말 사용은 상대를 존중하는 느낌을 주기 때문에 서로의 부정적 감정을 안정시키는 데 도움이 된다. 또한, Ken Blanchard(2002)는 긍정적인 태도와 칭찬기술을 강조하며 '칭찬은 고래도 춤추게 한다'고 하였다(조천제 역, 2003). 즉 웃으면 복이 온다!

다시 한번 의사소통은 기술이 필요하며 습관들이기가 관건이다. 또한, 몇 번의 시도로 효과를 체감하기 어렵다. 1단계 개선필요 인식, 2단계 해결방안 모색, 3단계 의식적으로 실천, 4단계 습관화까지 끊임없이 노력해야 한다. 또한, 상대가 잘못을 인정하고 화해를 신청할 때 자존심 부리지 말고 상대방의 손을 잡아주는 지혜도 필요하다.

다음은 갈등해결기술에 대한 내용입니다. 항목마다 당신에게 해당하는 점수를 기재하세요. 당신의 연인 또는 다른 가족원도 응답할 수 있습니다.

항목	나	가족원
1. 상대방과 의견이 다르면 나의 목소리를 높인다.		
2. 의견이 다르더라도 상대방의 의견을 경청한다.		
3. 의견이 다르더라도 상대방의 처지를 이해하려고 노력한다.		
4. 상대방을 고려하면서 내가 원하는 것을 이야기한다.		
5. 의견이 다르더라도 타협하는 데 큰 문제가 없다.		

주: 1번 항목은 '매우 그렇다' 1점 ~ '전혀 그렇지 않다' 5점으로 역채점.

　　해당 점수를 바탕으로 갈등해결기술에 있어서 나의 강점과 보완해야 할 점을 정리해보세요. 가능하다면 연인 또는 가족과 함께 이야기 나눠보세요.

_____

_____

_____

_____

09 장

성과 몸의 대화

최근 유행하는 젠더뉴트럴(Gender neutral)은 성의 구분을 없앤 중립성을 지향한다. 하지만 여전히 인간을 구분하는 가장 기본적인 특성이 성별이며, 사람을 만나기 전 가장 먼저 파악하고자 하는 것이 성별이다. 이 장에서는 섹스, 젠더, 섹슈얼리티의 세 가지 측면에 대해서 살펴본다.

Maslow의 인간욕구 5단계 중 가장 기초적 욕구는 생리적 욕구이다. 즉 인간의 신체는 생리적으로 식욕, 수면욕이 있다. 마찬가지로 성욕도 인간의 가장 기초적인 생리적 욕구에 해당한다. 식욕의 정도는 다르지만, 누구나 배고프면 먹고 싶은 것처럼 성충동이 생기고 성행위를 하고 싶은 것도 자연스러운 욕구이다. 따라서 인간의 기본적인 욕구인 성(性)에 관해 이야기하고 배운다는 것은 이상하고 창피한 일이 아니다.

한편 배고프다고 남의 것을 허락 없이 먹으면 범죄이다. 또한, 식욕이 왕성하다고 아무 때나 아무거나 마구 먹는다면 건강의 적신호가 켜질 것이다. 마찬가지로 성욕도 충동이 생긴다고 어떠한 고려나 아무런 자제 없이 육체적인 성욕을 충족하는 데 집중한다면 건강한 성생활이 되지 못한다. 건강한 성생활을 하기 위해 반드시 점검해야 할 세 가지가 있다.

주제어

섹스, 젠더, 섹슈얼리티, 젠더통합, 생명, 사랑, 쾌락, 성적 자기결정권, 섹스리스

미리 생각해 보기

1. 성(性), 즉 sex, gender, sexuality의 의미 차이는 무엇인가요?

2. 성관계 이전에 반드시 점검해야 할 것은 무엇인가요?

1. 성(性)의 의미

1) 섹스

생물학적으로 인간은 남성과 여성으로 구별된다. 타고 태어난 성별에 따라 남성과 여성은 염색체와 생식기가 다르다. 남성은 XY염색체, 여성은 XX염색체로 이루어지며 성별에 따른 성호르몬의 영향을 받는다. 남성호르몬인 테스토스테론은 공격적, 지배적, 충동적 성향을 높이고 여성호르몬인 에스트로겐은 온순, 관계적, 우유부단한 성향에 관여하는 것으로 알려져 있다.

2) 젠더

인간은 기질적으로 타고 태어나는 것도 있지만 환경에 의해 학습되고 영향을 받는다. 사회문화적으로 성별에 따라 기대되는 성역할이 있고 남자다움(강경함, 지배적, 공격적 등)과 여자다움(부드러움, 다정함, 상냥함 등)의 틀 안에서 학습되며, 개인 스스로도 사회심리적으로 요구되는 여성성과 남성성의 특성을 내재화시키고 발현해 간다. 따라서 성역할은 사회화(sex role socialization)되었다고 하며 구체적으로 가정, 부모, 또래집단, 학교, 대중매체의 영향이 크다고 할 수 있다.

특히 인류학자인 Mead(1935)는 파푸아뉴기니의 3개 부족을 현지 조사하면서 남성과 여성의 차이는 생물학적인 요인에 있는 것이 아니라 오히려 문화적인 요인 때문이라는 연구결과를 발표하였다. 구체적으로 미국의 기준으로 보면, 아라페시(Arapesh)족은 남녀가 모두 여성에 해당하는 기질과 역할을 하고 있었다. 즉, 남녀 모두 온순하고 모성적이며 매우 협조적이었다. 한편 문두구모르(Mundugumor)족은 남녀 모두 맹렬하고 호전적이며 경쟁적인 미국의 남성 특성에 해당하는 기질을 보였다. 챔블리(Tchambuli)족은 오히려 여성이 농사를 짓고 씩씩하며 객관적이고 현실적 감각이 뛰어난 것에 반해 남성은 감성적이고 관계적이며 외모 치장에 관심이 많았다.

3) 섹슈얼리티

성성(性性), 성애(性愛)로 해석되는 'sexuality'는 영어권에서 19세기 이후에 만들어진 용어로 'sex'보다 포괄적인 의미가 있다. 즉, 성교, 성관계 등의 구체적 성행위를 포함하여 개인의 성욕, 성애, 성적 취향, 성적 행동, 성적 감정·신념·태도·정체성 등의 가치관이다. 섹슈얼리티도 성별에 따라 사회에서 규정하고 기대하는 바가 다르고 그 사회의 이데올로기, 제도나 관습 등의 사회문화적인 영향을 받는다. 섹슈얼 사회화(sexual socialization) 통로는 학교나 사회단체가 주관하는 성교육 혹은 부모의 가정교육 등의 공식적 사회화와 포르노물, 주변의 이야기 등의 비공식적 사회화가 있다.

이상과 같이 섹스(sex), 젠더(gender), 섹슈얼리티(sexuality) 측면에서의 성(性)이 복합적으로 작용하여 다양한 성을 형성하고, 각자의 성역할 의식 및 성가치관, 성행동 등에 영향을 미친다.

2. 성역할 및 성평등 인식

오늘날 성역할 및 성평등에 대한 인식은 급진적으로 변화하고 있다. 여성가족부에서 5년 주기로 조사하는 전국 15세 이상 국민의 양성평등 관련 인식실태는 다음과 같다(한국여성정책연구원, 2021).

첫째, 성별 분업에 대한 고정관념이다. '남성들이 주로 일하는 직업은 여성에게 적합하지 않다'에 대해 2021년 전체 18.3%(여성 14.2%, 남성 22.4%)가 동의하였다. 이는 2016년 44.7%보다 26.4%p(여성 27.2%p, 남성 25.7%p) 감소한 수치로 큰 변화이다. 마찬가지로 '여성들이 주로 일하는 직업은 남성에게 적합하지 않다'에 대해 2021년 전체 15.2%(여성 13.1%, 남성 17.3%)가 동의하였으며 2016년 46.5%보다 매우 큰 폭으로 31.3%p(여성 29.3%p, 남성 33.4%p) 감소하였다.

둘째, 남녀 지위에 대한 고정관념이다. '아내의 소득이 남편 소득보다 많으면 기가 죽는다'에 대해 2021년 전체 30.8%(여성 29.6%, 남성 32.0%)가 동의하였는데 2016년 45.1%보다 14.3%p(여성 17.1%p, 남성 11.4%p) 감소한 수치이다. '남성이 여성 밑에서 일하는 것은 불편하다'에 대해 2021년 23.5%(여성 22.1%, 남성 25.0%)가 동의하여 2016년 30.4%(여성 26.7%, 남성 34.2%)에 비해 6.9%p(여성 4.6%p, 남성 9.2%p)가 감소하였다. 다른 항목에 비해 남녀의 견해차이가 크지 않지만, 상대적으로 고정관념의 비율이 높고 변화의 속도가 더디다고 할 수 있다.

셋째, 남녀 성역할에 대한 고정관념이다. '여성은 독립을 위해 직업을 가져야 한다'에 대한 동의비율은 2021년 86.9%(여성 89.2%, 남성 84.7%)로 2016년 79.1%보다 7.8%p(여성 6.0%p, 남성 9.6%p) 상승하였다. '남성은 다른 사람 도움 없이 아이를 돌볼 수 있어야 한다'에 대해서는 전체 82.8%(여성 86.0%, 남성 79.6%)가 동의하였으며 2016년보다 전체와 성별 똑같이 0.8%p씩 증가하였다.

넷째, 가정내 성역할 분업에 대한 고정관념이다. '가족의 생계는 주로 남성이 책임져야 한다'에 대해 2021년 전체 29.9%(여성 23.1%, 남성 35.7%)가 동의하였으며 2016년 42.1%보다 12.2%p(여성 12.9%p, 남성 11.7%p) 감소하였다. 2021년 성별 차이가 12.6%p로 질문항목 중 가장 큰 견해 차이를 보이는 항목이다. '직장생활을 하더라도 자녀에 대한 주된 책임은 여성에게 있다'에 대해서는 2021년 17.4%(여성 16.8%, 남성 18.0%)가 동의하여 2016년 53.8%에 비해 전체와 성별 똑같이 36.4%p씩 매우 큰 폭으로 감소하였다. 질문항목 중 가장 변화의 속도가 빠르다고 할 수 있다.

전반적으로 모든 항목에서 연령대는 높을수록 고정관념의 비율이 높았으며 60세 이상은 다른 연령대와 큰 격차를 보였다. 다만 '남성들이 주로 일하는 직업은 여성에게 적합하지 않다'는 항목에 대해 남성 19~29세 24.4%, 30~39세 25.3%, 동의하여 60대 이상의 남성 26.9%와 큰 차이가 없었으나, 동연령대 여성과는 각각 19.4%p와 15.6%p로 큰 견해차이를 보였다. 또한 '직장생활을 하더라도 자녀에 대한 주된 책임은 여성에게 있다'에 대해 30~39세 여성의 동의율은 13.3%로 60세 이상 여성(30.0%) 다음으로 높았고, 동연령대 남성(12.8%)보다 높은 동의율을 나타냈다.

한편 성평등 수준 체감도는 전체 34.7%(여성 27.8%, 남성 41.7%)가 '남녀평등하다'라고 응답하였고, 53.4%(여성 65.4%, 남성 41.4%)가 '여성에게 불평등하다', 나머지 11.8%(여성 6.7%, 남성 17.0%)가 '남성에게 불평등하고 응답하였다. 또한, 모든 영역에서 여성에게 조금더 불평등하다고 나타났는데 가장 불평등한 영역은 '돌봄 책임 분담'이며, 가장 남녀평등하다고 인식된 영역은 '건강수준'과 '교육수준'이었다.

최근 남녀 구분 자체를 없애고 성별이 아닌 사람 자체로만 생각하는 젠더뉴트럴(gender neural) 의식이 생겨나고 있다. 기존의 성역할에서 벗어나 자신을 표현하고 성에 고정되지 않은 나 자체로 삶을 영위하려는 트렌드가 반영된 것이다(김용섭, 2018). 나아가 젠더다양성은 젠더이분법이 아니라 각 개인의 다양한 젠더의 차이에 대한 감수성을 높이고 서로 이해하고 존중할 것을 강조한다. '다름'으로부터 적극적으로 배워나가며 조직 및 사회통합을 이루고자 하는 젠더통합(gender integration)의 시대에 다양성은 경쟁력이 될 수 있다.

3. 성관계와 관련해 반드시 점검해야 할 세 가지

1) 사랑

성관계는 육체적인 관계만이 아니다. 성(性)은 마음(心)과 몸(生)의 합성어로 정서적 · 생물학적 소통의 의미가 함께 존재한다. 즉 성관계는 몸의 '대화'라고 할 수 있고 상대방과의 '소통'의 의미가 있다. 사랑하는 사람과 만족스러운 성관계는 신체적 · 정신적 · 정서적 건강에 긍정적인 영향을 미친다. 하지만 사랑하지 않는 대상과 육체적 욕망을 채우기 위한 성관계는 전인적인 상호작용이 이루어지지 않기 때문에 일시적인 쾌락이며 오히려 정신적인 피폐를 가져올 수 있음을 명심해야 한다.

2) 쾌락

성관계는 고통스러운 것이 아닌 두 사람 모두에게 기쁘고 즐거운 것이어야 한다. 이를 위해서는 성관계에 대한 서로의 합의가 기본적으로 전제되어야 할 것이다. 남녀노소, 장애인이나 비장애인 등 모든 인간은 '성적 자기결정권'을 가지고 있으며 모든 사람은 상대방의 '성적 자기결정권'을 존중해야 한다. 합의란 이성적 판단이 가능한 상황에서 어떠한 암묵적 억압도 없이 이루어져야 한다. 자신의 성욕을 채우기 위해 상대방의 '성적 자기결정권'을 무시한 일방적인 성행위는 욕심이며 범죄이다. 성욕은 기초적 욕구이지만 조절하고 절제할 수 있어야 한다.

한편 두 사람이 합의한 성관계라고 할지라도 서로의 즐거움을 위해서는 성에 대한 원활한 대화와 서로에 대한 배려가 수반되어야 한다. 예를 들어 어떻게 했을 때 좋은지, 안 좋은지, 성감대가 어디인지 등에 관한 것이다. 또한, 육체적인 오르가슴에만 집중하는 것이 아니라 정서적 교류를 통해 서로의 사랑을 확인하고 행복감을 느끼는 것이 더욱 중요하다.

3) 생명

남녀의 성관계는 생명을 잉태할 수 있는 행위임을 반드시 명심해야 한다. 따라서 임신을 원치 않는다면 사전에 철저한 피임을 해야 한다. 인공유산은 쉽게 선택할 일이 아니다. 남녀가 쾌락을 즐길 자유가 있다면 태아에게는 세상에 태어날 권리가 있다. 한편 아무런 준비

없이 임신이 되면 그냥 부모가 되기보다는 계획임신과 함께 부모됨의 준비를 하는 것이 중요하다. 만약 원치 않은 임신이 된 경우에는 반드시 두 사람이 함께 고민하고 함께 결정하고 함께 책임져야 한다. 나아가 또다시 그러한 실수를 범하지 않도록 숙고할 필요가 있다.

원치 않는 임신과 관련한 행동 수칙

■ 원치 않는 임신을 하지 않으려면

① 원치 않는 성관계는 절대로 하지 않는다.

② 성관계를 원한다면 철저하게 피임을 준비한다. 주기적으로 성관계를 하고 있다면 콘돔을 상비하거나 경구피임약을 상시 복용한다.

③ 성관계를 할 때 상대방이 피임하려 하지 않는다면 "피임은 너와 나의 몸과 마음을 사랑하는 방법이며 피임도 성행위의 일부"라고 말해 준다. "성행위를 할 때 콘돔을 사용하면 분위기가 깨진다."에서 "성행위를 할 때 콘돔을 사용하지 않으면 불안해서 느낌이 안좋다."로 생각을 바꾼다. 그리고 자기 자신과 상대에게 "임신, 출산, 양육의 준비가 되어있는가?"라고 묻는다. 그럴 준비가 되어있지 않다면 어떻게 하는 것이 본인과 한 생명에게 책임을 다하는 일인지를 함께 생각해 본다. 만일 그래도 상대가 피임하지 않으려 한다면 절대로 성관계를 하지 않는다.

■ 원치 않은 임신을 했을 때

① 예정된 기간에 생리하지 않으면 망설이지 말고 임신여부 테스트를 한다. 테스트 결과 임신이라면 병원에 가서 다시 한번 임신 진단을 받는다.

② 임신 진단을 받았으면 늦어도 3개월 이내에 유산할 것인지 출산할 것인지를 결정한다. 임신 사실을 부정하거나 애써 회피하지 말고 현실에 직면해서 최선을 다해 신중히 결정한다. 인공유산을 결정할 때는 몸과 마음에 생기게 될 후유증에 대해서도 충분히 숙고한다.

③ 남성도 임신과 인공유산의 결정 과정에 참여한다. 인공유산 수술의 방법, 육체적·정신적 후유증을 함께 알아보고 원치 않은 임신을 책임지는 과정을 함께 나눈다. 원치 않는 임신을 한 여성은 상대를 위한다는 명분 아래 이러한 결정 과정에서 남성을 소외시키지 않는다.

4. 생식기관과 올바른 피임

부모가 될 준비가 아직 되어있지 않다면 피임을 제대로 해야 한다. 성교육 전문가 구성애의 등장 이후 2000년대부터 초·중·고의 학교 현장에서 실질적인 성교육이 확산되고 올바른 피임 교육이 공교육을 통해 이루어지고 있다. 하지만 '설마~' 하는 생각에 피임하지 않거나 올바르지 못한 피임으로 원치 않는 임신을 하는 경우가 여전히 많다.

구성애의 아우성

성교육 전문가인 구성애는 2001년 '아름다운 우리 아이들의 성을 위하여'의 약자 '아·우·성'이라는 캐치프레이즈를 내걸고 당시 보수적이고 폐쇄적이었던 성교육 문화를 개혁하는 데 앞장섰다. 특히 구성애는 성의 3대 요소 '생명, 사랑, 쾌락'에서 쾌락에만 집중된 현대의 성문화를 비판하고 생명과 사랑의 중요성을 강조했다.

올바른 피임을 위해 가장 우선되어야 할 것은 우리의 몸에 대해서 제대로 아는 것이다. 여성과 남성의 내부 생식기관에 대해 살펴보고, 현재 상용되고 있는 다양한 피임의 올바른 사용법을 설명하고자 한다.

1) 여성과 남성의 내부 생식기관

여성의 내부 생식기관 중 난소는 난자를 생성해 내는 곳으로 격월로 좌우 1개씩 난자를 배출한다. 또한, 여성호르몬인 에스트로겐을 분비한다. 배란 시기는 다음 생리예정일의 약 14일 전이지만 불규칙할 수 있다. 난자와 정자는 난관에서 만나 수정되어 자궁으로 운반되며 수정란이 자궁에 내려오기까지 72시간이 걸린다. 수정란이 자궁으로 운반이 안 되고 난관 등의 다른 곳에 착상하면 자궁외임신이 된다.

자궁은 수정란을 잘 착상시키기 위해 수 주일에 거쳐 자궁내막을 증식시키다가 착상이 되지 않으면 필요 없어진 자궁내막이 한 달에 한 번 체외로 떨어져 나오게 되고 이것이 월경이다. 자궁경부는 자궁과 질을 연결해 주는 자궁의 입구이다. 질에 사정된 정자는 난자를 만나기 위해 자궁경부를 통과해서 들어가야 하고, 임신이 되면 자궁경부는 단단하게 태아를 받칠 힘이 있어야 한다.

그림 9-1 여성의 내부 생식기관

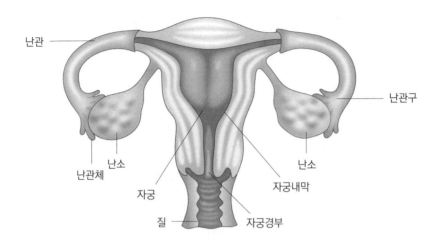

한편 남성의 음경은 스펀지처럼 2개의 음경해면체가 있다. 성적 자극이 신경을 통해 뇌에 전달되면 동맥으로부터 혈액이 음경해면체에 계속 흘러 들어가고 스펀지 같은 해면체는 혈액을 흡수하여 발기하게 된다. 남성의 발기는 심인성(에로틱) 발기와 단순한 반응성(자율신경계) 발기가 있다. 음낭은 고환과 부고환을 둘러싸고 있는 피부 주머니이다. 정자는 35℃, 즉 체온보다 낮은 온도를 유지해야 활발하게 활동할 수 있어서 음낭피부는 수축과 이완으로 온도를 조절한다.

고환은 정소로 정자를 생성하고 남성호르몬인 테스토스테론을 분비하는 역할을 한다. 정자는 완전히 성숙하는 데 약 74일이 걸린다. 정소의 세정관에서 50여 일에 거쳐 정자를 만들어내고 미성숙한 정자는 부고환인 부정소로 이동하게 된다. 부정소에서는 정자를 성숙시키며 성숙한 정자는 정관을 따라 정낭으로 이동하게 된다. 정낭은 좌우 2개로 정액의 50~60%를 생성한다. 정낭에서 만들어진 정액은 과당과 비타민 C를 풍부하게 지니고 있어서 사정된 이후에도 정자에게 영양과 에너지를 공급하는 역할을 한다.

전립샘은 사정관을 둘러싸고 있으며, 정액의 20~30%를 생성하는데 흰색의 밤꽃 향과 비슷한 독특한 향의 액체를 분비한다. 이 액체는 알칼리성으로 여성의 산도 높은 질 내에서 정자를 보호하는 기능을 한다. 요도구샘은 쿠퍼샘이라고도 불리며, 전립샘의 밑에 양쪽으로 2개가 있다. 요도구샘에서는 맑은 액체 한 방울 정도의 쿠퍼액이 나오는데 사정하기 전에 분비된다. 쿠퍼액은 사정 전에 요도를 청소하는 역할과 함께 질에 삽입되는 귀두를 촉촉하게 하는 역할을 한다. 소량이지만 쿠퍼액에도 정자가 섞여 배출될 수 있다는 점을 주의해야 한다.

최종적으로 정자는 사정관을 거쳐 요도를 통해 체외로 배출된다. 남성은 여성과 달리 생식을 위한 관과 소변을 배설하는 관을 같이 사용한다. 1회에 배출되는 정자의 수는 개인차가 많지만 보통 2~3억 개이며, 많게는 약 5억 개까지 배출되기도 한다. 그러나 난관에 다다르기까지 생존하는 정자는 200여 개 정도이다. 정자는 여성의 자궁 안에서 보통 3일에서 길게는 7일까지 생존할 수 있다.

그림 9-2 남성의 내부 생식기관

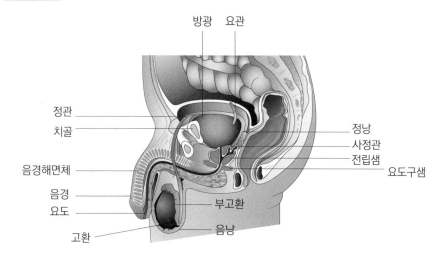

2) 올바른 피임법

우선 배란일을 이용하는 자연주기법은 올바른 피임법이 아님을 명심해야 한다. 대략적인 여성의 배란일은 생리예정일 이전 14일이기 때문에 예측하기가 어렵다. 생리주기는 생체리듬과 정서적 스트레스, 영양상태 등에 영향을 받는다. 또한, 배란일도 정확히 생리예정일 이전 14일이 아닐 때도 있다. 따라서 자연주기법은 피임 성공률이 매우 낮으며 불안한 방법이다.

(1) 경구피임약

여성이 먹는 경구피임약은 호르몬제제로 임신했을 때와 같은 상태로 호르몬을 조절하여 복용하는 동안 배란을 막아 임신을 불가능하게 하는 원리이다. 처음 복용할 때는 월경을 시작한 후 4일 이내에 먹기 시작하여 21일 동안 매일 일정한 시간에 복용해야 한다. 복용하는 시간을 넘겼을 때는 12시간 전에 빨리 복용하고 12시간이 지난 후에는 그다음 날 분까지 2알을 한꺼번에 복용하도록 한다.

21일, 즉 3주 동안 복용한 후 1주일은 복용하지 않으며, 이때 신체는 임신하지 않았음을 알고 필요 없어진 자궁내막이 떨어져 나오는 월경을 2~3일 이내에 시작하게 된다. 약을 먹지 않는 1주일 동안에도 피임효과는 계속 유지되므로 이렇게 28일 주기에 맞춰 복용한다. 다만 처음 복용할 때는 보통 1주일 정도 복용한 후부터 피임의 효과가 있으므로 그전에는 다른 피임법을 함께 사용하는 것이 올바르다. 임신을 원한다면 복용을 중단하고 다음 월경을 할 때까지 다른 피임법을 사용한 후에 임신계획을 세운다.

경구피임약을 복용하는 여성 중에 출혈, 메스꺼움, 유방의 긴장, 두통 등의 부작용을 호소하는 경우가 있다. 특히 35세 이상의 흡연 여성은 혈관계 부작용의 가능성이 보고되었다.

(2) 피임패치

여성용 피임패치는 경구피임약과 같은 호르몬의 원리로 피임의 효과가 있지만 먹지 않고 신체에 붙이는 방법이다. 1장의 패치로 1주일 동안 효과가 지속하기 때문에 3주 동안 총세 번의 패치를 부착하고 1주일 동안은 패치를 사용하지 않으며 이때 생리혈이 나오게 된다. 신체의 적절한 부착부위는 등, 배, 팔뚝, 둔부이며 가슴에는 부작용이 보고된 바가 있으므로 부착하지 않도록 한다.

피임패치는 2001년 미국에서 개발되어 한국은 2004년부터 전문의약품으로 분류되어 의사의 처방전을 통해 판매가 허용되었다. 하지만 경구피임약과 같은 부작용의 증상이 나타나고 혈전증 등의 치명적인 부작용이 보고되고 있으므로 주의해서 사용하여야 한다.

(3) 임플라논

임플라논은 황체호르몬제제가 함유된 작은 임플란트를 여성의 상박부 안쪽의 피부 바로 밑에 삽입하는 이식형 피임제이다. 한 번의 이식으로 3년의 장기간 피임효과를 유지하는 장점이 있다. 부작용으로 경구피임약과 같이 불규칙한 출혈, 두통, 오심, 유방의 긴장 등이 생길 수 있다. 산부인과에서 전문의와 상담한 후 시술을 결정한다.

(4) 피임주사

피임주사는 배란을 억제하는 황체호르몬 성분을 여성에게 주사하여 3개월의 피임효과를 내는 방법이다. 부정출혈, 두통의 부작용이 생길 가능성이 있으며, 산부인과 전문의와 상담을 통해 신중하게 선택할 필요가 있다.

(5) 자궁내 장치

시술을 통해 피임기구를 여성의 자궁에 장착하는 피임방법으로 피임기구는 루프와 미레나가 있다. 루프는 구리선이 감긴 T자형의 기구이며 미레나는 호르몬이 함유된 기구이다. 시술 후 3~5년 정도의 효과가 지속되며, 이 장치가 제대로 놓여 있는지 6개월에 한 번 정도는 점검을 받는 것이 바람직하다.

루프의 부작용으로는 복통과 출혈이 있을 수 있는데 삽입 직후에 생길 수도 있고, 후에 월경 시 생리통이 생기기도 한다. 또한, 월경량이 많아지거나 염증이 생길 우려도 있다. 미레나는 월경량이 매우 줄어들거나 불규칙한 출혈이 생길 수 있다.

(6) 콘돔

콘돔은 남성이 할 수 있는 일시적 피임방법이다. 원리는 물리적으로 얇은 고무막을 남성의 음경에 씌워서 정자가 여성의 질 내에 진입하는 것을 차단하는 방법으로 가장 효율적이며 간편한 피임방법이라고 할 수 있다. 특히 콘돔은 신체에 부작용이 없으며 오히려 성병이나 에이즈 전염을 막아줄 수 있다.

사정 전에 나오는 쿠퍼액 때문에 반드시 성기삽입 전에 착용해야 한다. 또한, 콘돔 하단의 정액받이에 공기가 들어가지 않도록 손으로 눌러서 공기를 빼고 착용하도록 한다. 정액받이에 공기가 차 있으면 정액이 모일 공간이 없으며, 성관계 도중 공기압에 의해 콘돔이 조금씩 밀려 내려가면서 정액이 밖으로 흐를 위험이 있다. 사정 이후에는 음경의 축소로 정액이 콘돔 밖으로 흘러나오기 때문에 사정 직후 여성의 질에서 성기를 빼내야 한다.

(7) 정관수술, 난관수술

남성의 정관수술과 여성의 난관수술은 영구적인 피임방법이다. 정관수술은 부분마취 후 음낭 안에 있는 정관을 절제하여 사정 시 정자가 배출되는 것을 영구적으로 막는 것이다. 난관수술은 내시경 시술로 난관을 절제하여 난자의 배출을 막아 영구적으로 임신이 안 되도록 막는 원리이다. 복원수술이 가능하지만, 이후의 임신 가능성은 매우 낮아지기 때문에 이제는 임신을 원치 않는 결정이 확실할 때 최후로 선택해야 하는 피임방법이다.

(8) 사후피임약

정자와 난자가 난관에서 수정된 이후 수정란이 자궁에 이동하기까지는 72시간이 걸린다. 사후피임약의 원리는 수정란이 자궁내막에 착상되지 못하도록 자궁내막을 변형시키는 것이다. 따라서 사후피임약은 반드시 72시간 이내 복용해야 하며 시간이 지날수록 피임의 실패율은 높아진다.

의사의 처방이 있어야 사후피임약을 구입할 수 있으며, 사후피임약을 복용하여도 피임에 실패할 확률이 있다. 또한, 심혈 관련환자에게 부작용의 가능성이 있으니 주의해야 한다.

남성용 피임약, 피임주사

최근 영국 울버햄프튼대 존 하울 교수 연구진이 남성용 피임약 개발에 성공하였다. 성관계를 하기 수 분 전에 이 피임약을 먹으면 정자의 운동 능력을 저하시키는 원리를 이용하여 피임할 수 있고, 며칠이 지나면 다시 원래대로 정자가 기능하게 된다. 또한, 미국의 파시머스재단은 '베이슬젤(Vasalgel)'이라는 남성용 피임주사를 개발하여 시판을 준비하고 있다. 고환에서 만들어진 정자가 이동하는 정관에 베이슬젤을 주사하면, 이 베이슬젤이 정자의 이동을 막는 원리이다. 원치 않은 임신을 막을 책임은 남녀 모두에게 있다. 과거에는 남성용 피임약에 대한 부정적인 반응이 많았지만, 오늘날에는 성평등 의식과 함께 긍정적인 인식이 높아지고 있다.

---

5. 성생활의 효과와 섹스리스 부부

1) 성생활의 효과

부부의 성생활이 원활하게 이루어진다면 부부는 정서적으로 친밀감과 일체감을 느끼고 나아가 결혼생활의 만족도가 향상될 수 있다. 성적 대화(sexual communication)란 부부가 전반적인 성생활에 대한 개인의 정서적 · 인지적 요인들이 언어적, 비언어적으로 전달되고 교환되는 일련의 과정을 말하는 것으로 성만족도 및 결혼만족도에 영향을 주는 주요 요인으로 주목받고 있다(남영주, 옥선화, 김지애, 2006; 변금령, 이영호, 2012). 부부 성생활의 효과를 구체적으로 살펴보면 다음과 같다.

첫째, 신체적 활력의 증강이다. 성생활은 성호르몬의 분비를 촉진하며 신진대사를 원활하게 하므로 신체적 면역력이 향상된다. 남성의 경우 성생활을 통한 규칙적인 음경의 운동이 전립샘의 질환을 예방하고 감소시킨다. 여성의 경우 원활해진 에스트로겐의 분비가 뼈를 튼튼하게 하고 골다공증을 예방할 수 있다.

둘째, 정신적 건강의 증진이다. 만족스러운 성생활은 친밀감의 호르몬이라는 옥시토신(Oxytocin)을 분비시키고 긴장감을 풀어주어 상호 간의 유대감과 친밀감을 강화한다. 따라서 고독감과 우울증의 감소에 효과가 있다. 또한, 자신감과 자존감이 증진되고 노년의 경우에는 건망증과 치매의 예방에도 도움이 된다.

셋째, 결혼생활 만족도의 향상이다. 결혼과 가족의 고유한 기능 중의 하나가 성 · 애정의 기능이다. 특히 우애적 가족관계가 중요해지고 부부관계가 중심축이 된 현대 가정에서 부부의 성생활만족도는 결혼생활의 존속여부를 가늠할 수 있는 바로미터라고 할 수 있다. 두 사람 모두 만족하는 성생활을 하면 부부관계 및 결혼생활의 만족도는 향상된다.

2) 섹스리스 부부

(1) 개념 및 실태

섹스리스(sexless)의 단어 뜻은 성관계가 없음을 의미한다. Friedman(2006)은 부부 성관계가 1년에 10회 이하일 경우 '섹스리스(sexless)'라고 정의하였다. 일본 성(性)과학회는 건강 등의 특별한 이유 없이 1개월 이상 부부관계를 맺지 않는 것을 섹스리스로 규정하였다. 남순현(2009), 김효숙과 이인수(2015)는 1년에 10회 이하의 성관계를 갖는 경우를 섹스리스라고 정의하고 연구하였다. 유재인, 김현주(2014)는 섹스리스의 기준을 일 년에 2회 이하의 성관계를 하는 경우로 정의하였다. 이상과 같이 성관계의 빈도와 성관계를 하지 않은 기간을 기준으로 섹스리스를 정의하고 있는데, 연구자마다 상이하여 과학적인 명확한 기준은 합의되어 있지 않다.

기혼여성을 대상으로 한 연구(남순현, 2009)에서 연구대상자(총 677명) 중 절반(51%)이 한달에 1회 미만의 성관계를 갖는 섹스리스 상태로 나타났다. 또한, 강동우 성의학연구소

(2016)가 전국 성인 남녀 1,090명을 대상으로 조사한 결과, 최근 1년 동안 성관계 횟수가 월 1회 미만인 섹스리스 부부가 35.1%로 나타났다. 결혼 기간별로 보면 11~20년이 30.7%, 21~30년이 37.2%, 31년 이상이 53.9%다. 강동우 박사는 "해외 논문에 발표된 세계 섹스리스 부부 비율이 20%인데, 이에 비하면 한국이 일본에 이어 세계 2위에 해당한다"라고 하였다. 일본가족계획협회(사)는 전국 남녀 1,134명을 대상으로 조사한 결과, 1개월 이상 부부관계가 없는 기혼자의 비율이 44.6%라고 밝혔다(강동우 성의학 클리닉 연구소, http://www. sex-med.co.kr/).

(2) 문제점과 원인

성관계가 없어도 서로가 합의하였으며, 이 때문에 서로가 불만이 없다면 문제될 것이 없다. 섹스리스(sexless)가 문제되는 것은 어느 한쪽이 일방적으로 성생활을 기피하는 경우이다.

섹스리스 부부는 부부관계에서 성을 통한 정서표현의 제약을 경험하게 되고(변금령, 이영호, 2012), 성적 불만족은 우울감 및 불안, 나아가 결혼만족도에도 부적 영향을 미친다(이경옥, 김영희, 2003). 만족스럽지 못한 성생활 때문에 외도에 빠지거나 이혼을 선택하는 경우도 있다. 섹스리스 부부인 40~50대 기혼남성을 중심으로 살펴본 연구에 따르면(정선이, 김현주, 2017), 부부관계에서 정서적 갈등, 성적 갈등, 생활 스트레스 요인이 섹스리스의 원인으로 이어지는 것으로 나타났다. 또한, 섹스리스 중년 부부의 결혼유지 과정에서 중심현상은 '익숙해지는 거리감'이었다. 이에 성적 친밀감뿐만 아니라 또 다른 단계의 친밀감을 쌓기 위한 노력, 부부의 가치 공유 등 다양한 관점에서 결혼에 대한 의미탐색이 필요하다고 지적하였다.

한편 섹스리스는 단순히 애정적인 문제나 중년기 이후 성기능장애에 의해서만 일어나는 것이 아니다. 신혼기, 자녀출산 이후, 중년기, 노년기 등에서 남녀의 성에 대한 오해, 잘못된 성지식, 배려 없는 성관계 등 다양한 원인에 의해 나타나고 있다. 20~30대의 젊은 부부들은 피곤, 여유부족, 심리적 부담감 등의 스트레스와 상황적 원인이 많다. 50대 이상의 부부들은 점차 성적 노화와 함께 발기장애, 조루증, 성욕장애, 성교통 등의 성기능적 원인이 발생하기도 한다. 더불어 중년기 및 노년기의 성에 대한 잘못된 사회적 편견과 부정적 인식이 이들의 성관계를 소극적으로 만들기도 한다.

섹스리스의 원인이 무엇이든지 간에 가장 큰 문제는 불만족한 성관계에도 불구하고 부부간 성에 대한 솔직한 대화가 이루어지지 않고 계속 악순환으로 이어진다는 것이다. 기혼남녀(20~40대)를 대상으로 성 의사소통을 유형화한 연구를 살펴보면(변금령, 이영호, 2012),

상호교류적 유형, 방관자적 유형, 자기중심적 유형, 수동적 유형으로 분류되었다. 성생활의 질 요인인 성생활만족도, 성행동, 성적 친밀감은 상호교류적 유형에서 가장 높았고 방관자적 유형이 가장 낮은 수준으로 나타났다. 상호교류적 유형은 개방적으로 성적 대화를 하며 자신이 요구하는 바와 상대가 원하는 바를 적절히 조율한다는 특징이 있다. 이에 비해 방관자적 유형은 성 의사소통 자체에서 철수해 있거나 혹은 성에 관한 대화를 회피한다. 성의 의사소통 기술은 부부가 각자의 성에 대한 가치관이나 태도 등을 더욱 폭넓게 이해할 수 있게 하는 기제로 기능하고 부부관계를 강화할 수 있는 요인이 된다. 이에 부부관계 향상을 위한 교육프로그램에서 부부간의 성과 관련된 의사소통 내용을 다루는 것은 매우 중요하다(남영주 외, 2006).

6. 행복한 성생활을 위한 기술

1) 일상적인 스킨십

침실에서의 성관계를 통해서만 스킨십 할 것이 아니라 평소 손잡기, 팔짱 끼기, 안아주기, 쓰다듬기, 서로 마주 보며 미소 짓기 등의 일상적인 스킨십을 통해 정서교류를 하고 친밀감을 유지할 필요가 있다. 스킨십은 친밀감을 상승시키고 친밀감은 사랑을, 사랑은 성생활로 이어지는 선순환이 이루어진다.

2) 성생활의 매너 지키기

성생활에도 매너가 있다. 부부라 할지라도 서로의 성적 자기결정권을 존중해야 한다. 배우자의 동의 없이 무력이나 위협에 의한 일방적인 성관계는 성폭력에 해당한다. 또한, 성관계에 있어서 서로에 대한 배려와 지지가 필요하다. 상대가 허용하지 않는 성행위를 하거나 성적 수치심을 느끼게 하는 언행은 상대방을 존중하지 않는 무례한 것이다.

3) 한방에서 자기

자녀출산 이후에 아내는 남편이 아니라 자녀와 함께 자는 경우가 많다. 보통 밤사이 깨는 자녀를 돌보기 위해 또는 남편의 숙면을 위해 배려한 행동이라 해도 따로 자기 시작하면 점차 각방을 사용하는 것이 익숙해져서 오히려 다시 같이 자기가 어려워질 수 있다. 자녀는 만 3세가 되면 원칙적으로 따로 재우기를 하고, 부부는 한방에서 자기를 유지해야 한다.

4) 베갯머리 대화

침실에서 성행위만 하는 것이 아니라 성관계 전후 서로의 느낌에 관해 이야기를 나눈다. 서로가 원하는 것을 솔직하게 대화할 수 있어야 하고 서로를 존중하면서 배려할 수 있어야 한다. 성욕은 인간의 기본적인 욕구이며, 부부는 합법적으로 성관계가 허용되는 관계이다. 성에 관한 대화를 부끄러워하지 말고 더욱 진지하게 할 수 있어야 한다.

5) 양보다는 만족감

성관계를 빈도, 시간, 강도 등의 양적으로 평가하지 말아야 한다. 육체적인 오르가슴에 집중하는 성관계가 아니라 정서적으로 두 사람 모두 즐겁고 만족스러운 것이 중요하다.

6) 둘만의 테크닉 개발

부부 성생활은 두 사람의 상호작용이므로 둘만의 테크닉을 개발할 필요가 있다. 예를 들어 성관계 동의를 구하는 둘만의 신호 만들기, 함께 즐거울 수 있는 침실 분위기, 전희 방법, 선호하는 성감대 및 성체위 등에 대해 탐색하고 이에 대해 합의할 수 있어야 한다.

7) 기능장애는 의학적 도움

젊은 부부들도 심인성 조루나 불감증이 있으며, 점차 나이가 들면서 성적 노화에 따른 기능장애도 생긴다. 성기능 장애가 있다면 자존심의 문제로 생각하거나 포기하지 말고, 이를 인정하고 의학적 치료와 상담을 받는 것이 현명하다.

■ 최종병기 '스킨십'

성문제 치료자들은 부부 사이의 정서적 친밀감에 어떻게 '에로스-열정과 쾌락'을 보탤지 오래전부터 고민해 왔다. 결론부터 말하자면 부부에게 친밀감과 열정은 따로 노는 게 아니라 '성적 친밀감' 또는 '성적 유대감'이란 표현으로 통합될 수 있다. 이런 성적 친밀감은 신선함, 즉 성적 다양성으로 지속될 수 있다. 그런데 성적 다양성이란 말에 고작 파트너를 자주 바꾸면 된다는 식의 철없는 생각은 최악이다. 또한, 체위를 바꾸거나 여행을 떠나거나 색다른 속옷이나 스킨십 한 번으로 바뀔 것이란 생각도 틀렸다. 한국 사람들은 성이라고 하면 너무 '삽입' 성행위만 생각한다. 성행위는 모든 스킨십을 포함하며 삽입성행위는 마무리 작업일 뿐이다. 성적 다양성을 확보한 부부를 보면 서로 대화하고 애무하고 때로는 천진난만한 아이처럼 핥고 어루만지고 입 맞추고, 깨물고, 쓰다듬는 이 모든 행위가 존재한다. 또 성을 엄청난 쾌락이나 의무 방어전이라기보다는 즐겁고 호기심도 자극하는 편한 놀이로 여긴다. 부부 사이에 이런 원초적인 행위는 행복의 지름길이지 퇴폐적이고 변태적인 게 아니다.

■ 구제불능은 없다

C씨는 말 그대로 '먹고 자고 일하는' 것밖에 모르는 남자다. C씨에게 성생활은 편하고 즐겁고 쾌감에 친밀감과 유대감까지 얻는 훌륭한 인간관계란 개념은 전혀 없다. 그에게 성에 관한 즐거움은 고작 성매매를 통한 동물적 배설이 전부다. 또 휴식은 그저 주말에 잠만 퍼 자는 게 유일하다. 사실은 이보다 훨씬 고차원적인 휴식이 바로 배우자와의 성생활이다. 성행위의 쾌감 이후 이어지는 충분한 이완 현상은 훌륭한 휴식의 지름길이다. '먹고 자고 일하는' 3박자가 아니라 거기에 '즐기고 쉬는 것'을 보태 5박자가 맞아야 행복할 수 있다. 그런 면에서 C씨는 그동안 경쟁과 생존 위주의 3박자에만 치중했던 우리 문화나 교육방식의 불행한 산물인 셈이다. 소중한 대상과 적절한 친밀감을 갖는 인간관계의 교육이 빠진 것이다. 하지만 이제는 삶의 질에 비중을 맞춰야 할 시대다. 부부 사이의 안정적인 인간관계와 이에 이어지는 적절한 성생활은 다른 무엇보다 중요한 삶의 질을 결정하는 요소다. 배우자와의 성생활이 원만한 사람이 스트레스도 덜 받고, 건강하며 오래 산다는 연구 결과는 수없이 반복돼 왔다.

* 성의학 전문가인 강동우·백혜경 부부가 중앙일보와 성의학 클리닉 연구소 홈페이지(http://www.sex-med.co.kr)에 연재한 성칼럼을 편집함.

성관계는 일방적인 것이 아니라 두 사람의 상호작용이다. 행복한 성생활을 위해서는 서로의 성에 대한 올바른 이해가 필요하고 서로 존중하며 솔직하게 대화하는 것이 중요하다. 세계적인 연극인 '버자이너 모놀로그'의 극작가인 이브 엔슬러(Eve Ensler)는 다음과 같이 말하였다.

"말하지 않으면 우리는 그것을 보지 못하고, 인정하지 못하고, 기억하지도 못합니다. 우리가 말하지 않으면 그것은 비밀이 됩니다. 비밀은 부끄러운 것이 되고, 두려움과 잘못된 신화가 되기 쉽습니다. 나는 언제가 그것이 부끄럽지도 않고 또, 죄의식을 느끼지 않아도 되는 때가 오기를 바라기 때문에 입 밖에 내어 말하기로 했습니다."

- Eve Ensler(류숙렬 역, 2001)

워크시트 09

다음은 성(性)생활 건강성에 대한 질문입니다. 항목마다 당신에게 해당하는 점수를 기재하세요. 당신의 연인도 응답할 수 있습니다.

전혀 그렇지 않다	그렇지 않다	보통 이다	그렇다	매우 그렇다
1	2	3	4	5

항목	나	연인
1. 상대방의 성적 자기결정권[1]을 인정하며 성욕을 자제할 수 있다.		
2. 성에 대한 자신의 의견을 솔직하게 이야기할 수 있다.		
3. 상대방의 성적 가치관에 대해 존중하며 비난하지 않는다.		
4. 올바른 피임방법을 잘 알고 있다.		
5. 나의 성생활에 대해 만족한다.		

주: 1) 자신의 성에 대한 결정은 자신이 내릴 수 있는 권리

해당 점수를 바탕으로 나의 성적 가치관이나 성생활에서 보완해야 할 점을 정리해 보세요. 가능하다면 연인과 함께 이야기 나눠보세요.

_____

_____

_____

_____

10 장

가족의 노동과 여가

현대사회에서 일생활 균형(work-life balance, 워라밸)은 삶의 필수조건이 되었다고 해도 과언이 아니다. 일과 가정, 개인생활 어느 한쪽에 무게 중심을 두는 불균형적인 삶이 아니라 모두를 중요하게 여기는 것이다.

일생활 균형이란 노동과 여가, 직장과 가정, 가족과 개인, 돌봄과 자기계발 등의 다양한 생활영역에 가치를 두고 조화를 이루고자 시간과 에너지를 적절하게 배분하는 것이다. 일과 생활의 균형을 이루기 위해서는 정부, 기업, 개인, 가족의 노력이 필요하다. 어느 한 주체의 노력만으로는 이루어지기 힘들다. 가족친화적 사회환경 조성을 위한 정부 및 기업의 노력과 함께 가정에서는 가사노동과 여가생활의 균형을 이루기 위한 전체 가족원의 참여가 요구된다. 즉 워라밸 실천을 위해 가족 내에서 가장 기초적으로 해결해야 할 과제가 가사분담과 가족여가라고 할 수 있다.

이 장에서는 일과 생활에 대한 균형의 중요성을 알아보고, 가사노동분담 및 가사노동과 관련된 갈등해결방안을 실천적으로 모색해 보고자 한다. 또한, 가족여가의 의의와 실태, 문제점 등을 통해 가족여가의 효과적 실천방안을 살펴본다.

주제어

일생활 균형, 가사노동의 경제적·사회적 가치, 공평한 가사분담, 가족여가제약, 핵심가족여가활동, 균형가족여가활동

미리 생각해 보기

1. 가사노동은 경제적, 사회적으로 가치 있는 노동인가요?

2. 가족여가의 개념은 일반적인 여가의 개념과 어떻게 다를까요?

1. 일생활 균형

일생활 균형(Work-Life Balance)이란 일과 가정, 개인생활 어느 한쪽에 무게 중심을 두는 불균형적인 삶이 아니라 노동과 여가, 직장과 가정, 가족과 개인, 돌봄과 자기계발 등의 다양한 생활영역에 가치를 두고 조화를 이루고자 시간과 에너지를 적절하게 배분하는 것이다. 노동중심 사회에서 여가중심의 사회로 전환되면서 현대사회에서 여가는 삶의 질을 결정하는 중요한 요소가 되었다. 또한, 일과 가정생활의 우선도를 조사한 결과, 일과 가정생활의 균형이 중요하다는 응답은 2013년 33.4%에서 2023년 47.4%로 14%p가 증가하여 가장 높은 비율을 차지하였다. 반면 일이 우선이라는 응답은 2013년 54.9%에서 2023년 34.4%로 20.5%p가 감소하여 큰 폭의 변화를 보였다. 가정생활이 우선이라는 응답은 2013년 11.6%에서 2023년 18.2%로 증가추세이다(통계청, 2023).

일과 생활의 균형에 가장 기초적으로 영향 미치는 요인은 근로시간이라고 할 수 있다. 모든 인간에게 하루 24시간은 동일하게 주어지기 때문에, 장시간노동을 하면 다른 생활영역에 대한 시간 사용 및 배분에 제약이 따를 수밖에 없다. 임금노동자의 경우 직장에서 고정된 근로시간이 있으며, 근로시간과 연동하여 가사활동, 여가활동, 학습활동 시간에도 차이를 보인다(박정열, 손영미, 2014; 전지현, 2015). 이에 장시간노동은 개인의 건강 및 가족과의 시간, 삶의 만족도 등에 영향을 미치고(김외숙, 이기영, 2015), 직장의 직무만족도 및 이직의도 등에 영향을 미치는 것(김주엽, 박상언, 지혜정, 2011)으로 나타나고 있다.

한국은 장시간노동 국가로 근로자의 안전한 노동권 및 삶의 질 증진을 위해 2004년부터 주 5일 근무제(법정근로 40시간)를 단계적으로 도입하여 2011년 전체 사업장으로 확대하였다. 또한, 2018년 연장근로 12시간 상한제를 두어 주 52시간 근무제를 도입하여 2022년에 전면 시행하였다. 한국경영자총협회(2023)에 따르면 전체 임금근로자의 1인당 연간 실근로시간은 2022년 1,904시간으로 OECD 평균 1,719시간에 비해 185시간이 더 길어 여전히 높은 편으로 나타나고 있다. 하지만 2001년 2,458시간과 비교해 554시간 줄어든 결과로 같은 기간 OECD 가입국의 평균 실근로시간은 1,767시간에서 1,719시간으로 48시간 감소한 것에 비교하면 매우 가파른 변화이다.

일생활 균형의 궁극적인 목적은 일-생활 만족과 삶의 질 제고이다. 기혼남녀근로자의 일-생활 만족 유형화 연구(이유리, 이성훈, 박은정, 2020)에서 주당 노동시간은 일-생활 만족 유형과 관련성이 있는 것으로 나타났다. 특히 일-생활 만족형은 주 40시간 이하 근로집단이 많았고, 일-생활 불만족형은 주 52시간 초과의 장시간 근로집단이 상대적으로 높은 비율을 차지하였다. 또한, 문화체육관광부(2022)의 국민여가활동조사 보고서에서 주 52시간 근무제도 시행에 따른 생활변화를 조사하였다. 근로시간 단축 실시 후 나타난 변화(복수응답)에 대해 '휴식을 통한 정서적 · 신체적 안정'(28.2%), '여가활동을 통한 개인적 즐거움 및 자기만족 증대'(25.1%), '가족과 함께하는 시간 증대'(21.8%), '대인관계 및 교제를 위한 시간 증대'(16.6%) 등의 변화가 있는 것으로 나타났다.

정부와 기업에서는 일-생활 균형에 대한 중요성을 인식하고 이를 위한 정책과 제도의 실행 및 문화를 조성하기 위한 방향으로 나아가고 있다. 하지만 정시퇴근을 하고 주당 노동시간이 감소하더라도 그 이후 시간을 개인이 어떻게 활용하느냐에 따라서 일생활 균형의 실현여부가 달라질 것이다. 즉 가정에서는 전체 가족구성원의 일과 가정, 개인생활의 균형이 이루어지도록 가사노동에 대한 분담과 가족여가에 대한 합의와 참여가 이루어져야 한다.

2. 가사노동

1) 가사노동의 개념

가사노동은 일상생활에서 가정의 기능을 유지시키는 활동이다(문숙재, 1988). 일본의 가정학자 이토(伊藤セツ)에 의하면 가사노동은 "개별적 가정생활의 장에서 가족원의 광범위한 생명활동을 포함한 노동력의 재생산을 위해 행해지는 가사 · 육아 · 가정관리를 위한 노동"이다(김외숙, 이기영, 2015 재인용).

표 10.1 가사노동의 영역

구분	내용
식생활관리	손질, 조리 및 음식준비, 식사준비, 설거지, 후처리 등
의생활관리	세탁, 다림질, 재봉, 의류손질 등
주생활관리	청소, 정리, 주택손질 등
가족관리	배우자, 자녀, 부모와 조부모, 친척 등 신체적·비신체적 가족 돌보기, 자녀의 학업관리 등
가계경영	가계재무관리, 장보기, 관공서 일보기 등
기타	그 외 명절준비, 집안행사 등

흔히들 가사노동이라고 하면 밥하고 빨래하고 청소하는 의·식·주 관련 활동만 떠올리지만, 광의의 가사노동은 의·식·주 생활영역 외에 가족관리와 가계경영이 포함된다 (표 10.1 참조).

2) 가사노동의 특성

(1) 다양성

직장에서 보통 한 사람이 맡은 직무 내용이 비슷하지만, 가사노동은 단순노무에서 창조적 활동까지 난이도의 폭이 넓다. 또한, 의생활, 식생활, 주생활, 가족원의 신체적·정서적 돌봄노동, 가계재무 및 자산관리 등으로 분야도 다양하고 가짓수가 매우 많다. 따라서 가사노동의 기술을 익히고 익숙해지는 데까지 오랜 시간이 걸린다.

(2) 반복성

가사노동은 매일의 가정생활 유지를 위해 똑같은 내용이 반복적으로 수행되어야 한다. 식생활관리는 하루에도 여러 차례가 이루어져야 한다. 따라서 가사노동이 익숙해진 이후에는 단조롭게 느껴지고 귀찮은 일로 여겨진다.

(3) 달성도의 모호성

가사노동은 표준에 따라서 결과목표가 매우 달라진다. 예를 들어, 깨끗한 청소의 표준은 사람마다 차이가 있어서 1회 진공청소기 돌리는 것으로 완료될 수도 있고, 스팀청소기에 틈새 걸레질까지 완료해야 끝날 수도 있다. 또한, 안 하면 표시가 나지만, 가족들은 항상 그 상황에 익숙해져 있으므로 한다고 해서 성과에 대한 평가가 이루어지는 것도 아니다. 심지어 가정주부는 출퇴근의 시간 규정도 없이 가족원의 요구에 언제라도 응해야 한다.

(4) 무보수성

가사노동은 화폐로 대가가 지급되지 않고 시장에서 거래되는 것이 아니다. 따라서 자본주의 사회에서 가사노동은 생산적 노동으로 인정되지 못하고 가치 절하될 가능성이 크다. 이는 전업주부의 기회비용을 낮추며, 기업의 경영주는 노동자의 노동력 재생산비용을 무보수로 획득하여 이득이 되는 것이라 해석할 수 있다. 실제 이에 대한 반발로 1970년 8월 미국에서 가사노동을 중단하는 여성 동맹파업, 1974년 6월 프랑스에서 직장 및 가사노동 파업 등이 일어났다. 특히 1975년 10월 24일 오후 2시 5분부터 자정까지 이루어진 아이슬란드의 '여성 총파업(Women's Day Off)'은 아이슬란드 여성의 90%가 참여하였으며 의회통과 절차를 거쳐 공식적으로 이루어진 세계 최초의 여성파업 행사였다. 이날을 앞두고 슈퍼마켓에 즉석식품이 이미 동났고, 이날 남성들은 아이를 데리고 출근하거나 아예 직장에 나가지 못하여 아이슬란드의 경제는 완전히 마비됐다.

3) 가사노동의 가치

가사노동의 금전적 가치를 평가하려는 노력에 대해 과거에 "애정을 바탕으로 이루어지는 가정의 일을 화폐로 계산하는 것은 비가족적인 시도"라고 비판하는 사람도 있었다. 올바르게는 인간의 노동가치를 화폐가치로 가늠할 것이 아니라 얼마만큼 인간의 행복과 복지에 기여하고 있는가에 따라 측정하는 새로운 가치관이 생겨나야 할 것이다. 그러나 자본주의 사회에서는 화폐로 환산하지 않으면 사람들은 그 중요성을 깨닫지 못한다. 또한, 가사노동은 시장에서 거래되지 않기 때문에 적절한 가격을 매기기가 어려워 국내총생산(GDP)에서 제외되는 한계점이 있다. GDP(Gross Domestic Product)는 한 나라의 가계, 기업, 정부 등 모든 경제주체가 일정 기간 생산활동에 참여하여 창출한 부가가치 또는 최종 생산물을 시장가격으로 평가한 합계이다.

표 10.2 무급 가사노동가치

(단위: 10억 원, %)

구분	2004	2009	2014	2019
무급 가사노동가치	200,538	270,348	361,502	490,919
증감률	39.0	34.8	33.7	35.8
명목GDP 대비 무급 가사노동가치 비율	22.1	22.4	23.1	25.5

출처: 통계청(2021). 2019년 가계생산 위성계정(무급 가사노동가치 평가).

국제연합(UN)은 GDP를 정확하게 보완하기 위한 목적으로 세계 각국에 대안적인 가계생산 위성계정 작성을 권고하고 있다. 이에 한국은 5년마다 실시되는 국민생활시간조사의 원자료를 이용하여 가사노동의 항목별 소요시간을 시장노동으로 환산하여 발표하고 있다. 통계청의 발표에 따르면(표 10.2 참조) 가사노동의 경제적 가치는 2019년 490.9조 원으로 5년 전 대비 35.8%가 증가하였으며 명목 GDP 대비 25.5%를 차지하여 지속적으로 상승하고 있다(통계청, 2021).

(1) 가사노동의 경제적 가치

첫째, 가사노동은 생산노동이다. 가정주부는 가능한 한 최소의 비용으로 최대의 효과를 얻기 위하여 자원을 합리적으로 분배하고 구매한다. 또한, 구매한 물건에 근력과 동력, 인지력을 동원하여 가족들의 취향에 맞게 변형하여 최종 생산물을 만들어낸다. 따라서 가사노동은 가족원이 만족하도록 재화를 변형하여 효용가치를 높이는 생산노동이다.

둘째, 가사노동은 가정소득에 직접 기여한다. 가사노동을 통해 만들어진 최종 생산물과 같은 가치의 재화와 용역을 시장에서 구매하기 위해서는 더욱 큰 비용이 들어간다. 예를 들어, 불고기 식단을 가정에서 준비하는 비용과 외식하는 비용을 비교하면 외식비용 지출이 더 크다. 따라서 가정의 지출을 최소화하여 가정의 소득에 직접 기여하는 것이라 할 수 있다.

셋째, 가사노동은 가정소득에 간접적으로 기여한다. 가정주부가 직접 사회에 나아가 소득활동을 하는 것은 아니다. 하지만, 가족구성원들이 경제적 노동을 통해 화폐를 획득할 수 있도록 가족구성원의 노동력 재생산을 뒷받침한다는 점에서 가정소득에 간접적으로 기여한다고 할 수 있다.

넷째, 국내총생산(GDP)에 대한 기여이다. 가사노동은 가정 내 생산활동에 참여하여 재화와 용역을 창출하지만, 시장에서 거래되지 않기 때문에 GDP에서 제외된다. 일례로 한 여성이 가정부로 고용되어 일한다면 이는 GDP에 포함되어 계산되지만, 이 여성이 전업주부로 가사노동을 하면 똑같은 일을 하는 것이지만 GDP로 계산되지 않는다. 하지만 가사노동은 보이지 않게 GDP에 계속 이바지하고 있다.

(2) 가사노동의 사회적 가치

첫째, 가정은 가사노동을 통해 사회의 인적 자원을 배출하고 가족구성원을 사회의 일원으로서 활동할 수 있게 한다. 즉 자녀의 사회화뿐만 아니라 가족구성원들이 사회에서 자신의 의무를 수행할 수 있도록 기본 생활을 제공한다.

둘째, 가정은 가사노동의 돌봄기능을 통해 사회의 복지문제를 최소화한다. 어린 자녀와 노부모, 병든 가족원에 대한 신체적·비신체적 돌봄노동이 이루어진다. 이 외에도 가족원이 경쟁사회에서 받는 스트레스를 위로하고 편안하게 쉴 수 있는 장소를 제공함으로써 사회문제를 최소화하며, 이는 사회의 안녕이나 질서를 위한 토대가 된다. 역으로 가정에서 돌봄의 기능을 해내지 못할 때, 이는 사회문제가 되며 정부의 복지비용이 증대한다. 예를 들어 가정 내 취약해진 노인돌봄노동을 보완하기 위해 2008년 노인장기요양보험제도가 시행되었으며, 그 비용은 사회보험으로 충당되고 있다.

셋째, 가정은 가사노동을 통해 생활문화를 전승한다. 각 가정은 가사노동을 통해 고유한 의·식·주 생활의 문화를 형성하며, 가정마다 생활기술을 전수하고 문화를 전승한다. 예를 들어 김치 담그기, 장 만들기 등을 통해 각 가정의 김치맛과 장맛을 이어간다.

> ## 돌봄 노동에 관심을 가질 시간: 무급 저임금 가사노동과 세계적 불평등 위기 보고서
>
> 국제구호 개발기구 옥스팜은 '돌봄 노동에 관심을 가질 시간: 무급 저임금 가사노동과 세계적 불평등 위기'라는 제목의 보고서(2020)를 발표하였다. 보고서에 따르면 전 세계여성들은 하루 125억 시간을 가사와 돌봄노동에 투입하고 있으며, 이를 임금으로 환산하면 연간 약 10조 8000억 달러이다. 한국 돈으로 약 1경 원에 해당하는 임금을 못 받고 공짜로 일하고 있는 셈이다. 이러한 무급의 가사노동은 경력단절과 관련되며, 이러한 경력단절은 다시 노동시장에 들어가고자 할 때 '낮은 임금'에 타협하게 만든다. 결국, 여성의 노후연금은 아예 없거나 줄어들며 남성보다 상대적으로 빈곤케 만들고 남성에게 경제적으로 의존케 만드는 악순환이 된다. 실제 전 세계 기준으로 남성이 여성보다 50% 이상 많은 재산을 소유하고 있으며, 전 세계 500대 기업 중 여성 최고경영자(CEO)는 24명에 불과하다. 하지만 옥스팜의 대표는 "여성들의 무급노동은 경제·기업의 바퀴를 움직이는 숨겨진 엔진"이라고 일갈하였다.
>
> 출처: 머니투데이(2020. 01. 21). 가사노동하는 여성... 연 10조 8000억 달러 못받고 '공짜'로 일했다.
> https://news.mt.co.kr/mtview.php?no=2020012015144514885

4) 가사노동의 실제

통계청에 의하면 유배우자 중 맞벌이의 비율은 2022년 46.1%를 차지하며 계속 증가추세이다(e-나라지표 맞벌이가구 비율). 맞벌이 부부가 증가하면서 가족의 일과 생활의 균형에 대

한 문제는 더욱 지목되고 있다. 경제활동참여는 자연스럽게 가정생활시간의 감소라는 결과를 가져오고, 가사노동의 부담과 역할갈등을 가중시킬 수 있다.

통계청(2020)의 2019년 생활시간조사 결과에 따르면 맞벌이 부부의 경우 하루 평균 수면시간은 큰 차이가 없으나, 일 관련 시간과 가사노동시간은 성별 차이가 컸다. 일 관련 시간은 남편이 아내보다 1시간 13분 더 많고, 가사노동시간은 아내가 2시간 13분 더 많았다. 구체적으로 가사노동에 참여하는 시간은 아내 3시간 7분, 남편 54분으로 5년 전보다 아내는 6분 줄어들었고, 남편은 13분 증가하였으나 여전히 아내가 남편보다 약 3.5배 가사노동 참여시간이 더 많은 것으로 나타났다. 이에 반해 여가시간은 하루 평균 남편은 4시간 2분, 아내는 3시간 25분으로 아내가 47분 더 적었다.

통계청의 가사분담인식 및 실태에 대한 조사결과(통계청, 2022)에 의하면, 가사노동을 부부가 공동으로 분담해야 한다는 견해는 64.7%이었지만, 실제 공평하게 분담하고 있다는 응답은 20.9%로 나타났다. 맞벌이 부부의 경우에도 공평하게 분담한다는 비율은 24.9%에 그쳤다. 대신 아내가 전적으로 책임지거나 아내가 주로 하지만 남편도 분담한다는 응답이 전체 75.3%를 차지하였다. 연령대에 따라서 공평한 분담비율에 많은 차이를 보였는데 19~29세는 45.5%, 30대는 32.9%, 40대는 22.1%, 50대는 17.6%, 60대는 16.9%로 연령대가 낮을수록 높다.

부부의 가사 및 육아분담에 관한 국제비교연구(조성호, 2015)에 의하면 모든 국가에서 가사 및 육아의 아내 분담률이 남편보다 크다. 구체적으로 아내의 가사분담지수는 중국(0.13), 스웨덴(0.23), 미국(0.30), 프랑스(0.37), 독일(0.42), 한국(0.45), 일본(0.61)의 순으로 중국이 가장 낮았고 일본이 아내의 분담률이 가장 높았다. 육아분담지수는 스웨덴(0.15), 프랑스(0.17), 중국(0.18), 독일(0.32), 한국(0.44), 미국(0.45), 일본(0.52)의 순으로 스웨덴과 프랑스, 중국 여성의 육아분담률은 상대적으로 낮은 것으로 나타났다. 한국은 아내의 가사 및 육아 분담지수가 상위권 국가임을 확인할 수 있다.

가사노동은 여성, 주부의 전적인 책임이 아니라 가족원 모두가 함께 참여해야 하는 가정생활이다. 융통적인 성역할의 학습을 위해 어릴 때부터 가사에 참여하도록 하는 가정교육이 중요하다. 특히 자녀의 경우는 가사참여를 통해 과업수행의 능력을 향상하고 생활주체로서 자립할 수 있는 기반을 형성하는 등 생활기술의 교육적 측면에서 바람직하다(김외숙, 이기영, 2015). 통계청(2020)의 2019년 생활시간조사 결과에 의하면 학생의 하루평균 가사노동시간은 초등학생은 18분, 중학생은 19분, 고등학생 17분, 대학생 이상은 49분으로 나타났다.

5) 가사노동과 관련된 갈등해결방안

(1) 가사노동의 분담

첫째, 가사노동의 가치 인정이 우선되어야 한다. 가사노동은 무보수이며, 가족원에게도 가치를 인정받지 못하는 경우가 많다. 이 때문에 서로 하지 않으려고 미루게 되고 분담 갈등의 문제가 생긴다. 전업주부는 자기 일을 가치 없다고 비하하거나 우울감에 빠지기도 한다. 가사노동의 가치를 인지하고 자부심을 가져야 한다. 또한, 모든 가족원이 함께 가사노동의 가치를 인정해야 한다. 유대인들은 온가족이 저녁식사를 하기 전에 드리는 기도에서 주부의 노고에 감사하다는 메시지를 전한다고 한다.

둘째, 가사노동의 분담을 위해서는 우선 우리 가정에서 이루어지는 가사노동의 영역별 세부 종류를 매우 구체적으로 알아봐야 한다. 최소한 1주일 이상 온가족이 함께 조사할 필요가 있다. 가사노동의 세부 분류별 주중과 주말에 각각 몇 분의 시간이 소요되는지, 누가 주로 가사노동을 수행하는지도 기록해야 한다. 참고로 2019년 하루 평균 세부 분류별 소요 시간은 음식준비 44분, 가족 및 가구원 돌보기 22분, 청소 및 정리 20분, 상품 및 서비스 구입 13분, 의류관리 9분, 반려동·식물 돌보기 4분, 기타 가정관리 2분, 주거 및 가정용품 관리 1분, 차량 관리 1분 미만 등이었다(통계청, 2020).

셋째, 공평한 분담이 중요하다. 가사노동의 황금분할 비율은 5:5의 똑같은 분할이 아니다. 가사노동은 평등한 분담이 아닌 서로의 상황과 가치관을 고려하여 합의한 공평한 분담이어야 한다. 가사노동의 분담에 영향을 미치는 요인들은 자원·권력, 성역할 의식, 가용시간, 가사선호 등이다.

넷째, 가사노동 수행을 지시할 때는 구체적으로 요구해야 한다. 가사노동은 생활의 기술이므로 참여하고자 하는 의지와 노력만으로 처음부터 잘 수행할 수는 없다. 가사노동에 미숙한 자녀나 가족원에게 가사노동을 요구할 때는 익숙지 않기 때문에 매우 구체적으로 알려줄 필요가 있다.

다섯째, 가사노동 수행에 대한 칭찬이 중요하다. 가사노동을 수행한 가족원에게 그 노고와 서비스에 감사함을 전하고 칭찬해야 한다. 특히 가사노동의 참여가 낮았던 가족원의 분담을 유도하기 위해서는 가사노동이 익숙해질 때까지 처벌의 방법이 아닌 보상의 방법으로 계속 가사노동을 수행하여 기술을 익힐 수 있도록 도와야 한다. 익숙하지 않기 때문에 제대로 수행하시 못할 수 있는데, 이때 가사노동을 요구한 사람이 비난하거나 다시 수행하게 되면 가사노동에 계속 참여하고자 하는 의욕이 낮아지게 된다.

(2) 가사노동의 사회화

가족원 모두가 여유가 없고 피곤할 경우 서로 가사노동분담 갈등으로 스트레스를 받는 것보다는 시장의 재화와 용역을 이용하여 해결할 필요가 있다.

첫째, 가사노동의 산업화이다. 이는 가사노동 대신 영리적으로 상품화된 재화나 용역을 시장을 통해 구매하는 것을 의미한다. 완전가공품, 반가공품, 배달음식, 외식, 세탁소 이용, 가정부 고용 등이 이에 해당한다. 호텔식 실버타운 이용은 완전시장 의존의 특수한 예라고 할 수 있다.

둘째, 가사노동의 기계화이다. 세탁기나 로봇청소기와 같이 가사노동을 기기로 대체하는 것이다. 가사노동의 기계화는 편리함에는 기여했으나, 대신 기기의 구매비용이 지출되며 기계 조작방법을 익히고 기기를 관리해야 하는 노동이 추가로 발생하게 된다.

셋째, 가사노동의 집단화이다. 개별 가정의 가사노동을 민간공동화하거나 공공적으로 사회화하여 집단으로 수행하는 것이다. 예를 들어, 아파트 주민이 함께 김장거리를 공동구매하는 경우, 부모들이 함께 공동육아하는 경우, 사회주의에서의 대규모 급식소, 공동탁아소 등이다.

가사노동의 사회화는 가사노동의 시간을 감소시키고 부담을 줄여줄 수 있다. 하지만 가계의 경제적 부담은 커질 수밖에 없다. 또한, 기업의 이기적 영리추구로 인한 재화나 용역의 결함 또는 질적 저하는 가족원의 건강을 해치는 등 악영향을 미칠 수도 있다. 그리고 각 가정의 고유한 생활문화를 형성하고 전승하는 데 제한점이 생긴다. 가사노동은 일상생활을 위해 필연적으로 생겨나는 것이다. 그러므로 가사노동의 모든 것을 시장노동을 통해 완전하게 대체할 수도 없으며, 대체하는 만큼 풍부한 생활의 경험은 상대적으로 줄어들게 된다. 가사노동은 자립하기 원하는 인간이라면 누구나 습득해야 할 생존의 기술이며, 생활의 기술이라고 할 수 있다.

결론적으로 가사노동이 일부 가족원에게 편중될 때 가족원 간 일생활 균형의 불평등이 발생하게 된다. 일상적인 가사노동의 수행은 필수적이라는 것을 받아들이고, 모든 가족원이 참여하여 가사노동을 분담하고 가사노동 사회화의 장단점을 고려하여 적절하게 가사노동의 갈등을 해결해 나가야 할 것이다.

3. 가족여가

1) 가족여가의 의의

(1) 가족여가의 개념

일반적인 여가의 개념은 자유시간에 자유의지로 본인이 선택한 어떠한 활동에서 기쁨, 즐거움, 만족감을 느끼고 나아가 자아실현을 하는 것이다. 가족여가는 가족구성원 전체 또는 가족구성원 중 2인 이상이 같은 여가활동에 함께 참여하는 집단여가이다. 일반적인 여가의 개념에 적용하면 가족여가는 자유시간에 자유의지로 2인 이상의 가족원들이 선택한 어떠한 활동에서 기쁨, 즐거움, 만족감을 느끼고 나아가 자아실현을 하는 것이다.

하지만 가족여가는 모든 가족원의 해방성, 자유선택성, 순수한 즐거움, 만족이라는 여가의 본질을 충족시키는가? 정답은 '아니다'이다. 어떤 가족원은 자발적 동기가 아닌 비자발적 동기로 여가활동에 참여할 수 있다. 특히 성별, 연령, 세대, 개성이 다양한 가족구성원이 동시에 원하는 여가활동을 찾기란 매우 힘든 일이다. 예컨대 세대별 아동청소년은 컴퓨터 인터넷 게임, 청년은 대중문화 및 사교활동, 중년은 건강 및 스포츠활동, 노년은 종교활동을 상대적으로 더욱 선호한다. 이 때문에 어떤 가족구성원은 가족여가를 통해 긍정적 결과를 얻을 수 있지만 어떤 가족원은 부정적인 경험을 할 수도 있다. 또한, 어떤 가족원에게는 여가가 노동으로 경험될 수도 있다. 예를 들어 놀이동산에서 즐기기보다는 어린 자녀들을 돌봐야 하는 부모의 경우이다.

이 점에서 가족여가는 일반적인 여가와 본질적인 차이가 있다. 다시 말해, 가족여가는 순수한 '자유'라는 전제하에서 이루어진다기보다는 가족기능의 증진을 위한 '의도적 여가'라고 봐야 한다. 모든 가족원의 자유시간에 자유의지에 의한 선택을 충족하는 것은 어렵다. 가족여가는 가족원 서로가 조금씩 양보하고 타협해 가면서 의도적으로 선택하지 않으면 이루어지기 어려움을 명심해야 한다.

(2) 가족여가의 기능

가족여가의 긍정적 기능을 살펴보면 다음과 같다.

첫째, 개인적인 측면에서 가족여가는 정신적인 스트레스 해소에 도움이 되고 활동적 여가를 통해 신체적 건강을 도모할 수 있다. 또한, 재미 추구를 통해 오락적 기능을 충족하며, 학습적인 여가활동을 통해 능력개발과 자아실현이 성취될 수 있다.

둘째, 부부 관계적인 측면에서 가족여가는 부부간의 상호작용을 증진시켜 부부관계를 긍정적으로 강화한다. 나아가 결혼만족도를 증진하고 결혼안정성을 증가시킨다.

셋째, 자녀 측면에서 가족여가는 교육적 효과가 있으며, 자녀의 사회화를 도모한다. 또한, 가족원이 함께 의사결정하고 상호작용하는 체험을 통해 자녀는 가족의 소속감과 일체감을 증진하게 된다. 나아가 정신적 스트레스 해소와 오락적 기능을 통해 청소년 자녀의 일탈행위를 예방하는 데 도움이 된다(Robertson, 1999).

넷째, 가족 전체 측면에서 가족여가를 통해 공유하는 추억이 생기고 공유할 수 있는 취미가 있으므로 가족원들의 의사소통이 증진된다. 따라서 친밀감이 높아지고 가족결속력에 도움이 된다.

(3) 가족여가의 유형

일반적인 여가의 유형처럼 가족여가도 활동의 특성에 따라 정적 활동/동적 활동, 시간소일활동/가정지향활동/사교지향활동/취미지향활동/체험지향활동/자기계발활동 등으로 분류할 수 있다. 형태적으로는 가족이 함께 여가활동을 참여하더라도 그 내용에 따라 가족여가의 긍정적 기능 정도는 다르다.

Orthner(1975)는 여가참여자들의 상호작용 정도에 따라 여가활동을 세 가지로 분류하였다. 첫째, 공유활동은 높은 수준의 상호작용으로 대표적으로 캠핑활동이다. 둘째, 병행활동으로 TV시청과 같이 최소한의 상호작용이 이루어지는 활동이다. 셋째, 개별활동은 상호작용이 전혀 없는 활동으로 각자 하는 독서 등이 해당한다. Orthner의 여가활동 유형분류의 시사점은 가족여가의 상호작용에 따라 질은 매우 다를 수 있다는 것이다. 형태적으로 같은 가족여가활동이더라도 상호작용 정도가 어떠한가에 따라서 병행활동 또는 개별활동이 될 수도 있다. 예를 들어 가족이 함께 스키를 즐겼다고 했을 때 보통 형태만으로 공유활동으로 분류할 수 있지만 실제로는 그 내용을 살펴봐야 한다. 즉 스키장에 놀러 가는 모든 가족이 상호작용이 높은 여가활동을 하는 것은 아니다. 함께 이동하여 숙식하고 스키를 탔지만, 실제 내용은 병행활동 또는 개별활동으로 이루어질 수 있다.

Zabriskie와 McCormick(2001)은 일상적인 여가와 특별한 여가로 가족여가를 분류하였다. 핵심가족여가활동은 TV시청과 집 근처에서 공놀이와 같은 가정에 기초한 일상적인 여가활동이다. 비용이 저렴하고 매일 참여 가능한 여가활동이다. 균형가족여가활동은 사전계획이 필요한 특별한 여가활동이다. 어느 정도의 시간ㆍ노력ㆍ금전 필요한 가족여행, 야외 레크리에이션 등과 같은 여가활동이라고 할 수 있다. Zabriskie와 McCormick의 가족여가 유형분류의 시사점은 어느 한 유형만 가족여가의 순기능에 영향을 미치는 것이 아니라 핵심여가와 균형여가가 조화를 이루어야 한다는 것이다.

2) 가족여가생활의 실제

(1) 가족여가활동의 실태

첫째, TV시청, 모바일 컨텐츠/OTT시청, 산책 및 걷기, 영화관람, 쇼핑, 외식, 찜질방 등과 같은 소극적 병행활동이 많이 이루어진다. 둘째, 상업적·소비적 여가활동이 많다. 상업시설이나 상업화된 여가상품을 주로 이용하고 일회적이고 오락적으로 끝나는 여가활동을 많이 한다. 셋째, 자녀가 초등학생 시기에 가족여가가 가장 많이 이루어지고, 중·고등 시기는 대학 진학준비로 현실적 제약이 많고 자녀가 부모보다는 친구와 여가활동을 하고 싶은 시기이다. 특히 한국의 입시 위주 교육환경은 청소년기 자녀의 학습시간 투자로 인해 여가시간의 감소를 초래한다.

(2) 성별, 연령대별 여가활동

지난 1년 동안 가장 많이 참여한 여가활동은 TV시청, 산책 및 걷기, 모바일콘텐츠·OTT시청, 잡담·통화·문자보내기, 인터넷검색·1인미디어제작·SNS, 쇼핑·외식, 친구만남, 게임, 음악감상, 음주 등의 순으로 나타났다. 상대적으로 여성은 산책 및 걷기, 잡담·통화·문자보내기가 많았고 남성은 게임과 음주가 여성보다 월등히 많았다. 연령대별로 보면, 10~30대는 모바일콘텐츠와 OTT시청이 TV시청 보다 더 높은 참여율을 보이는 특징이 있다. 한편 상대적으로 다른 연령대에 비해 10대는 게임, 20대는 인터넷검색·1인미디어제작·SNS, 30대는 잡담·통화·문자보내기, 40대는 쇼핑·외식, 50대는 음주, 60대 이상은 산책 및 걷기를 많이 참여하는 것으로 나타났다(문화체육관광부, 2022).

한편 스마트기기를 활용한 여가활동에 대한 조사결과(문화체육관광부, 2022)에 의하면, 스마트기기 평균 이용시간은 평일 평균 1.4시간, 휴일 평균 1.8시간으로 나타났고, 전체 여가시간 중 스마트기기를 활용한 여가시간의 비중은 평일과 휴일 각각 37.8%, 32.7%로 나타났다. 특히 평일 여가시간 중 10대의 경우 약 58.1%, 20대는 51.4%, 30대는 50.0%를 스마트기기를 활용하는 것으로 나타났다. 또한, 스마트기기를 활용하는 여가활동 중 가장 많이 하는 활동은 '모바일메신저'(23.1%), '웹서핑'(19.3%), '인터넷 방송시청'(11.0%)의 순이었다.

상대적으로 여성은 모바일메신저와 SNS 활동이 많았으며 남성은 인터넷 방송시청과 게임 활동이 많은 것으로 나타났다. 연령대별 10~20대는 게임, 30~40대는 웹서핑, 50대 이상은 모바일메신저 활동이 가장 많았다.

(3) 가족여가의 제약요인

여가제약이란 여가활동의 선택과 참여, 혹은 만족을 방해하는 요인이다. 가족여가제약은 가족여가활동에 참여하고 싶지 않은 이유, 활동에 참여하고는 싶지만 참여를 방해하는 이유, 또는 참여하고 있지만 만족을 저해하는 이유라고 해석할 수 있다.

첫째, 시간적 제약이다. 가족원들의 사회적 활동영역이 다르므로 개별여가 또는 다른 구성원과의 집단적 여가보다 가족공동의 시간을 내기가 더욱 어렵다. 둘째, 경제적 제약이다. 가족여가는 복수의 여러 명이 함께하는 여가이며, 한 가정에서 비용이 지출되기 때문에 경제적 비용부담을 느낄 수 있다. 셋째, 공동의 여가를 찾기 어렵다. 가족원의 성별, 연령, 세대가 다르기 때문에 같은 취미의 공통 여가활동을 찾기가 어렵다. 넷째, 여가 관련 인프라의 제약이다. 교통체증, 여가시설의 부족, 프로그램의 미흡 등 인프라의 부족이다. 문화체육관광부(2022)의 여가생활 활성화를 위한 정책 조사결과, '다양한 여가시설'과 '질 좋은 여가프로그램 개발 및 보급'의 응답 비율이 높았다. 다섯째, 가족여가 의식의 제약이다. 여가의식이란 일상생활에서 여가에 부여하는 중요성의 정도를 의미하는 것(김외숙, 2016)으로 가족여가에 가치를 두지 않거나 외적 제약으로 인해 쉽게 포기하는 소극적인 여가의식이 가장 근본적인 제약이라고 할 수 있다.

3) 가족여가실천 기술

(1) 가족기능의 증진을 위한 의도적 여가임을 명심하자

소극적인 가족여가의식이 가장 큰 걸림돌이다. 다른 제약은 극복하고자 하는 적극적 의지와 여러 대안 전략으로 극복 가능하다. 가족구성원은 평생의 여가생활의 파트너이며, 대인적 여가자원이다. 시간적·경제적 여가제약이 있지만, 가족기능의 증진을 위해 함께 적극적인 노력을 해야 한다. 가족형성기부터 부부가 함께하는 일상적인 여가활동을 만들어야 한다. '가족의 날'을 만들어 주기적으로 가족이 함께하는 가족여가활동을 실천하는 것도 좋은 아이디어이다.

(2) 가족원의 여가스타일을 파악하자

라이프스타일처럼 가족구성원의 여가스타일이 있다. 가족의 여가스타일을 파악하기 위해서 가족구성원 각자의 여가생활에 관심을 갖고 관찰해야 한다. 그리고 전체 회의를 통해 우리 가족의 공통된 여가를 찾아보고, 서로 다르더라도 배려와 타협으로 여가활동을 선정한다. 가족이 함께할 새로운 여가활동을 만들어 보는 것도 좋다.

(3) 핵심여가와 균형여가의 조화를 이루자

사소하고 작은 재미를 느낄 줄 알아야 한다. 이벤트적인 여가를 자주 실천하기는 현실적으로 어렵다. 일상적으로 가족과 공유할 수 있는 핵심여가를 실천한다. 또한, 일상에서 벗어나 새로운 경험을 할 수 있는 균형여가를 주기적으로 실천한다. 새로운 장소에서 다양한 경험을 통해 가족의 추억을 만들고 서로에 대한 이해를 높일 수 있다.

(4) 탈소비적, 생산적 가족여가를 즐기자

상업적인 여가상품은 경제적인 비용이 따르므로 상대적 박탈감을 느끼기도 한다. 대신 지역사회의 자연환경, 공공시설물, 공공기관의 여가프로그램 등의 여가자원을 활용할 수 있다. 또한, 재미를 추구하는 오락적 여가활동도 필요하지만 가족 단위의 학습활동, 종교활동, 자원봉사와 같은 보람을 느낄 수 있는 생산적 여가활동도 실천하도록 노력한다. 나아가 우리 가족만의 여가활동이 아니라 지역사회의 공동체와 함께하는 여가활동도 좋다. 가령 지역사회의 체육대회, 바자회, 봉사활동의 참여이다. 지역사회 공동체와의 소통을 통해 가족이기주의에서 벗어날 수 있고 지역사회의 결속력을 다질 수 있다.

(5) 여가생활 통장을 만들자

가족단위의 여가활동을 실천하기 위해서는 어느 정도의 경제적 여가비용이 발생하게 된다. 여가생활도 의식주 생활만큼이나 양보할 수 없는 가족의 기본생활 영역 중 하나로 생각하고 여가비 항목을 가계재무계획에 반드시 포함해야 할 것이다. 여가생활 통장을 따로 마련하는 것도 좋은 방법이다.

(6) 가족여가달력을 만들자

가족여가와 개인적 약속이 중복될 때 가족여가를 희생시키는 경우도 많다. 가족은 어차피 같이 살기 때문에 언제라도 가능하다는 생각이 오히려 가족여가를 실천할 수 없게 하는 함정이 된다. 가족여가를 실천하기 위해서 사전에 가족 모두가 함께 구체적인 활동내용과 날짜를 정하도록 한다. 또한, 가족여가 달력 등을 활용해 가족구성원들이 계획을 잊지 않도록 공지하고 가족여가 실천 이후에는 사진이나 기록물을 정리하여 추억을 공유하도록 한다.

(7) 가족 모두가 역할분담을 하자

여가활동에도 노동이 따른다. 누군가는 여가활동을 위해 짐을 꾸려야 하고 자녀를 돌봐야 하며 가족원들의 끼니를 챙겨야 한다. 이때 평소 가사노동을 해왔던 가족원이 도맡아 하는 경우가 많다. 여가활동에서 뒤따르는 노동만큼은 특정 가족원이 계획하고 준비하는 것이 아니라 모두 함께 참여하여 각자 자신의 역할을 맡아 분담해야 한다. 평소 노동으로 느껴졌던 것도 가족원이 모두 함께 참여하여 준비하면 여가활동의 일부처럼 느낄 수 있다. 최소한 가족여가에 참여하는 동안에는 모든 가족원이 함께 즐기고, 함께 일해야 한다.

한편 모든 자유시간을 가족과 함께할 수도 없고, 그렇게 하라는 것은 아니다. 가족관계에서 '분리와 밀착'의 균형 잡기가 매우 중요한 기술이라고 하였다. 여가생활도 '따로 또 같이'가 가능한 가족이 건강한 가족이다. 즉 개인의 여가생활도 필요하므로 서로의 취향을 존중하여 각자의 여가생활을 즐길 수 있도록 배려해야 한다. 동시에 가족이 함께하는 여가활동을 통해 기쁘고 즐겁게 협력하는 보람찬 경험도 함께 나눌 수 있어야 진정한 일생활 균형이 실현될 것이다.

다음은 일(학업)과 생활의 균형에 대한 질문입니다. 항목마다 당신에게 해당하는 점수를 기재하세요. 다른 가족원 또는 연인도 응답할 수 있습니다.

항목	나	가족원
1. 일(학업)과 생활의 균형을 중요하게 생각하고 조화를 이루기 위해 노력하고 있다.		
2. 일(학업) 때문에 개인 취미생활(여가생활)을 즐기기 어렵다.		
3. 일(학업)을 마치고 집에 돌아오면 너무 피곤하여 가족과 대화할 여유가 없다.		
4. 평소에 휴식이나 수면하는 시간이 부족하다고 느낀다.		
5. 평소 내가 해야 할 역할이나 책임이 가중하여 스트레스가 높다.		

해당 점수를 바탕으로 당신(가족)의 일(학업)과 생활 균형을 위해 평소 노력하고 있는 점과 앞으로 노력해야 할 점을 정리해 보세요. 가능하다면 가족원 또는 연인과 함께 이야기 나눠보세요.

_____

_____

_____

_____

11장

소비생활과 가계재무관리

인간은 생존과 욕구충족을 위해 사망하기까지 지속적인 소비행위의 주체로서 끊임없이 소비생활을 영위한다. 60세 은퇴 후 평균수명 85세까지 부부가 함께 생활하는 데 필요한 노후자금을 월 최소생활비 200만 원으로 가정하였을 때 6억 원이 필요하다는 계산이 나온다. 그렇다면 이러한 노후생활비를 미리 준비하는 사람은 얼마나 될까? 한국 노인의 빈곤율은 2021년 기준 39.3%로 OECD 국가 중 2위이다. 현재 노인세대의 높은 빈곤율은 과거 젊은 시절 근면하지 않았기 때문이 아니다. 오히려 그들은 현재의 대한민국이 있기까지 열심히 일한 산업역군이다. 원인에는 자녀교육에 우선순위를 둔 나머지 노후준비의 미흡, 가족기능 및 부양가치관의 변화, 노인복지의 사회구조적 문제 등이 포함되어 있다.

분명한 것은 열심히 일하더라도 가족생활주기 단계를 고려하여 체계적으로 가계재무를 관리하지 못하면 비합리적인 결과를 초래할 수 있다는 것이다. 또한, 개인 및 가계는 질병, 사고, 실직 등의 예기치 못한 사건으로 인해 소득의 유입이 원활하지 않을 수 있고 언제라도 소비생활의 어려움이 닥칠 수 있다.

이 장에서는 전반적인 생애에 걸친 가계재무설계의 필요성을 살펴보고 예산수립, 저축투자, 가계지출, 가계부채의 체계적인 관리 방안을 파악해 보고자 한다.

주제어

가계재무관리, 예산수립관리, 저축투자관리, 가계지출관리, 가계부채관리

미리 생각해 보기

1. 가계재무관리의 필요성은 무엇인가요?

2. 가족생활주기 단계를 고려하여 가계재무를 관리해야 하는 이유는 무엇인가요?

1. 소비생활

현대사회에서의 소비는 단순히 개인의 욕구충족을 위한 활동에 머무르지 않는다. 소비하는 상품을 통해 자신의 정체성을 찾고 다른 사람에게 자신을 드러내며 라이프스타일을 만들어낸다. 특히 옷, 신발, 장신구 등 피복 소비는 외적으로 가장 쉽게 드러나기 때문에 의생활을 통해 소비자는 자신의 성격, 역할, 태도들을 표현하고 자신을 표출한다고 할 수 있다. 의생활의 소비생활 특징을 보면, 가성비와 가심비가 함께 존재하고 있다. 사전적으로 가성비는 가격 대비 성능을 말하며, 가심비는 가격 대비 마음의 만족을 뜻하는 주관적 및 심리적 만족이 포함되어 있다. 즉 브랜드와 상관없이 가성비를 따지고, 하이패션 대신 스트리트 패션을 즐겨 입는 모습에서 찾을 수 있다(김용섭, 2019). 또한, 패션을 다른 사람의 시선보다 '나'를 위한 소비, 내가 입었을 때 편안함을 중시하는 모습에서 엿볼 수 있다(방진실, 2019).

또 다른 특징은 명품소비로, 호황기 및 불황기의 경기변동과 관계없이 증가하고 있는 점이다. 명품소비의 심리적 동기를 살펴보면 첫째, 사회적 권위를 과시하고자 둘째, 자신이 속해 있거나 속하고 싶은 집단의 소비양식과 일치시키고 싶은 마음에 셋째, 명품을 소유한 사람들 간에 이루어지는 사회적 연결망에 들어가고 그 관계를 유지하고 싶어서이다(김외숙, 송인숙, 2018). 과거 부유층의 전유물로 여겨졌던 명품의 소비가 자산 및 소득과 관계없이 자기표현과 자기만족을 위한 수단으로 여겨지면서 소득이 적은 사람도 몇 달 치 월급을 모아 명품을 구매하는 '신소비 양극화' 현상을 보인다. 하지만 명품을 소비하는 부류와 어울리기 위해, 없지만 있는 척하기 위해, 남에게 보이기 위해 등 과시를 위한 고가의 명품소비는 결국 소득 대비 소비지출의 비중이 높아져 가계에 부담이 될 수 있다. 또한, 브랜드나 유행에 대한 지나친 의식은 진정한 자기표현이라고 할 수 없으며 자신의 개성을 약화할 수 있고 자본주의 시장에서 상대적 박탈감을 느낄 수 있다.

맞벌이 부부의 보편화로 인해 식재료 구매부터 손질과 조리의 과정을 거치던 식생활에서 탈피하여 시간절약과 가사노동의 감소가 가능한 식생활을 선택하고 있다. 즉 개인의 일상생활에서의 시간제약과 가사노동 갈등보다는 밀 키트(meal kit)의 선택으로 더욱 편안하고 여유로운 일상생활을 즐기는 것이다. 또한, 냉동상태로 파는 완제품인 냉동생지를 손쉽게 조리할 수 있는 에어프라이기와 식사 후 설거지의 노동을 대신해주는 식기세척기는 필수품목으로 자리 잡고 있다.

한편 오늘날 주생활은 '따로 또 같이'와 '스마트홈 지향성'으로 축약할 수 있다. 벽을 바라보며 가사노동을 하던 모습에서 거실을 향해 자리 잡은 주방공간과 가족과 소통을 하면서 식사를 준비할 수 있는 아일랜드 식탁은 '같이'를 가능하게 하고 있다. 또한, 홈시어터와 홈헬스케어 기구 활용, 홈카페 또는 홈바(bar) 인테리어 등으로 가족이 함께 모일 수 있는 거실공간의 활용도도 높아졌다. 반면 과거와 달리 '개인의 독립적 취향과 재충전'을 더 중시하는 경향으로 남편의 취미생활 방, 아내의 작업공간 등 각각의 독립적인 공간을 확보하는 경향이 두드러지게 나타나고 있다. 최근 디지털 기술이 발전하면서 스마트홈 지향성도 강하게 나타나고 있다.

2. 가계재무관리의 필요성

1) 재정적 안정은 건강가정의 기초

건강가정은 가족구성원의 욕구가 충족되고 인간다운 삶이 보장되는 가정이다(건강가정기본법, 2004). 물적 자원은 매일의 가족구성원의 욕구를 충족하기 위해 필요한 투입자원이다. 대한가정학회(2003)에서 합의된 건강가정의 개념은 "기본적으로 물적 토대인 가정의 경제적인 안정과 안정적인 의식주 생활을 바탕으로 하고, 가족 간에는 민주적이고 양성평등한 관계를 맺으며, 열린 대화가 가능하고 휴식과 여가를 공유할 수 있을 때, 가정 내적으로는 자녀의 성장발달을 지원하고, 합리적인 자원관리가 이루어지며 가족역할을 공유할 때, 그리고 사회적으로는 일과 가정을 조화시키면서 건강한 시민의식과 자원봉사활동 참여 등을 통해 지역사회와 연결될 때, 나아가 건강한 가정생활문화를 유지하고 창조할 때"이다(조희금 외, 2010, 재인용). 즉 가정의 경제적 안정과 안정적인 의식주생활은 건강가정의 기본 토대이며, 건강가정을 이루기 위해 물적 자원 등에 대한 합리적인 자원관리는 필수이다.

2) 자원의 희소성 대 욕구의 무한성

물적 자원의 특징은 희소성이나 이에 반해 인간의 욕구는 끝이 없다. 유한한 자원으로 가족원의 다양하고 무한한 욕구를 충족시켜야 하기 때문에 체계적 관리가 필요하고 중요해지는 것이다. 같은 자원을 투입해도 가정관리자가 관리를 어떻게 하느냐에 따라 가족원의 욕구충족도와 만족도는 다를 수 있다. 최소의 투입으로 최대의 산출을 내는 효율성이 중요하다.

3) 전 가족생활주기 만족의 극대화

인생은 하루살이가 아니므로 베짱이처럼 살 수는 없다. 가족생활주기마다 어떠한 물적 자원이 어느 정도 투입되어야 하는지 예측하고 미리 준비해야 한다. 특히 가족생활주기의 단계별 재무목표가 상이하므로 그에 따른 경제적 자원의 투입이 다르다. 결혼을 하고 자녀를 출산·양육한다는 가정하에 재무목표를 간단히 정리하면 아래의 〈표 11.1〉과 같다.

표 11.1 생애주기별 재무목표

구분	내용
미혼성인기	결혼자금 및 신혼주거자금
신혼기	출산준비, 주택마련자금 시작
자녀출산 및 양육기	출산양육자금, 유치원 교육자금, 주택마련자금
자녀 초·중·고등교육기	사교육비 등 자녀교육자금, 주택규모 확대자금, 노후자금설계 시작
자녀 대학교육기	자녀학자금, 자녀결혼자금 준비 시작, 노후자금
자녀독립, 결혼기	자녀결혼자금, 노후자금
노년기	노후자금관리

현재와 미래의 욕구충족을 위해 평생 지속해서 재무관리해야 한다. 장기적으로 가족 생활주기에 따른 소득의 흐름과 지출의 흐름이 불일치할 수 있다(그림 11-1 참조). 상대적으로 중년기가 근로 및 사업소득이 가장 많고 신혼기와 노년기는 소득수준이 지출보다 낮다. 따라서 중년기의 잉여소득을 신혼기의 융자 또는 소비자신용으로, 노년기를 위한 보험 또는 저축의 방법으로 이전시키면, 소득과 소비지출의 흐름을 완화할 수 있다(서지원, 윤정혜, 성영애, 2015).

그림 11-1 가족생애주기에 따른 소득과 소비지출의 흐름과 자원의 이전

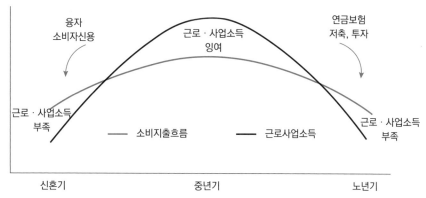

출처: 서지원, 윤정혜, 성영애(2015). 가계재무관리.

4) 가족의 예기치 못한 사건·사고에 대비

개인 및 가계는 질병, 사고, 실업, 가정의 화재 및 도난 등의 예기치 못한 위험에 노출되어 있다. 특히 가정의 수입노동을 책임지는 가족원의 예기치 못한 사고는 가족 전체에게 치명적이며, 일상적인 생활의 유지에 어려움이 따른다. 따라서 평소 생활비나 비상자금의 단기재정자원을 예비비로 마련하고 보험에 가입하여 재정적 대비를 할 필요가 있다.

5) 경제적 환경의 변화에 따른 효과적 대응

글로벌 시대는 국내의 경기뿐 아니라 전세계적 경기흐름이 직간접적으로 가정경제에 영향을 미치기도 한다. 따라서 국내외의 경기상황, 물가변동, 부동산 경기의 변화, 주가변동, 금리변동 등 경기의 흐름을 잘 파악하고, 이에 적극적으로 대응해야 재무적 손실을 최소화하거나 자산을 증대시킬 수 있다.

3. 가계재무현황

가계재무관리의 목적은 궁극적으로 가족원의 욕구충족과 만족의 극대화이다. 가계재무관리를 위해서는 먼저 재무상태를 파악한 후 목적을 달성하기 위해 소득과 지출을 합리

적으로 분배하고 소비하여야 한다.

통계청에서는 한국 가계의 자산, 부채, 소득, 지출 등의 조사를 통해 가계의 경제적 상황을 파악하고, 재무건전성 및 경제적 삶의 수준을 분석하고 있다. 통계청에서 분기별 발표하는 가계동향조사와 매년 발표하는 가계금융복지조사 결과를 토대로 가계재무현황을 살펴보고자 한다.

1) 가계소득

가계소득(household income)이란 가계의 순자산을 증가시키는 화폐가치의 총량을 의미하며, 가계의 구매력(purchasing power) 척도, 자산보유 및 가치축적의 수단이 되기도 한다(서지원 외, 2015). 가계소득은 근로소득, 사업소득, 재산소득, 공적 이전소득, 사적 이전소득의 총 합계이다. 재산소득에는 금융소득과 부동산 임대소득이 포함되고, 공적 이전소득은 공적 연금(국민연금 등), 기초연금, 국민기초생활수급 지원금, 양육수당, 장애수당, 기타 정부보조금 등이다. 사적이전소득은 현재 가구원이 아닌 다른 가구원과 주고받은 가구 간 이전소득과 비영리단체 이전소득이다. 즉 생계를 같이 하지 않는 부모, 자녀와 친지에게 정기적으로 받은 생활보조금과 민간단체로부터 받은 소득 등이 해당한다.

표 11.2 가구주의 연령대별 및 소득원천별 가구소득 평균

(단위: 만 원, %)

구분		가구 소득	근로 소득	사업 소득	재산 소득	공적 이전 소득	사적 이전 소득
전체 평균		6,762 (100.0)	4,390 (64.9)	1,206 (17.8)	436 (6.4)	625 (9.2)	106 (1.6)
가구주 연령대	39세 이하	6,590	5,220	900	135	273	60
	40~49세	8,397	6,213	1,529	281	309	66
	50~59세	8,404	5,908	1,649	447	346	54
	60세 이상	5,013	2,171	910	644	1,111	177

출처 : 통계청, 금융감독원, 한국은행(2023). 2023년 가계금융복지조사결과.

2022년 가구의 평균 소득은 6,762만 원으로 나타났고, 이 중 근로소득은 평균 4,390만

원이며, 사업소득은 1,206만 원, 공적이전소득 625만 원(9.2%)이다. 가구주의 연령대별로 가구소득을 보면, 〈표 11.2〉와 같이 40대가 8,397만 원으로 가장 많았고, 다음은 50대(8,404만 원), 30대 이하(6,590만 원), 60세 이상(5,013만 원)의 순이다. 60세 이상 가구는 근로소득이 가장 적고 공적 이전소득과 사적 이전소득의 비중이 다른 연령대에 비해 상대적으로 많다 (통계청, 2023).

참고로 소득에서 공적이전지출과 사적이전지출을 제외한 처분가능소득을 기준으로 소득을 오름차순으로 정렬하여 10%씩 10개 그룹으로 구분한 소득 10분위의 2022년 연 평균 소득기준은 다음과 같다(표 11.3 참조)

표 11.3 **10분위별 연 평균 소득**

(단위: 만 원)

분위	전체	1분위	2분위	3분위	4분위	5분위	6분위	7분위	8분위	9분위	10분위
평균소득	3,936	954	1,724	2,292	2,762	3,218	3,712	4,274	4,971	5,974	9,468

출처 : 통계청, 금융감독원, 한국은행(2023). 2023년 가계금융복지조사결과.

2) 가계지출

가계지출(household expenditure)은 소비지출과 비소비지출로 구분된다. 소비지출은 가계가 시장에서 상품을 구매하기 위해 직접 소비한 지출을 의미하며, 비소비지출은 주로 공공부문이나 사적 부문에 간접적 투자방식으로 사용되는 지출을 말한다(서지원 외, 2015). 소비지출은 가구에서 상품과 서비스를 구매하는 데 지출한 비용으로서 식료품비, 주거비, 교육비, 의료비, 교통비, 통신비, 기타지출로 분류하여 조사가 이루어지고 있고, 세금, 공적연금 및 사회보험료, 가구 간 이전지출, 비영리단체로 이전, 이자비용 등과 같은 비목이 비소비지출에 포함된다. 2022년 비소비지출은 가구평균 1,280만 원(29%)으로 공적연금 · 사회보험료 33.8%, 세금 32.5%, 이자비용 19.3%, 가구간 이전지출 11.0%, 비영리단체 이전지출 3.4%로 나타났다(통계청, 2023).

한편 2023년 3분기 가계동향조사 결과에 의하면 월평균 소비지출은 2,808천 원, 비소비지출은 1,062천 원이다. 소비지출을 비목별로 비중이 높은 순으로 살펴보면 음식 · 숙박(443천 원)이 15.8%로 가장 크고, 식료품 · 비주류음료(431천 원, 15.4%), 교통(326천 원, 11.6%), 주거 · 수도 · 광열(290천 원, 10.3%), 교육(256천 원, 9.1%), 보건(231천 원, 8.2%), 기타상품 ·

서비스(213천 원, 7.6%), 오락·문화(211천 원, 7.5%), 통신(130천 원, 4.6%), 가정용품·가사서비스(120천 원, 4.3%), 의류·신발(116천 원, 4.1%), 주류·담배(41천 원, 1.5%)이다. 전년동분기 대비 소비지출은 3.9%, 비소비지출은 4.3% 증가하였으며, 소비지출 비목 중 오락·문화(16.7%), 식료품·비주류음료(6.0%), 주거·수도·광열(7.9%), 교육(7.0%) 등의 지출이 증가했다.

3) 가계자산

가계자산(household asset)은 장기간에 걸쳐 가계가 축적하여 부를 형성하는 데 기여한 자원 총량을 의미하며, 이러한 가계자산은 경제적 가치를 지니고 있어 화폐의 형태로 전환함으로써 가계가 필요로 하는 다른 재화나 용역을 구매하는 데 직접 사용할 수 있을 뿐 아니라 투자의 목적으로 활용할 수 있다(서지원 외, 2015). 가계자산은 가구가 보유하고 있는 평균액을 나타내는 지표로써 크게 금융자산과 실물자산으로 구분할 수 있다. 금융자산의 경우 저축액과 전·월세 보증금이 포함되며, 실물자산의 경우 부동산과 기타 실물자산이 포함된다.

2023년 3월 말 기준 가구의 평균 자산은 5억 2,727만 원이며 금융자산 23.9%(1억 2,587만 원)와 실물자산 76.1%(4억 140만 원)로 구성되어 있다. 평균 부채 9,186만 원을 제외한 순자산은 4억 3,540만 원이다. 가구자산 중 실물자산인 부동산은 3억 7,677만 원으로 전체자산에서 차지하는 비중이 70%를 상회하며, 거주주택을 보유한 경우는 58.9%이다. 금융자산 중 저축액은 8,840만 원, 전·월세보증금은 3,747만 원으로 나타났다. 연령대별 가구당 자산 보유액은 50대 가구가 6억 452만 원으로 가장 많고, 그다음은 40대 가구(5억 6,122만 원), 60세 이상(5억 4,836만 원), 39세 이하(3억 3,615만 원)이었다. 한편 가구소득 증가 및 여유자금 발생 시 주된 운용 방법으로 저축과 금융자산 투자가 50.4%, 부동산 구입이 23.9%, 부채 상환이 21.6%이었으며, 금융자산 투자시 선호하는 운용방법은 예금(88.8%), 주식(8.7%), 개인연금(1.5%)이었다(통계청, 2023).

4) 가계부채

가계부채(household debt)란 가계의 차용행동의 결과에 따라 이전된 화폐의 양을 의미하고 저축과 반대되는 개념이라는 점에서 부(-)의 저축이라고도 말한다(서지원 외, 2015). 가계금융복지조사에서는 부채를 금융부채와 임대보증금으로 구분하고 있다. 금융부채에는 담보대출, 신용대출, 신용카드 관련 대출, 외상 및 할부, 기타부채가 포함되며, 임대보증금에는 거주 주택 임대와 거주 주택 이외 임대가 포함된다.

2023년 3월 말 기군 가구의 평균 부채는 9,186만 원으로 나타났고, 이 가운데 금융부채는 6,694만 원(72.9%)이며, 임대보증금은 2,492만 원(27.1%) 이었다. 연령대별 금융부채는 40대(9,531만 원)가 가장 높고, 그다음으로 39세 이하(8,510만 원), 50대(7,644만 원), 60세 이상 (3,851만 원)의 순이다(표 11.4 참조). 한편 전체 가구의 55.7%가 금융부채를 보유하고 있으며 이들의 평균 금융부채는 1억 2,010만 원이었다. 금융부채를 보유한 가구 중 7.2%는 지난 1년 중 원금상환 또는 이자지급의 납부기일을 경과한 적이 있었으며 '원리금상환이 부담스럽다'고 응답한 가구는 67.6%로 전년에 비해 3.2% 증가하였다.

표 11.4   부채유형별 가구당 보유액

(단위: 만 원, %)

구분		부채	금융 부채	담보대출	신용대출	신용카드 관련대출	기타	임대 보증금
전체 평균		9,186 (100.0)	6,694 (72.9)	5,241 (57.0)	1,001 (10.9)	63 (0.7)	389 (4.2)	2,492 (27.1)
가구주 연령대	39세 이하	9,937	8,510	6,507	1,530	34	439	1,427
	40~49세	12,531	9,531	7,267	1,574	117	572	3,001
	50~59세	10,715	7,644	5,970	1,142	86	446	3,071
	60세 이상	6,206	3,851	3,193	384	34	239	2,356

출처: 통계청, 금융감독원, 한국은행(2023). 2023년 가계금융복지조사결과.

한편 주택은 생활을 위해서 기본적으로 필요하며, 자가, 전세, 월세, 공공임대 등의 형태로 다양하다. '집'은 살아가는 장소이며 안정적인 생활의 기반을 제공하는 주요한 기능을 갖지만, 사회적 지위 과시의 도구로 여겨져 구입경쟁이 이루어지기도 한다(김외숙, 송인숙, 2018). 또한, 한국사회에서 주택은 상징적인 투자의 대상이 되고 상품화가 되었다. 집값 상승의 막연한 기대감으로, 무리하게 대출을 받아 집을 구매하기도 한다. 즉 살 집을 소유하는 것이 아니라 투자의 개념으로 구매가 이루어지는 것이다.

2000년대에 진입하여 전국적으로 과열된 부동산 시장, 높은 청약경쟁, 고공행진하는 집값으로 인해 '소유' 개념의 주택에 염증을 느끼는 사람들이 점차 증가하고 있다. 특히 이러한 경제적 부담으로 인해 연애, 결혼, 출산, 인간관계, 집마련, 꿈, 희망 등 일명 삼포, 오포, 칠포, 다포 세대라는 용어가 유행하기도 하였다. 하지만 최근 포기가 아닌 선택이라는 역발상으로 집마련 포기가 아니라 주택의 '소유'의 개념에서 벗어나 '내가 살 집'의 의미를 찾고 추구하고 있다. 공유형 개인 창고를 이용하는 비율이 점차 증가하는 추세도 집을 소유하기보다는 공간 자체를 소비하는 맥락이라고 할 수 있다. 즉 주택마련대출로 인해 매달 원금과 이자의 부담으로 실제 삶과 마음에 여유가 없는 '하우스 푸어(house poor)'가 되기보다는 자가소유는 아니지만 이에 개의치 않고 자신의 라이프스타일에 맞춘 인테리어로 편안하고 살고 싶은 공간을 만드는 주거의 소비패턴이다.

자가소유 및 부동산 투자에 편승하기보다는 자신의 경제적 상황과 라이프스타일에 맞춘 주거생활양식에 대한 고민이 필요하다. 더욱이 '집'의 의미를 투자가 아닌 주거의 본질적 의미인 안전한 안식처 제공 및 개인과 가족의 삶의 의미가 담긴 장소로 바라보는 인식의 전환이 요구된다.

4. 가계재무관리 기술

1) 예산수립관리

가계재무관리에서 가장 먼저 해야 할 일은 예산수립이다. 예산수립관리란 가정의 재정 목표를 이루기 위해 미래의 수입과 지출에 대한 예산을 수립하고 수행·통제·평가·피드백하는 일련의 과정이다.

첫째, 가계의 현재 재무상태를 파악해야 한다. 이때 자산상태표와 수지상태표 작성을 통해 살펴보면 효과적이다(표 11.5, 11.6 참조). 자산상태표란 가계가 보유하고 있는 유형 및 무형의 경제적 가치의 자산과 단기·중기·장기의 부채를 하나의 표에 각각 작성하는 것이다. 가계의 총자산액에서 총부채액을 제외한 실제 순자산액을 한눈에 알 수 있다. 또한, 자산상태표 작성을 통해 가계의 자산과 부채상태를 파악하여 우선적으로 변제해야 할 부채를 알 수 있고, 과거의 목표 달성 정도 및 미래의 목표를 위한 저축 금액 결정 등 예산수립의 기본적인 틀을 설정할 수 있다. 수지상태표란 가계의 수입과 지출을 비목별로 작성하는 표를 말하며, 실제 획득한 수입과 사용한 지출을 비교분석 할 수 있기 때문에 일정 시점 돈의 흐름을 정확히 파악할 수 있다. 즉 수지상태표를 통해 일정 기간 화폐를 어떻게 소비 했는가를 파악할 수 있다는 점에서 예산수립 시 이를 토대로 주요지출비목에 대해 우선권을 할당하거나 가족원 간의 배분을 더 균등하게 할 수 있을 뿐 아니라 낭비의 가능성을 예 방하는 데 도움이 된다(이기춘 외, 2001).

둘째, 재정목표를 수립해야 한다. 가계의 재정목표는 가족생활주기를 고려하여 구체적으로 세워야 한다. 생애주기별 개인 및 가족구성원의 인생 목표와 가치관, 재정상태 등이 상이하므로, 전체 가족구성원을 고려한 가족생활주기의 변화에 따른 재정목표를 작성해야 한다. 또한, 현실가능성과 명확성 있는 재정목표를 세워야 한다. 추상적이거나 불명확한 재정목표는 달성해야 할 세부 미션을 파악하기가 어려워진다. 시기별로는 10년 단위의 장기적 관점에서의 장기목표, 다음으로 중기, 그리고 6개월 또는 1년 단위의 단기목표를 각각 구분하여 수립한다. 그리고 무엇보다 재정목표에서 명심할 점은 자녀교육자금과 노후 생활자금은 시소 관계임을 명심해야 한다. 즉 어느 한쪽에 편중되지 않고 이 둘의 재정목 표가 적정 수준의 균형을 이룰 수 있도록 합리적으로 수립해야 할 것이다.

셋째, 가계의 재정목표를 세우고 나면 목표를 달성하기 위한 필요자금을 산정하고 필요자금을 모을 방법을 찾아야 한다. 필요자금은 장기, 중기, 단기의 순으로 산정하여 최종적으로 월 단위로 얼마의 자금이 필요한지 계산해야 한다. 만약, 필요자금이 수입과 지출의 차이보다 큰 경우 필요자금을 모으기 위해 긴요도가 낮은 지출을 최소화해야 하며, 추가로 가족원의 취업이나 부업 등을 고려한다.

넷째, 수행과정에서 지속적인 예산의 점검 및 통제가 이루어져야 한다. 월 단위로 수입과 지출 비목별로 기록하고 점검해야 한다. 또한, 연간단위 장기 예산점검의 경우 자산상태표(표 11.5 참조)와 수지상태표(표 11.6 참조)를 업데이트하면서 살펴봐야 한다. 수립한 목표를 이루기 위한 최대한의 통제와 수정이 우선되어야 하고, 최악의 상황으로는 수립한 목표를 재조정할 필요가 있다.

표 11.5   **자산상태표**

(단위: 만 원)

자산			부채		
항목		**금액**	**항목**		**금액**
현금성자산	현금		단기, 중기, 장기 부채	마이너스 통장	
	보통예금			신용카드 금액	
	CMA/MMF			할부금	
	기타현금성자산			주택담보대출	
	현금성 자산 계	만원		기타 부채	
투자자산	정기예적금		총 부채		만원
	수익증권(펀드)				
	채권				
	주식				
	기타 투자자산				
	투자자산 계	만원			
은퇴자산	일반연금 보험				
	개인 연금저축/보험				
	퇴직연금				
	기타 은퇴자산				
	은퇴자산 계	만원			
사용자산	주거용 부동산				
	임차보증금				
	기타사용자산				
	사용자산 계	만원			
총 자산		**만원**	**순 자산(총 자산 – 총 부채)**		**만원**

출처: 김태형(2015). 지금 당장 재무설계 공부하라. 저자 편집.

표 11.6   수지상태표

(단위: 만 원)

수입			지출		
항목		금액	항목		금액
고정수입	본인 근로소득		저축 및 투자	정기적금	
	배우자 근로소득			장기주택마련저축	
	이자/배당소득			개인연금/보험	
	사업소득			저축성보험	
	임대소득			변액연금/유니버셜	
	연금소득			적립식펀드	
	기타소득			기타	
	고정수입 계	만원		저축 및 투자 계	만원
비정기수입	비정기 수당		고정지출	대출상환액	
	비정기 수입 계	만원		소득세	
				세금/공과금	
				각종 관리비	
				보장성 보험료	
				기타	
				고정지출 계	만원
			변동지출	피복비	
				식비/외식비	
				교통비	
				통신비	
				교육비	
				기타	
				변동지출 계	만원
총 수입		만원	총 지출		만원

출처: 김태형(2015). 지금 당장 재무설계 공부하라. 저자 편집.

마지막으로, 평가와 피드백의 단계이다. 여기에서는 단기, 중기, 장기의 각각에 대한 달성 정도의 평가와 피드백이 체계적으로 이루어져야 한다. 즉 단기적으로는 매월 단위의 평가와 피드백이 이루어져야 하며, 연말 평가와 피드백은 다음 해의 예산수립에 반영해야 한다. 또한, 단기의 평가와 피드백은 중기와 장기에 반영되어야 한다.

2022년 사교육비 총액은 약 26조원으로 전년대비 10.8%가 증가하였다. 사교육 참여율은 78.3%이며 전년대비 2.8% 증가한 것으로 모든 학년에서 증가하였다. 학생 1인당 월평균 사교육비는 52.4만 원으로 전년대비 7.9% 증가하였다. 학교급별 학생 1인당 월평균 사교육비는 초등학생 437천 원, 중학생 575천 원, 고등학생 697천 원으로 나타났다. 한편 사교육 주당 참여시간은 7.2시간이었다.

출처: 통계청(2023). 2022년 초중고 사교육비조사 결과.

2) 저축투자관리

가계의 저축 및 투자 관리 방안은 다음과 같다.

첫째, 가족원의 현재 욕구충족을 고려하면서 재무목표에 따라서 저축투자계획을 세워야 한다. 미래의 부(富) 축적을 위해 현재의 욕구를 모두 절제하는 것은 행복한 가정생활에 어긋나는 것이다.

둘째, 안전성, 수익성, 환금성을 모두 고려하여 분산투자해야 한다. 은행저축의 경우도 상품의 종류, 예금기간, 금리 및 중도해지 시 약관 등에 대한 정보를 충분히 습득한 후에 선택해야 한다. 전국은행연합회 홈페이지(https://www.kfb.or.kr/)를 들어가서 금융상품정보를 비교하는 것도 하나의 방법이다.

셋째, 실직이나 예기치 못한 사고로 인해 소득의 유입이 원활히 이루어지지 못할 수 있다. 따라서 단기자금을 확보해 두어야 하는데, 최소한 3개월의 생활비에 해당하는 유동자산을 보유하는 것이 바람직하다. 또한, 사전에 보험에 가입할 필요가 있다.

넷째, 자녀의 교육자금과 노후자금 준비는 미리 준비해야 한다. 고령사회에서 노후자금마련은 선택이 아니라 필수가 되고 있다. 노후자금준비는 국민연금 외에 퇴직연금, 개인연금의 3층 보장으로 철저한 준비가 이루어져야 할 것이다. 국민연금은 국가에서 보장하는 기초생활보장제도로, 1층에 자리 잡고 있다. 국민연금의 경우 물가 상승률을 고려하여 연금을 받을 수 있으므로, 소득대체율이 다른 연금보다 상대적으로 높다. 2층의 퇴직연금은 근로자들의 노후 소득보장과 생활 안정을 위해 재직기간 중 사용자가 퇴직급여 지급재원을 금융회사에 적립하고, 이 재원을 사용자(기업) 또는 근로자가 운용하여 근로자 퇴직시 연금 또는 일시금으로 지급하는 제도이다. 마지막 3층은 본인이 스스로 선택하여 가입하고 지불하는 개인연금으로 연금펀드, 연금저축, 연금보험 등이 있다. 노후의 연금상품은 가입연수가 길수록 혜택이 많으므로 빨리 가입하는 것을 권장한다.

다섯째, 경기흐름을 파악하고 금융 정보에 관심을 갖고 살펴보아야 한다.

여섯째, 필요하다면 재무설계사(FP)의 도움을 받는 것도 방법이다.

3) 가계지출관리

가계의 지출관리 방안은 다음과 같다.

첫째, 가계의 소비지출행태를 파악해야 한다. 이때 가계의 고정지출과 변동지출로 구분하여 파악해야 한다. 고정지출은 대출상환액, 세금, 관리비, 보험료 등의 고정적으로 지출되는 비용으로 변동지출에 비해 비교적 예측이 가능하다. 변동지출은 식비/외식비, 주거비, 교육비, 의료비, 교통비, 통신비 등이며, 융통성과 통제성을 가지고 지출을 줄일 수 있는 항목이다. 이러한 변동지출 품목에서 절약이 가능한 것은 없는지 살펴본다.

둘째, 소비지출의 원칙을 세워야 한다. 반드시 예산계획안에서 소비할 수 있도록 해야한다. 이에 매달 충동구매와 과다구매, 낭비 등이 없는지를 점검하고, 이를 다음 달의 소비지출에 반영해야 한다. 예컨대 잦은 외식, 수도 및 전기의 과사용, 비효과적인 사교육비, 과시 및 유행추구 등의 피복비, 택시를 자주 타는 습관 및 과다한 스마트폰 요금 등은 개선해야 할 필요가 있다.

셋째, 비소비지출을 줄이기 위한 효율적인 방안을 고려해 본다. 예를 들어 비과세 혜택 금융상품 가입 등은 합법적인 절세방법이다. 또한, 소득공제 혜택을 위해 신용카드보다 현금과 체크카드 사용이 효과적이다. 이에 현금결제 시 현금영수증을 챙기며, 할부 결제 시에는 카드사마다 할부기간과 수수료율은 다르므로 체크하여 사용하는 것이 누수되는 금액들을 효과적으로 막을 수 있다.

넷째, 신용카드는 현금을 가지고 있지 않더라도, 물건을 구매하거나 현금을 조달해서 사용할 수 있는 공급원이 된다. 이러한 장점으로 인해 자칫 무계획적으로 이용하기도 한다. 하지만 신용카드의 이용금액은 다음 달에 상환해야 할 차용금액이며, 무계획적으로 사용한 금액이 과다한 부채로 연결되기도 한다.

2015년부터 일부결제금액 이월약정 제도, 즉 '리볼빙제도'가 시행되었다. 본인이 사용한 신용카드 사용대금 중 일부만을 갚은 후 나머지 결제금액이 이월되는 것으로 회전결제라고도 한다. 신용카드를 사용하는 개인의 입장에서는 연체로 적용되지 않는 이점은 있으나 이에 대한 높은 이자를 적용받게 된다. 특히, 결제금액 중 약정된 최소비율의 금액을 결제한 후 잔여결제대금은 다음 달로 이월되어 그달의 카드 사용금액과 합쳐지면 금액이 증가하게 되어 이는 악순환의 문제를 초래하기도 한다. 따라서 신용카드는 신중하고 계획적으로 사용해야 하며 매월 사용금액을 자주 확인하고 관리해야 할 것이다.

4) 가계부채관리

차용(borrowing)의 경제행위를 통해 소득을 이전시킴으로써 소득과 소비지출 간의 격차를 줄일 수 있는 장점이 있으나 차용행위를 통해 얻은 부채로 인해 부정적인 영향을 받을 수도 있다(서지원 외, 2015). 따라서 가계부채관리가 이루어져야 한다.

가계부채관리는 첫째, 개인 및 가계가 감당할 수 있는 채무상환능력과 상환계획을 고려하여 부채 상한선을 정해 놓아야 한다. 대부분 부동산으로 인해 부채가 발생하게 되는데, 무리한 부동산 구매는 과다채무로 연결되어 가계가 일상생활을 유지하는데 어려움을 줄 수 있다. 더구나 상환능력을 넘어선 대출로 인해 채무상환을 정해진 날짜에 지불하지 못할 경우, 더 많은 연체이자를 내게 된다.

둘째, 은행권의 여러 가지 대출상품의 대출조건과 상환이자를 잘 비교평가하여 선택한다. 대부업법에 의거하여 대부업체의 법정최고금리는 20%(2024년 기준)를 초과할 수 없다. 아무리 긴급하더라도 고리의 대출업체는 절대로 이용하지 않아야 한다. 금융소비자 포털 파인(https://fine.fss.or.kr)에서 등록대부업체 통합관리정보를 검색할 수 있다.

셋째, 가계부채는 부채목록을 작성하여 관리해야 한다. 부채목록에는 대출의 종류, 대출일, 대출금액, 대출금리, 월상환액, 만기일 등을 구체적으로 작성해야 한다. 이를 통해 우선적으로 변제해야 할 부채의 종류와 대출금리가 높은 부채 등 가계의 부채를 정확히 파악하여 관리한다. 월상환액과 납부기일에 대한 부채 목록을 세부적으로 작성하여 관리하는 자세가 필요하다.

넷째, 개인신용관리도 중요하다. 신용관리를 위해 정해진 기한 내에 납부할 금액을 이행하는 것이 가장 중요하다. 연체하게 되면 이자보다 더 높은 연체이자를 내는 것 외에 개인의 신용정보에 부정적인 영향을 미치게 된다. 부채상환이 어려울 때는 분할상환, 신용회복, 개인회생 등의 채무조정제도를 활용하는 것도 방법이다. 신용회복위원회(https://www.ccrs.or.kr/)에서 채무 관련 종합상담을 받을 수 있다. 또한, 서민금융콜센터 전화번호 1397 또는 전국의 서민금융통합지원센터 방문을 통해 채무조정 상담 및 지원을 받을 수 있다.

다음은 재정생활 건강성을 파악하는 질문입니다. 항목마다 당신에게 해당하는 점수를 기재하세요. 다른 가족원 또는 연인도 응답할 수 있습니다.

전혀 그렇지 않다	그렇지 않다	보통 이다	그렇다	매우 그렇다
1	2	3	4	5

항목	나	연인
1. 현재 저축을 규칙적으로 하고 있다.		
2. 재정상태를 고려하여 합리적으로 소비한다.		
3. 장기적인 안목을 가지고 예산계획을 세운다.		
4. 경제 흐름이나 금융 정보에 관심이 많다.		
5. 신뢰할만한 신용상태를 가지고 있다.		

해당 점수를 바탕으로 당신 또는 당신 커플(가족)의 재정생활에 대한 강점과 앞으로 노력해야 할 점을 정리해 보세요. 가능하다면 가족원 또는 연인과 함께 이야기 나눠보세요.

_____

_____

_____

_____

12 장

부모역할과 자녀양육

그 냥 부모가 되는 것이 아니다. 부모가 되기를 바라는 이들은 누구나 좋은 부모가 되기를 바랄 것이다. 부모님도 그랬을 것이다. 하지만 준비하지 않고 무엇이 좋은 것인지도 모르면서 본능적으로 좋은 부모가 되기는 쉽지 않다. 자칫 자신의 부모에게 받은 상처 때문에 '나는 그렇게 하지 말아야지' 하면서 극단적으로 반대의 양육방식으로 자녀에게 또 다른 상처를 주기도 한다. 또는 그렇게 싫었던 부모님의 모습을 무의식중에 답습하여 자신도 모르게 자녀에게 똑같은 방식으로 상처를 줄 수도 있다. 좋은 부모가 되고 싶다면 철저한 준비를 해야한다. 좋은 부모가 되기 위해 배우고 익히고 몸에 습관을 들이지 않으면 안 된다. 녹록지 않은 삶이 그냥 생각만으로 쉽게 좋은 부모가 될 수 없도록 한다.

한편 자녀에 대한 애정은 기본이다. 하지만 사랑만으로 자녀를 제대로 키울 수 없으며, 훈육으로 사회화시켜야 한다. 너무나 사랑스럽다고 자녀를 품 안에만 품고 살 수는 없다. 또한, 그것은 잘못된 사랑이다. 자녀가 성장하여 자립할 수 있는 능력을 키우고 사회구성원들과 조화를 이루며 살아갈 수 있도록 부모는 조력해야 한다.

따라서 부모는 자녀가 잘 성장할 수 있도록 자녀의 발달단계에 따른 적응과제를 배워야 한다. 그리고 부부는 훈육 방식에 대해 서로 의논하면서 합의된 원칙을 만들고 함께 실천해 나가야 한다.

주제어

가족친화제도, 아버지 효과, 자녀의 발달과업, 감정코치형 부모, 민주적 자녀양육방식,
캥거루 자녀와 헬리콥터 부모

미리 생각해 보기

1. 현대사회 아버지의 역할은 무엇이라고 생각하나요?

2. 자녀의 발달단계에 따른 과업은 무엇일까요?

1. 맞벌이 부부의 육아

'낳아 놓기만 하면 스스로 큰다?' 자녀는 절대 알아서 크지 않는다. 자녀양육은 육체적 피로와 시간갈등 등의 육아부담을 발생시킨다. 특히 영유아 시기의 자녀는 거의 하루 온종일 신체적·비신체적인 돌봄이 필요하다.

맞벌이 부부의 경우에는 육아기 동안 휴직이나 퇴직에 대해 미리 고민할 필요가 있다. 자녀출산 이후에도 직장생활을 계속할 계획이라면 육아는 어떻게 할 것인지 구체적으로 고민해야 한다. 부모가 직장생활을 할 동안 대신하여 자녀를 돌봐줄 친인척, 아이돌보미, 보육시설 등을 찾아보아야 할 것이다. 더불어 육아휴직이나 탄력근무 등의 직장 내 자녀양육지원 프로그램을 적극적으로 살펴보고 활용해야 한다.

여성 고용률은 지속적으로 상승하여 2022년 52.9%이다(여성가족부, 고용노동부, 2023). 하지만 여성의 생애주기 취업곡선은 전통적으로 결혼과 육아로 인해 경력단절이 이루어지는 M자형의 곡선이다(그림 12-1 참조). 상대적으로 남성의 생애주기 취업곡선은 역 U자형으로 취업률이 가장 높은 3,40대에 여성의 취업률은 하향하게 된다. 결혼과 출산연령이 점차 늦어지면서 M자형의 가운데 저점은 30대 초반에서 30대 중후반으로 이동하였다. 40대 이후 자녀가 점차 성장하면서 여성의 취업률이 상향한다. 하지만 경력단절로 인해 재취업에 어려움을 겪게 되며 비정규직의 계약직에 많이 종사하게 된다.

그림 12-1 여성의 생애주기에 따른 M자형 취업곡선

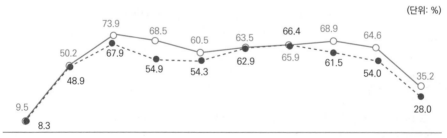

출처: 여성가족부, 고용노동부(2023). 2023년 여성경제활동백서.

2. 기업의 육아 관련 가족친화제도

오늘날 여성의 경력유지 요구는 계속 증가하고 있지만 일과 가정양립의 현실적인 어려움 속에서 혼인과 출산을 선택하지 않는 추세로 변화하고 있다. 국가는 가족친화 사회환경 조성을 위한 개인, 가족, 기업, 지역사회, 정부의 역할을 모두 강조하는 「가족친화 사회환경의 조성촉진에 관한 법률」을 2007년에 제정하였다. '가족친화 사회환경'이란 일과 가정생활을 조화롭게 병행할 수 있고, 아동양육 및 가족부양 등에 대한 책임을 사회적으로 분담할 수 있는 제반환경을 의미한다(가족친화 사회환경의 조성촉진에 관한 법률 제2조). 여기에서 기업의 역할은 남녀근로자가 일과 가정생활을 조화롭게 병행할 수 있도록 가족친화제도를 운영하고 가족친화적인 직장환경을 조성하는 것이다.

여성이 출산과 육아를 경험하면서 동시에 경력을 유지하기 위해서는 개인과 가족의 노력만으로 역부족이다. 일과 가정, 개인 생활의 균형이 가능하도록 정책적으로 지원하고 기업에서는 직원들의 일·생활균형이 가능한 직장문화를 조성해야 할 것이다(이유리, 2023). 특히 자녀출산 및 양육기의 맞벌이 부부는 일과 가정생활의 균형을 이루기 위해 기업의 가족친화제도 및 프로그램을 자원으로 인지하고 이를 적극적으로 활용하여 미래의 생활설계와 방향성을 수립하는 것이 매우 중요하다. 2024년 현재 임신출산 및 자녀양육과 관련하여 법적으로 보장하는 기업의 가족친화제도를 소개하면 다음과 같다.

1) 임산부 근로보호

임산부 근로보호는 임산부의 건강 및 근로를 보호하기 위해 법적으로 규정되어 있는 제도이다. 구체적으로 사용자는 여성근로자에게 혼인, 임신 또는 출산을 퇴직사유로 예정하는 근로계약을 체결하여서는 안 된다는 근로계약체결 시 보호(남녀고용평등과 일·가정 양립 지원에 관한 법률 제11조), 임산부 야간 및 휴일근로제한(근로기준법 제70조), 임산부 유해·위험사업 사용금지(근로기준법 제65조), 임산부 시간외 근로제한, 임산부가 요청할 경우 가벼운 업무로 전환, 임금 삭감 없이 1일 2시간 임신기 근로시간 단축, 출산 후 산전과 동등한 조건으로 직무복귀(근로기준법 제74조), 출산 후 1년 이내인 경우는 1일 2시간, 1주일 6시간, 1년 150시간의 시간외 근로제한(근로기준법 제71조) 등이다.

2) 태아검진시간 허용

근로기준법 제74조의 2와 모자보건법 제10조에 의거하여 사업주는 임신한 여성근로자가 요구할 경우 태아검진시간을 유급으로 허용해야 한다. 허용가능한 태아검진시간은 임신 7개월까지는 2개월마다 1회, 임신 8개월에서 9개월까지 1개월마다 1회, 임신 10개월 이후 2주마다 1회이다.

3) 배우자 출산휴가

남녀고용평등과 일 · 가정 양립 지원에 관한 법률 제18조의2에 의거하여 근로자의 배우자가 출산하여 90일 이내에 청구할 경우 10일 이상의 배우자 출산휴가를 유급으로 주어야 한다. 1회 분할 사용할 수 있다.

4) 출산전후 휴가

근로기준법 제74조와 남녀고용평등과 일 · 가정 양립 지원에 관한 법률 제18조에 의거하여 임신한 여성에게는 산후 45일(다태아면 60일) 이상을 포함하여 총 90일(다태아면 120일)의 산전후 보호휴가를 부여하도록 하고 있다. 출산전후 휴가기간은 근속기간에 포함되며 유급에 해당한다.

5) 부모육아휴직제도

남녀고용평등과 일 · 가정 양립 지원에 관한 법률 제19조에 의거하여 임신 중인 여성근로자이거나 남녀근로자가 만 8세 이하 또는 초등학교 2학년 이하의 자녀를 양육하기 위하여 신청할 경우 최대 1년의 휴직을 허용하도록 한다. 육아휴직기간은 근속기간에 포함되며 월 통상임금의 80%(상한 150만 원)를 지급한다. 육아휴직급여 특례에 의해 자녀 생후 18개월 이내에 부모 모두 육아휴직 사용 시, 첫 6개월은 통상임금의 100%(상한 200~450만 원)을 지급하여 부부가 6개월 동안 받는 급여 총액은 최대 3,900만 원에 이른다. 한부모에 해당하는 근로자가 육아휴직 사용 시, 첫 3개월은 통상임금 100%(상한 250만 원), 4개월 이후는 통상임금 80%(상한 150만 원)를 지급한다.

6) 육아기 근로시간 단축제도

남녀고용평등과 일·가정 양립 지원에 관한 법률 제19조의2에 의거하여 만 8세 이하 또는 초등학교 2학년 이하의 자녀를 양육하기 위하여 근로시간의 단축을 신청하는 경우에 이를 허용하여야 한다. 근로시간은 주당 15시간 이상이어야 하고 35시간을 넘어서는 아니 된다. 육아기 근로시간 단축의 기간은 1년 이내이며, 육아휴직 기간과 합하여 최대 2년을 사용할 수 있다.

7) 수유시간 보장

근로기준법 제75조에 근거하여 생후 1년 미만의 유아를 가진 여성 근로자가 청구하면 직장근무시간 중 1일 2회 각각 30분 이상 유급 수유시간을 주어야 한다. 여성 근로자는 수유시간을 통해 직장 내 수유시설이 갖춰진 휴게실을 이용하여 모유를 유축할 수 있다.

8) 직장어린이집 운영

남녀고용평등과 일·가정 양립 지원에 관한 법률 제21조와 영유아보육법 제14조에 의거하여 상시 여성근로자 300명 이상 또는 남녀근로자 500명 이상의 사업장은 직장보육시설을 설치해야 한다. 직장어린이집을 단독으로 설치할 수 없을 때는 사업주 공동으로 직장보육시설을 설치운영하거나 지역의 어린이집과 위탁계약을 맺어 근로자 자녀의 보육을 지원하여야 한다. 직장어린이집 설치의무 미이행 사업장은 매년 실태조사를 통해 그 명단을 공표하며, 두 차례의 이행명령을 내린 후 이행강제금을 부과하도록 되어 있다.

가족친화인증

여성가족부는 가족친화 사회환경의 조성촉진에 관한 법률에 따라 2008년부터 기업에 대한 가족친화제도의 실행사항을 심사하는 가족친화경영 인증심사를 통해 선정기업에게 가족친화인증 마크를 부여하고 각종 인센티브를 제공하고 있다. 관련 정보는 가족친화지원사업 사이트(https://www.ffsb.kr/)에서 확인할 수 있다.

3. 모성신화와 '아버지' 되기

우리 사회에서 모성에 대한 신화는 어머니의 자녀에 대한 무조건적인 희생을 강요하며 과도한 부담을 주기도 한다. 또한, 자녀양육의 주책임자는 어머니이며 아버지는 보조자 또는 경제적 역할만 충실하면 되는 것으로 오해하도록 만든다. 어쩌다가 함께한 식탁에서는 자녀의 잘못된 생활습관이나 학업 성적만 나무라는 권위주의적인 아버지이다. 따라서 사춘기 이후 부모자녀 간 대화가 없고, 자녀의 성장 후 아버지와의 서먹한 관계는 여전하다.

이러한 모성신화의 문제점은 부모의 역할갈등을 양산하며 아버지의 양육권을 침해한다고 할 수 있다. 나아가 오늘날 부권(父權) 상실의 결과를 초래하여 가정에서 설 자리가 없는 아버지가 많아지고 있다. 산업사회에서 합리적 분업에 의해 아버지는 경제적 역할을 담당하였지만, 현대사회에서는 부부가 함께 경제적 역할을 담당하는 경우가 많아졌다. 또한, 과거 제도적 가족의식이 팽배했던 사회에서는 권위주의적인 양육방식으로 아버지의 입지를 다질 수 있었다. 하지만 오늘날 우애적 가족의식이 높아지면서 민주적 가족관계가 중요해지고 있다. 이에 따라 아버지의 양육방식도 변화해야 하며 아버지가 몸소 양육에 참여하여야 한다. 즉 오늘날 아버지의 역할은 경제적 역할만이 아니며 자녀를 직접 돌보면서 정서를 교류하는 양육자의 역할도 함께 담당해야 한다. 아버지의 양육자 역할은 책임이 수반되는 동시에 권리라고 할 수 있다.

첫째, 남성도 아버지가 되기 위해 임신 이전, 임신 동안 아내와 함께 노력해야 한다. 우선 임신 3개월 이전부터 건강한 정자를 만들기 위해 흡연과 음주를 자제할 필요가 있다. 또한, 아버지의 태담은 음역이 낮아서 태아가 더욱 편안하게 받아들일 수 있다. 부부의 정서적 안정과 임부의 심리적 만족감은 태아의 원만한 발육에 중요한 요소이다.

둘째, 자녀와의 첫 만남부터 육아에 참여해야 한다. 이를 위해 아버지가 되기 위한 육아기술을 습득해야 한다. 여성도 처음부터 아기를 잘 돌볼 수 있는 것은 아니지만 사회문화적 영향으로 남성이 더 서툰 것이 사실이다. 자녀의 영아기부터 부부가 육아를 함께할 수 있도록 아기 옷 갈아입히기, 기저귀 갈기, 안아주기, 잠재우기 등을 배울 필요가 있다.

셋째, 아버지의 효과를 발휘해야 한다. 국내외의 많은 연구에서 아버지가 자녀의 영유아 시기에 적극적으로 상호작용을 많이 한 경우 자녀의 사회인지능력에 긍정적 효과가 증명되었다. 자녀는 보통 체력적으로 힘이 더 센 아버지에게 신체적 놀이를 기대하며, 신체적 놀이를 통한 스킨십은 자녀의 성장발육과 정서적 안정감에 긍정적인 영향을 미친다. 이를 Ross(1996)는 '아버지 효과(father effect)'라고 명명하였다(김성봉 역, 2012).

특히 오늘날 요구되고 있는 '프랜디'는 Friend(친구)와 Daddy(아빠)의 합성어로 친구같이 자녀와 놀아주는 아빠를 의미한다. 가족센터에서는 아버지와 자녀의 놀이 프로그램을 지원하는 사업도 펼치고 있다. 또한, 북유럽 아빠의 육아방식이 선풍적인 인기를 끌고 있다. 일명 '스칸디 대디'라고 불리는 이들은 가족과 저녁식사를 꼭 함께하며, 주말에는 아이들과 야외활동을 하거나 박물관이나 공연장을 가는 등 함께 체험하고 즐기려고 노력한다. 스웨덴에서 유래한 '라떼파파'는 부모공동육아를 상징한다. 물론 개인적 의지만으로 가능한 일이 아니다. 일과 가정이 양립 가능한 가족친화적 사회환경이 뒷받침되어야 할 것이다.

넷째, 아버지의 역할 상을 새롭게 정립하고 변화하고자 노력해야 한다. 상황 탓, 회사 탓, 사회 탓만 하고 있기에는 자녀들이 기다려주지 않는다. 본인, 자녀, 부부관계, 가족 전체를 위해 아버지로서의 행복한 삶을 깨닫고 그 권리를 누릴 수 있도록 적극적으로 변해야 할 때이다. 기독교단체인 두란노에서 시작한 '아버지 학교(http://www. father. or.kr/)'는 그 효과성이 점차 알려져 가족센터의 '찾아가는 아버지 교실' 프로그램이 만들어졌다. 아버지 교육 프로그램은 아버지로서의 힘든 역할을 위로하고 자신을 성찰하는 시간을 갖게 하여 행복한 가정을 위해 아버지로서, 남편으로서의 새로운 역할을 정립하게 한다.

4. 자녀의 발달과업 및 부모역할

자녀양육을 위해서는 인간의 발달단계에 따른 적응과제를 이해할 필요가 있다. 발달심리학자에 따라 단계 구분은 조금씩 다르지만 크게 영아기, 유아기, 아동기, 청소년기, 성인기로 구분한다. 시기마다 발달과업 측면에서 부모가 자녀의 성장을 위해 도와주어야 할 주요한 역할을 정리해 보면 다음과 같다.

1) 영아기 자녀

영아기(만 0~2세)는 양육자와 신뢰감 및 애착이 형성되어야 하는 시기이다. 영아는 양육자와 애착을 통해 건강한 발육에 필요한 신체적 영양과 정서적 안정을 공급받는다. 따라서 영아에게 이 시기의 애착형성은 생존을 위해 절대적인 기초가 되는 중요한 과업이다.

Bowlby(1980)의 애착이론에 따르면 태어나서 6~18개월이 중요한 애착단계이며, 이때부터 아기는 낯가림을 하고 이별에 대한 불안이 생기기 시작한다. 이 시기를 거쳐 영유아기 안정적인 애착의 결핍은 이후 아동기, 청소년기, 성인기 등 전 생애에 인지적·정서적 발달, 사회적 적응, 대인관계에 영향을 미친다. 따라서 영아기 자녀를 둔 부모의 역할은 충분하고 안정된 사랑을 주는 것이라고 할 수 있다.

특히 Hazan과 Shaver(1987, 1993)에 의하면 영아기에 부모의 양육방식에 의해 형성된 유아기 애착유형과 성인기 애착유형의 관련성이 매우 높다(그림 12-2 참조).

그림 12-2 **부모의 양육방식과 성인기 애착유형**

출처: Hazan & Shaver(1987). Romantic love conceptualized as an attachment process.

안정 애착유형(secure attachment style)은 부모가 따뜻하게 대하고 자녀의 요구에 일관되게 반응을 잘 해줄 때 형성된다. 이러한 자녀는 타인이 친밀하게 다가오는 것이나 버림받을 것에 대해서 미리 두려워하지 않기 때문에 타인에게 가까이 다가갈 수 있고 친밀한 관계를 형성할 수 있다.

불안-양가감정적 애착유형(anxious ambivalent attachment style)은 부모가 매우 다정하게 대하고 밀착하여 보살피다가도 때로는 그렇지 못하는 등 일관되지 않게 반응을 하면서 양육한 경우이다. 이러한 자녀는 타인과 완벽하게 융합하기를 원하는 경향이 있다. 즉 친밀한 관계에 집착하고 상호의존하고자 한다. 또한, 타인이 나를 사랑하지 않을까 하여 두려워하면서 타인에게 적대감을 보이기도 한다.

회피 유형(avoidant attachment style)은 부모가 냉담하고 자녀의 요구를 회피하거나 거부하는 경우이다. 이러한 자녀는 타인이 친밀하게 다가오는 것이 불편하고 타인을 믿고 의존하는 것이 두렵기 때문에 타인에게 가까이 다가가는 것이 힘들고 친밀한 관계를 형성하기 어렵다.

2) 유아기 자녀

유아기(만 3~6세)는 활동반경의 범위를 기준으로 3~4세, 5~6세로 구분해서 볼 수 있다. 3~4세는 여전히 가정이 주된 환경이다. 하지만 신체 및 근육의 발달로 움직임이 활발해지면서 안전사고에 주의해야 한다. 한편 자기중심적 사고가 급격히 발달하는 시기이기 때문에 물건에 대한 소유욕을 보이는 등의 이기적인 행동을 하게 된다. 또한, 자유자재로 말을 구사할 수 있게 되면서 자기 의사 표현을 적극적으로 하고 부모에게 반항적인 행동을 하기 시작한다. 따라서 부모는 이때부터 원칙적인 훈육을 하기 시작해야 한다. 세 살 버릇이 여든 간다!

5~6세는 유치원 등으로 생활환경이 확대되고, 또래집단과 접촉하면서 사회적 기술을 본격적으로 습득하기 시작한다. 특히 사물에 대한 호기심이 증가하면서 질문을 많이 하게 되고 본인 스스로 탐색하고 체험해 보고자 하는 욕구가 증가한다. 또한, 양심과 죄의식 등에 대한 개념이 생기기 시작하는데 Kohlberg의 도덕성 발달이론에 따르면 이 시기는 전인습적 도덕성 단계이다. 즉 사회의 규범이나 기대, 인습에 대한 이해 없이 자신이나 자신이 사랑하는 사람에게 이익이 되는지에 따라서 선악과 옳고 그름을 판단하는 시기이다. 따라서 부모가 올바른 기준을 가지고 훈육하는 것이 매우 중요한 시기이다. 이 단계를 거치면서 유아는 가족과 사회의 도덕적 규칙을 내면화하고, 내면화된 규칙에 따라 행동을 수행하게 된다(권중돈, 김동배, 2005).

훈육이란 사전적으로 자녀를 가르쳐서 기르는 것을 의미한다. 자녀를 양육하는 과정에서 안 되는 것은 안 된다고 단호하게 타이르고 주의를 주어야 할 때도 있다. 효과적인 훈육을 위한 방법을 정리하면 다음과 같다.

첫째, 부모에게 권위가 있어야 한다. 권위와 권위주의적 양육태도는 구별해야 한다. 권위는 남을 지휘하거나 통솔하여 따르게 하는 힘으로 어떤 지위, 역할을 통해 널리 인정되는 영향력이다. 권위주의는 힘에만 집착하여 상대방을 존중하지 않고 독재적으로 자신의 권력을 휘두르는 것이다. 따라서 부모의 권위주의는 안 되지만 자녀를 지도하기 위한 권위는 있어야 한다.

둘째, 일관된 훈육이 중요하다. 상황에 따라서 허용기준이 달라지거나 아버지와 어머니의 기준이 다르다면 자녀는 혼란스러워할 것이다. 나아가 비일관적인 부모의 태도에서 자녀는 자신에게 더욱 유리한 상황이 되도록 기회를 엿보고 눈치를 살피게 된다.

셋째, 자녀의 잘못한 행위는 엄하게 다루어야 하지만 인격은 여전히 존중해야 한다. 부모가 자녀를 훈육하면서 많이 저지르는 실수가 잘못된 행위만 다루지 않고 나아가 확대 평가하여 자녀의 인성을 비하하고 모욕하는 것이다.

넷째, 부모가 모범을 보여야 한다. 부모는 실천하지 않으면서 자녀에게만 원칙이라고 따를 것을 강요한다면 자녀는 억울하기도 하고 부모를 존경하지 않을 것이다. 부모가 솔선수범하는 모습을 보인다면 자녀는 자연스럽게 받아들이고 배우며 체득하게 된다.

종합적으로 유아기 자녀의 부모는 부모의 보호 아래 자녀가 주도하면서 스스로 자유로운 탐색을 하도록 이끌어 주어 자녀의 자율성과 솔선성을 길러주어야 한다. 또한, 공동체의 조화로운 삶을 위한 일관된 훈육으로 바른 품성과 도덕성을 내면화할 수 있도록 가르쳐야 한다.

3) 아동기 자녀

아동기(만 7~12세)는 초등학교에 다니는 시기로 학령기에 해당한다. 발달과업은 사회성과 근면성의 발달과 긍정적 자아개념의 형성이다. 이 시기에 사회성이 발달하지 않으면 여전히 유아기 이전에 자기중심성을 벗어나지 못해 이기적이고 고집 강한 아이가 될 수 있다. 따라서 부모는 아동기 자녀가 친구들과 어울려 사회성을 발달시킬 수 있도록 도모할 필요가 있다.

또한, 이 시기에는 근면성을 길러주어야 한다. 즉 자기가 좋아하는 놀이만 하는 것이 아니라 하기 싫어도 해야 할 일은 최선을 다하는 긍정적인 습관을 만들어 가는 것이다. 더 나아가 긍정적인 자아를 강화하는 데 주력해야 한다. 자녀의 부족한 점에 대한 부정적 평가보다는 자녀의 장점에 초점을 맞춰서 자신감을 심어주고 자존감을 높여주어야 하는 중요한 시기이다.

4) 청소년기 자녀

청소년기(만 13~18세)는 사춘기이며 질풍노도의 시기이다. 신체적·정서적 변화에 따른 자기이해와 정체감 탐색이 필요한 시기이다. 또한, 학업으로 인한 스트레스, 외모 콤플렉스, 성적 호기심, 타인 과의식, 의존과 독립의 양가적 성향으로 심리적 불안상태를 경험하게 된다.

따라서 부모는 자녀와의 개방적 의사소통을 통해 인생의 선배로서 상담자, 격려자로서의 역할을 수행해야 한다. 하지만 청소년기 자녀와 개방적 의사소통을 하기 위해서는 이전 시기에 의사소통이 원활하게 이루어져 왔어야 가능하다. 특히 이 시기에는 무조건적인 인정과 공감이 중요한 시기이다. '왜?'라고 무작정 이유를 묻게 되면 자녀는 꾸중이나 비난이라고 여길 수 있으므로 주의해야 한다.

5) 성인기 자녀

성인기 자녀(만 19세 이후)에게 가장 중요한 발달과업은 부모로부터 심리적·경제적 독립이다. 민법상 성년의 기준은 만 19세이다. 성년에게는 부모나 후견인의 보호에서 벗어나 독립적으로 법률행위를 할 수 있는 자격이 부여된다. 성인기 자녀의 부모는 자녀를 독립적인 성인으로 인정하고 자녀의 의견과 선택을 존중할 수 있어야 한다. 청소년기 이전 시기와 같이 계속 관여하려고 하면 문제를 더욱더 키울 뿐이다.

선박이 망망대해로 향하기 전에 항구에 머물러 준비를 하듯이 부모는 언제인가 떠나야 할 자녀를 진수할 준비를 하는 것이며, 준비가 다 되면 힘차게 보내주어야 한다. 준비하다가 정이 들었다고 계속 선박을 항구에 붙잡고 있는 것은 부모와 자녀 모두에게 불행한 일이다. 자녀를 떠나보낸 이후 그들이 삶의 지표를 잃지 않도록 등대역할을 하면 된다.

표 12.1 **자녀의 발달단계에 따른 주요 과업**

발달단계	해당연령	주요 과업
영아기	0~2세	양육자와의 신뢰 있고 안정된 애착 형성
유아기	3~6세	자율성, 솔선성, 도덕성의 발달
아동기	7~12세	사회성, 근면성, 긍정적 자아 형성
청소년기	13~18세	자기이해와 자아정체감 탐색
성인기	19세 이후	심리적·경제적 독립

5. 자녀양육방식

1) Gottman의 바람직한 부모유형

워싱턴 주립대학교의 심리학과 교수인 Gottman은 부모와 자녀의 상호작용에 관심을 두고 119개의 가정을 대상으로 심층 연구하면서, 5세의 자녀가 청소년이 되기까지 추적 조사하였다. 그 결과, 자녀의 감정에 대한 부모의 반응 유형을 네 가지로 구분하고 바람직한 부모유형으로 감정코치형 부모를 제시하였다(존 가트맨, 최성애, 조벽, 2011).

(1) 축소전환형

축소전환형(dismissing)의 부모는 기본적으로 감정을 좋은 감정과 나쁜 감정으로 구분하여 분노나 슬픔 등의 나쁜 감정은 쓸데없고 무시해야 하는 것으로 여긴다. 따라서 자녀의 분노나 슬픔을 인정하거나 공감하려 하지 않고, 다른 것으로 주의를 환기하거나 감정을 축소하기 위해 노력한다. 이러한 부모의 의도는 자녀의 부정적인 감정을 다른 것으로 환기하여 빨리 잊도록 하기 위함이나 부모의 바람과 달리 자녀의 부정적인 감정은 완화되지 않는다.

축소전환형 부모의 자녀도 부정적인 감정은 나쁜 것으로 생각하고 자기감정을 받아들이기보다는 감정을 전환하거나 회피하기 위해 본질적인 해결보다는 즉각적인 대안을 선택하며 불안감을 느끼게 된다.

(2) 억압형

억압형(disapproving)은 자녀의 감정을 인정하거나 공감하기보다는 부모의 기준으로 가치 판단하여 억누르는 형태이다. Olson과 Olson(2000)의 권위주의적인 양육방식과 유사하다. 보통 억압형의 부모들은 결과지향형의 가치관을 가지고 있다. 따라서 분노나 슬픔의 감정은 과업달성에 어긋나는 것이고 이러한 감정은 잘못된 것으로 생각한다. 또한, 부정적 감정은 약하거나 좋지 않은 성격에서 비롯되는 것으로 자녀에게 이러한 부정적 감정을 빨리 버리라고 질책한다.

하지만 자녀의 부정적인 감정은 전혀 완화되지 않고 무의식중에 쌓이며, 잘하는 모습과 우수한 결과만 부모에게 전달해야 하기 때문에 어떠한 실수를 하거나 학업적으로 부진할 때 자신감이 매우 부족하고 스스로도 자신을 열등하게 생각하는 자존감이 낮은 아이가 된다. 또한, 부모의 비난, 질책, 지시를 받으며 컸기 때문에 자녀 본인도 타인에게 부정적인 의사소통방식을 사용하게 된다.

(3) 자유방임형

자유방임형(laissez faire)은 Olson과 Olson(2000)의 방임적(uninvolved) 양육방식과 다르다. 자유방임형 부모는 자녀의 감정을 알아차리고 관대하게 받아주지만, 부정적인 감정을 어떻게 해소해야 할지에 대한 아무런 조처를 않는다.

따라서 자유방임형 부모의 자녀들은 자기감정대로 살아왔지만 어떻게 부정적 감정을 조절해야 하는지 배우지 못했기 때문에 혼란을 겪게 된다. 대인관계에서 자주 부딪히고 정서적으로 미숙하다.

(4) 감정코치형

감정코치형(emotion coaching)은 가장 바람직한 유형이다. 자녀의 분노나 슬픔 등의 부정적인 감정을 충분히 공감해주고 난 후에 그 감정이나 사건을 어떻게 처리해야 할지 함께 고민하고 대화함으로써 자녀가 스스로 해결방법을 생각해내고 결정하도록 도와주는 유형이다.

자녀와 교감하는 '감정코칭 5단계'중 1단계는 아이의 감정 인식하기, 2단계는 감정적 순간을 좋은 기회로 삼기, 3단계는 아이의 감정을 공감하면서 경청해 주기, 4단계는 아이가 감정을 표현하도록 도와주기, 5단계는 아이 스스로 문제를 해결할 수 있도록 하기이다. 이를 통해 자녀는 자신의 감정과 의견이 존중받고 있음을 느낌으로써 자존감과 문제해결 능력이 높아지고 동시에 현실적인 한계 및 다른 사람과 타협하는 방법을 습득하게 된다.

2) Olson과 Olson의 다섯 가지 자녀양육방식

Olson과 Olson(2000)은 Baumrind(1991, 1995)가 제시한 민주적, 권위주의적, 허용적, 거부적 방식에 방임적 방식을 추가하여 다음과 같이 다섯 가지의 자녀양육방식을 제시하였다(21세기가족문화연구소 역, 2003). 민주적 방식과 권위주의적 방식은 둘 다 부모가 자녀를 어떻게 키우겠다는 자녀에 대한 규칙과 기대 등의 양육관을 확실하게 가지고 있다. 하지만 이 두 양육방식은 자녀의 의견을 수용할 수 있는지에 차이가 있으며, 이에 따라 자녀의 행동특성은 다른 결과를 가져온다.

(1) 민주적 방식

민주적(democratic) 방식의 부모는 자녀와 의견을 나누고 수용할 줄 알며, 자녀의 상황에 따라 규칙을 융통적으로 조정할 수 있다. 〈그림 12-3〉과 같이 가족지도에서 민주적 방식은 친밀성과 유연성이 모두 균형적이다. 즉 부모와 자녀의 관계가 너무 밀착되어 있거나 분리되어 있지 않은 균형된 친밀성을 보이며 양육규칙의 유연성도 융통적으로 균형된 수준을 보인다. 자녀는 자신의 의견이 개진되는 경험을 하면서 적극적이고 우호적, 성취지향적인 성향을 나타낸다.

(2) 권위주의적 방식

권위주의적(authoritarian) 방식의 부모는 자녀의 복종을 기대하며 무조건 부모의 양육관에 따르도록 명령하고 지시하는 특징을 보인다. 〈그림 12-3〉에서 보는 바와 같이 가족지도에서 친밀성은 높지만, 유연성은 낮다. 즉 부모의 자녀에 대한 관여가 많아 관계는 너무 밀착되어 있고 양육규칙은 경직된 가족이라 할 수 있다. 따라서 자녀는 자신의 욕구를 누르고 부모가 세운 원칙에 복종해야 하므로 수동적, 비우호적이며 불행감을 느낀다. 또한, 억누르고 있는 불만을 제3의 약자에게 공격적으로 풀고 불쑥 화를 내기도 한다.

그림 12-3 가족지도에 표시된 다섯 가지 자녀양육방식

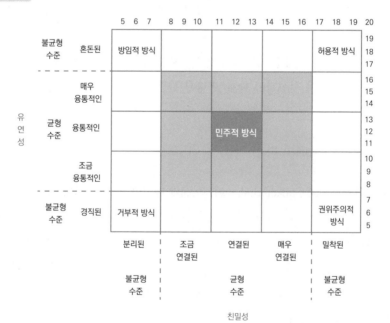

출처: Olson & Olson(2000). 21세기가족문화연구소 역(2003). 건강한 부부관계 만들기. 저자 편집.

(3) 허용적 방식

허용적(permissive) 방식의 부모는 〈그림 12-3〉에서처럼 친밀성과 유연성이 매우 높은 수준이다. 즉 부모의 양육관은 즉흥적이고 혼란스러우며 부모와 자녀의 관계는 매우 밀착되어 있다. 서로의 정서적 관여가 높을수록 상대방의 감정이 바로 전이되며 서로의 감정에 매몰되기 쉽다. 또한, 자녀에 대한 일관된 양육관이 없고 자녀가 원하는 대로 들어준다. 따라서 자녀는 별 제한 없이 자신의 요구대로 해왔기 때문에 충동적이며 성취욕구가 낮다.

(4) 거부적 방식

거부적(rejecting) 방식의 부모는 자녀의 요구에 관심이 없으며, 자녀를 싫어하고 거부한다. 유연성과 친밀성이 모두 낮은 경직되고 분리된 관계이다(그림 12-3 참조). 즉 부모의 양육관이 경직되어 있으며 자녀에 대한 정서적 관여가 매우 낮다. 따라서 자녀는 정서적으로 미숙하며 불안정하다.

(5) 방임적 방식

방임적(uninvolved) 방식의 부모는 자녀에 대한 양육관이 없고, 자녀를 돌보지 않고 방치하며 상호작용이 낮다. 〈그림 12-3〉의 가족지도에서 유연성은 매우 높고 친밀성은 매우 낮은 곳에 위치한다. 즉 부모의 양육관이 일관되지 않으며 혼돈스럽고 자녀에 대한 정서적 관여가 매우 낮다. 따라서 자녀는 내성적이고 대인관계기술이 부족해 혼자 있기를 좋아하거나 정서적 문제가 생길 수 있다.

성인이 되었음에도 부모에게 심리적, 경제적, 사회적으로 의존하는 자녀들을 일컬어 일명 '캥거루족'이라고 부른다. 그런데 이 '캥거루족' 곁에는 시도 때도 없이 이들의 곁을 맴도는 '헬리콥터 부모'가 있다. 헬리콥터 부모는 자녀가 태어나면서부터 일거수일투족 모든 것을 다 해준다. 의식주 관리는 두말할 것도 없고 봉사활동도 부모가 대신해 준다. 대학 졸업 이후에도 부모가 자녀의 취업정보를 알아보고, 지원할 회사도 정해 주며, 면접에도 동행하고, 연봉협상, 부서발령 등 자식에게 불리한 일이 생기면 회사에 따지기도 한다. 이와 같이 자녀의 장래에 걸림돌이 되는 것은 잔디깎기 기계처럼 모조리 처리해 준다고 해서 '잔디깎기 부모'라고 부르기도 한다. 결국 자녀세대는 성인이 되었음에도 자립하지 못하고 부모에게 계속 기대고, 부모세대는 노년기에도 자녀돌봄의 그늘에서 벗어날 수 없는 악순환을 겪게 되는 것이다. 부모의 자식에 대한 불안감과 잘못된 사랑이 양산해 낸 안타까운 현실이다. 자녀에 대한 참사랑의 의미를 생각해보아야 할 때이다. 당신은 어떠한 부모가 되고 싶은가?

다음은 감정코치형 부모에 대한 질문입니다. 자녀가 없는 경우에는 가족이나 연인에게 당신이 평소 어떻게 행동하는지 생각하며 항목마다 해당하는 점수를 기재하세요. 당신의 연인도 응답할 수 있습니다.

전혀 그렇지 않다	그렇지 않다	보통 이다	그렇다	매우 그렇다
1	2	3	4	5

항목	나	연인
1. 자녀(가족이나 연인)가 슬퍼하거나 울면 답답하고 짜증이 난다.		
2. 그들의 슬픈 감정에 공감해주는 것이 힘들고 시간이 아깝다.		
3. 그들의 슬픈 감정에 충분히 공감해주는 것이 도움이 되리라 생각한다.		
4. 그들이 슬퍼하는 원인을 알아내어 방안을 직접 지시하는 편이다. 또는 그들 스스로 슬픈 감정을 이겨내거나 해결책을 찾도록 내버려 둔다.		
5. 그들과 함께 고민하고 그들 스스로 방안을 찾도록 코치하는 편이다.		

해당 점수를 바탕으로 당신 또는 당신 커플의 감정코칭 자질에 대한 강점과 보완해야 할 점을 정리해 보세요. 가능하다면 연인과 함께 이야기 나눠보세요.

_____

_____

_____

13 장

노년기와 웰다잉

노년기에는 사회경제적 역할에서의 은퇴와 함께 2차적 집단과의 관계가 축소되면서 가정이 주생활 장소가 된다. 이에 노년기의 부부관계 및 부모자녀관계는 노인에게 안정감, 유대감, 소속감 등의 사회적 지지와 관계망을 제공할 수 있는 중요한 네트워크가 된다. 평균수명의 연장으로 노부부만의 생활기간이 20여 년으로 늘어 노부부의 관계 증진에 관한 관심도 증가하고 있다. 또한, 부모자녀 간의 세대차이와 부모의 의존성 증가로 성인자녀와의 갈등이 유발되기도 한다.

한편 부부가 평생을 해로하더라도 한날한시에 함께 자연사하는 것은 아니다. 누군가는 먼저 사망하게 되고 누군가는 배우자의 사별을 경험하게 된다. 사랑하는 가족을 떠나면서 편안하게 죽음을 맞이하기 위한 웰다잉(well-dying) 준비가 필요하다. 인간이라면 언젠가는 노년기를 맞이하게 된다. 노년의 문제는 바로 우리 각자의 문제임을 명심해야 할 것이다.

주제어

고령화 속도, 노인의 4대 고(苦), 빈둥우리 유형, 곡선 유형, 웰다잉(well-dying), 죽음준비교육, 호스피스

미리 생각해 보기

1. 노년기 부부관계에서 노력해야 할 것은 무엇일까요?

2. 당신이 정의하는 웰다잉(well-dying)은 무엇인가요?

1. 고령사회의 의미

1) 기대수명의 연장

통계청의 '2022년 생명표'(2023)에 따르면, 2022년 기대수명은 82.7세이고, 남성은 79.9세, 여성은 85.6세로 나타났다. 1970년과 비교해서 20.4세, 성별로는 남성의 경우 21.2세, 여성의 경우 19.8세 증가했다. OECD 국가 중 전체 평균 80.6세보다 2.1세, 남성 평균 78.0세보다 1.9세, 여성 평균 83.2세보다 2.4세 높다(그림 13-1 참조). 한편 한국 남녀 기대수명 격차는 1970년(7.1세)부터 1985년(8.6세)까지 증가하다가, 이후 감소하는 경향을 보여 현재는 5.8세 차이이다. 이처럼 남성과 여성의 획기적인 노년기의 연장으로 인해 은퇴 후 노년기 삶과 부부관계 및 부모자녀관계에 대한 관심이 높아지고 있다.

그림 13-1 OECD 주요 회원국의 기대수명 비교

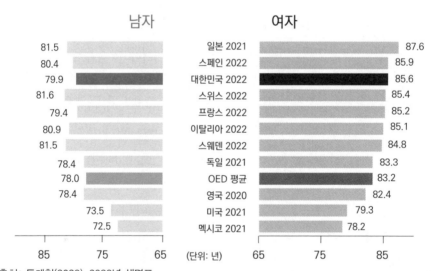

출처: 통계청(2023). 2022년 생명표.

2) 고령화 속도

전세계적으로 노인인구는 지속적으로 증가추세이다. 국제연합(UN) 기구는 전체인구에서 고령인구(65세 이상)의 비율이 7% 이상인 사회를 고령화사회(Aging Society), 14% 이상인 사회를 고령사회(aged society), 20% 이상인 사회를 초고령사회(post-aged society)로 분류하고 있다.

한국은 2000년에 고령화 사회, 2018년에 고령사회로 진입하였다. 통계청(2023)의 장래인구특별추계에 따르면, 2025년에 초고령사회에 진입하여 2036년에는 노인인구가 전체인구의 30%, 2050년 40%를 초과할 것으로 예측된다. 고령화 사회로의 진입 시기는 2000년으로 주요 선진국에 비해 늦은 편이나 고령화 속도는 현재 세계 1위로 가장 빠른 국가이다(그림 13-2 참조). 특히 서구의 경우 최소한 반세기에서 한 세기 반에 걸쳐서 일어난 인구 구조의 변화를 한국의 경우는 사반세기 만에 압축적으로 경험하면서 인구고령화에 대한 준비가 미흡한 실정이다.

그림 13-2 주요 국가별 인구고령화 속도

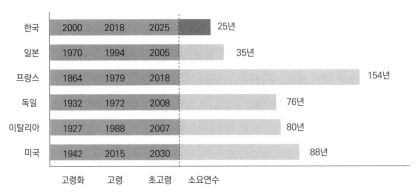

출처: 통계청, 장래인구추계; 문영지, 장수안(2023). 노후생활과 부양 문제에 관한 고령자의 견해. 저자 편집.

3) 노인부양부담지수

연령계층별 인구 변화는 총부양비의 변화를 초래한다. 15~64세에 해당하는 생산연령인구 1백 명당 부양할 노인인구는 2024년 27.4명에서 2040년 59.1명, 2026년 90.3명, 2072년 104.2명으로 증가할 전망이다(표 13.1 참조). 2070년경에는 생산연령인구 1명이 노인인구 1명을 부양해야 한다는 계산이 나온다. 이는 생산연령인구는 전체 노인부양에 대한 부담뿐 아니라 개인 스스로가 본인의 노년기를 준비하지 않으면 안 된다는 함축적 의미가 내포되어 있다.

표 13.1 **노년부양비 및 노령화지수, 2024~2072년**

(단위: 생산연령인구 1백 명당)

구분	2024	2025	2030	2040	2050	2060	2072
총부양비	42.5	43.9	50.2	72.4	92.7	104.5	118.5
노년부양비	27.4	29.3	38.0	59.1	77.3	90.3	104.2
노령화지수	181.2	199.9	312.0	442.2	504.0	636.9	726.8

출처: 통계청(2023). 장래인구특별추계: 2022~2072년. 중위추계기준.

한편, 부모부양에 대한 인식은 급격하게 변화되고 있다. 부모부양이 가족책임에서 국가 및 사회가 함께 책임져야 한다는 인식으로 바뀌고 있다. 부모부양에 대한 견해 조사에 의하면(통계청, 2022), 부모의 노후부양에 대해 '가족과 정부·사회'가 함께 돌보아야 한다는 생각이 62.1%로 가장 많았고, 다음으로 '가족'(19.7%), '부모 스스로 해결'(12.6%), '정부·사회'(5.5%)의 순이었다. 특히, 부모부양을 '가족'이 돌보아야 한다는 생각은 2012년 33.2%에서 급격하게 감소추세를 보인 데 비해 '가족과 정부·사회'가 해야 한다는 생각은 2012년 48.7%에서 계속 증가하는 추세이다.

4) 노인의 4대 고(苦)

예로부터 노인의 네 가지 고통이 있다. 이는 현대사회의 노인들에게도 예외가 아니다.

첫째, 병고(病苦)이다. 노년기 질병과 노화로 인한 신체적인 고통이다. 65세 이상 노인 중에서 84%가 한 가지 이상의 만성질환을 앓고 있는 것으로 나타나(한국보건사회연구원, 2020) 유병장수 시대라고 할 수 있다. 또한 통계청(2023)에 의하면 유병기간을 제외한 기대수명, 즉 건강수명은 2022년 65.8세(남성 65.1세, 여성 66.6세)로 죽기 전 15년 이상은 병고와 함께하는 생활이라 할 수 있다. 특히 경제적인 어려움으로 인해 제대로 치료하지 못했을 때 노년기의 병고는 더욱 가중된다.

둘째, 빈고(貧苦)이다. 경제적으로 가난해서 겪는 고통이다. 한국의 66세 이상 노인의 상대빈곤율은 2021년 기준 39.3%로 OECD 국가 중 에스토니아 다음으로 높은 비율을 차지했다(통계청, 2024). 노인 상대빈곤율은 전체 가구의 중위소득(가처분소득) 50% 이하에 해당하는 노인의 비율이다. 일반적으로 노년기는 은퇴 이후이기 때문에 기본적으로 고정적인 월소득이 없다. 노후 경제적 생활을 위해 미리 준비를 못 한다면 기본적인 의식주 생활마저하기가 어렵게 된다.

셋째, 고독고(孤獨苦)이다. 즉 외로움으로 인한 고통이다. 은퇴와 노화로 인한 인적 네트워크의 축소, 세대 간의 소원함과 단절·분리가 노인세대를 더욱 외롭게 만든다. 사회적 고립도는 연령이 증가할수록 높아져 60대 이상에서는 10명 중 4명이 고립을 느끼는 것으로 나타났다(통계청, 2022). 배우자가 없거나 홀로 사는 노인의 경우 외로움과 소외감이 훨씬 높다. 특히 독거노인의 경우 함께 사는 가족이 없기 때문에 외로움이나 우울감을 더 많이 느끼게 된다. 통계청(2023)에 의하면 65세 이상 중 독거노인의 비율은 가파르게 증가하여 2022년 20.8%를 차지하였다.

넷째, 무위고(無爲苦)이다. 할 일이 없는 적적함 때문에 느끼는 고통이다. 사회적 역할에서 은퇴하고 자녀의 독립으로 부모역할이 축소되면서 노년기에는 자유시간이 많아진다. 하루 24시간이 자유시간이라고 해도 과언이 아니다. 하지만 제한 없는 자유가 자유로 느껴지기보다는 막연한 시간이 되고 역할 없는 자유는 무료함이 된다. 따라서 은퇴 이후 새로운 역할을 찾고 여가를 선용하는 계획과 실천은 매우 중요하다.

5) 노인에 대한 인식

고령자에 대한 인식조사(한국노인인력개발원, 2017)에 의하면 '노인은 다른 사람에게 잔소리를 많이 한다'에 71.7%, '노인은 실력보다 나이, 경력, 직위 등으로 권위를 세우려 한다'에 63.7%가 그렇다고 응답하였다. 또한 청년층의 80%가 노인에 대한 부정적 편견이 있는 것으로 나타났다(국가인권위원회, 2018). 19세 이상 성인 대상의 조사에서 인권침해나 차별을 가장 많이 받는 집단은 장애인(18.9%) 다음으로 노인(10.4%)이라고 답하였다(통계청, 2023). 보건복지부가 실시한 노인실태조사에 의하면 노인은 대중교통, 식당이나 커피숍, 판매시설, 의료시설, 일터 등 사회의 다양한 상황에서 노인이기 때문에 차별당하고 무시당한 경험이 있는 것으로 나타났다(한국보건사회연구원, 2020). 특히 고령사회로 빠르게 진입하면서 젊은 세대의 노인부양부담이 늘어나고 부양의식이 변화하면서 노인에 대한 부정적 인식이 높다. 공동체를 중시하는 고령층과 개인주의를 선호하는 젊은 층의 세대 간 이해교육 및 소통의 장의 마련이 필요하다(안소영, 2020).

한편 오늘날 요구되는 노년기의 모습은 선배시민이다. 선배시민(senior citizen)이란 기존의 노인에 대한 새로운 노인의 정체성으로 늙은이나 성공한 노인과 차별화된 개념이다. 여기서 늙은이는 돌봄의 대상이며, 노령을 체념적으로 받아들이고 사회에 순응한 이미지이다. 반면 성공한 노인은 경제적으로 윤택하고 독립적이며 생산적인 노인으로서 자기개발을 위해 노력하는 존재이다. 한편 선배시민은 후배라는 존재를 전제하는 관계적 의미를 갖고 있다. 성미애, 이현숙(2019)이 제시한 선배 시민의 특징을 소개하면 다음과 같다. 첫째, 인식적으로 끊임없이 본질을 묻는 자로서 몸은 늙었지만, 인식은 젊은 사람이다. 둘째, 선배시민은 돌봄의 대상이 아닌 후배를 돌보고 공동체를 돌보는 주체이며 변화를 만드는 노인이다. 마지막으로, 선배시민은 나와 우리를 둘러싼 공동체에 대해 성찰하고 더 나은 공동체를 함께 상상하며 실천하는 존재이다.

이와 같은 노년기 선배시민이 되기 위해서는 삶에 대한 열정을 잃지 않고 항상 배우려는 자세가 중요하다. 또한, 삶의 지혜를 후배들에게 강요가 아니라 조언해줄 수 있어야 할 것이다. 평생교육 차원의 선배시민 양성프로그램과 커뮤니티 구성을 통해 학습하고 소통하며 실천하는 활동도 이루어져야 할 것이다.

2. 노년기 부부관계의 변화와 적응과제

노년기의 부부역할은 은퇴, 자녀의 독립, 성역할의 변화, 심리적·생리적 변화 등으로 인해 새로운 재적응이 요구된다. 노년기 부부관계의 변화에 부적응하다면 황혼이혼으로 이어질 가능성이 크다.

1) 은퇴와 부부관계

노년기 은퇴를 계기로 부부는 하루 24시간을 대면하게 된다. 결혼생활 동안 부부가 함께하는 시간이 가장 많이 허용되는 시기라고 할 수 있다. 은퇴자 개인적으로도 주생활 공간이 직장이 아닌 가정으로 바뀌고 하루 대부분이 의무적 시간이 아닌 자유시간으로 바뀌는 등 일상생활의 여러 변화에 적응해야 한다. 마찬가지로 은퇴자의 배우자는 예전과 달리 가정 내에서 많은 시간을 부부가 함께 있어야 하므로 이에 따른 변화에 대처해야 한다. 공유생활시간의 증가는 부부 친밀감의 증대를 가져올 수 있지만 새로운 갈등을 초래할 수도 있다.

일본은 1990년대부터 50~60대 은퇴하는 남편을 '젖은 낙엽(누레오치바)'이라 부르며 사회적으로 정년이혼이 증가하였다. 이들은 제2차 세계대전 이후 태어난 '단카이 세대(베이비붐 세대)'로 가부장적 관습에 익숙한 세대이다. 비에 젖어 바닥에 딱 달라붙어서 잘 떨어지지 않는 젖은 낙엽에 남편을 비유하며 퇴직금이 나오는 정년 이후에 위자료를 받고 이혼하는 것이다. 아내들은 남편의 은퇴 전후에 우울증과 각종 통증을 호소하는 배우자 은퇴 증후군을 앓기도 한다. 한국도 2000년대부터 '고개 숙인 남자', '삼식이'라는 용어가 유행하면서 결혼지속연수 20년 이상 부부의 황혼이혼과 졸혼이 증가하기 시작하였다.

2) 자녀의 독립과 부부관계

노년기는 가족생활주기에서 자녀가 모두 독립하고 부부 둘만 남는 '빈둥지 시기'라고도 일컫는다. 따라서 부모역할에서 부부역할로의 새로운 재적응이 요구되는 시기이다. 자녀에게 쏟았던 에너지의 방향을 자연스럽게 배우자와 자신에게로 옮겨야 한다.

자녀가 결혼하거나 분가하여 독립하였더라도 자녀에게 계속 신경을 쓰고 관여하며 독립을 받아들이지 못하는 경우를 빈둥우리 유형이라고 한다. 자녀가 떠난 빈둥우리만 쳐다보고 있는 것이다. 특히 자녀양육을 본업으로 여겨 온 어머니에게서 많이 나타난다. 빈둥우리 유형의 부모는 역할 상실감과 허무감을 느끼며 외로워한다. 또한, '자녀'라는 부부의 공동 주제는 축소되었지만 부부 서로에게 초점을 맞추지 못하기 때문에 부부관계는 더욱 소원해지게 된다. 심한 경우 계속 성인자녀에게 집착하고 어떠한 문제가 생기면 매우 크게 받아들이고 앞서 걱정을 하며 자녀를 의존하게 만들어 부모 자신의 역할을 만들려고 한다. 이러한 유형에 길들여진 자녀는 의식적이든 무의식적이든 간에 끊임없이 어떠한 문제를 발생시키고 이를 스스로 해결하지 못하여 부모에게 의존하게 된다.

이에 반해 자녀의 독립을 지지하고 인정하며, 부모 자신의 자유와 부부 상호관계를 증가시키는 유형은 곡선 유형이다. 독립한 자녀에게 직접 관여하지 않으며 자녀의 의사결정을 존중하고 신뢰한다. 그동안 자녀에게 쏟았던 에너지의 방향은 자신과 부부관계로 옮겨간다. 부모역할에서 벗어난 자유를 누리며 자신의 취미생활을 시작한다. 또한, 부부는 서로에게 친밀감을 증진시키면서 전체적인 결혼만족도는 U자형이 된다. 즉 자녀양육기에 다소 낮아졌던 결혼만족도가 노년기에 다시 상승곡선으로 올라가는 것이다. 특히 자녀양육이나 가사노동 등 가족 내 역할을 융통성 있게 분담하고 동반자적 관계를 유지했던 부부가 노년기에 결혼만족도가 높은 것으로 나타났다.

3) 성역할의 변화와 부부관계

정신분석학자인 Carl Gustav Jung에 의하면 인간은 원래 남성성(아니무스, animus)과 여성성(아니마, anima)의 원형을 모두 갖고 태어났다. 보통 중년기 이후부터 자신의 성별과 반대의 성향이 나타나며 노인이 되어서는 융화되는 경향이 있다. 이러한 성역할의 변화는 호르몬의 생리적 영향과 사회심리적 영향이 작용하게 된다. 중년기 이후 남성의 경우는 남성호르몬인 테스토스테론의 분비가 저하되고 여성의 경우는 여성호르몬인 에스트로겐의 분비가 저하된다. 또한, 남성은 그동안 자신의 정체성과 사회경제적 지위였던 직장에서 은퇴하면서 심리적·관계적 위축을 겪게 된다. 여성의 경우는 자녀양육의 부담에서 벗어나면서 자유감을 느끼며 사회적 친화력이 증가한다. 따라서 무뚝뚝하고 지배적이던 남성은 노년기에 감성적, 의존적이 되며 온순하고 우유부단하던 여성은 노년기에 활동적이고 독립적으로 된다. 따라서 노년기 부부는 서로의 성역할의 변화를 이해하고, 양성적 역할수행 및 평등한 관계를 유지하기 위해 노력해야 한다.

4) 노년기의 발달과업과 부부관계

Erikson은 전 생애 발달단계를 8단계로 구분하고 마지막 8단계인 노년기를 자아통합감 대 절망감의 시기라고 명명하고 노년기의 발달과업은 자아통합감을 이루는 것이라고 하였다. 노년기는 자연스럽게 생의 유한성을 자각하면서 자신의 인생 전반을 정리하게 되는 시기이다. 즉 자신의 과거를 되돌아보며 후회하기도 하고 스스로를 위로하기도 하면서 과거와 현재 삶의 전반적인 만족도를 재평가하게 된다. 자신의 인생을 현실 그대로 받아들이고 자아통합감을 이루기 위해서는 '현실의 나'가 자신이 '기대했던 나'에 미치지 못했더라도 긍정적으로 재해석하고 현재 노화로 인한 신체적·심리적·사회적 기능의 약화를 수용할 수 있어야 한다. 이 시기 가족관계의 조화로운 적응과 배우자 및 가족원의 정서적 지지는 인생의 마지막 단계에서 자아통합감을 갖게 하는 데 주요한 요인이 된다.

5) 성적 노화와 부부관계

중년기 후반 이후 생리적 노화와 함께 남성은 남성호르몬의 분비저하로 성충동 약화, 발기부전 등의 성기능장애가 생기고, 여성의 경우는 여성호르몬 분비저하와 폐경으로 인해 질 탄력성 저하, 성교통 등을 경험하게 된다. 하지만 노년기에도 성욕과 성적 행동은 지속한다. 미시간 대학교와 공동으로 실시한 2017년 전국건강노화에 관한 여론조사 결과(Malani 외, 2018), 65~80세 전체노인 중 76%가 현재 파트너와의 관계에서 성생활은 중요하다고 응답하였고 54%가 현재 성적 활동을 하고 있는 것으로 나타났다. 국내 65세 이상의 노인의 성생활 실태조사(이상봉, 2019)에 의하면 성생활을 유지하는 비율은 전체 평균 20.1%이었다. 노년기의 성은 소외감과 고독감을 해결함으로써 삶의 만족에 중요한 요인이 되는데, 노인의 성인식 중요도가 삶의 만족도에 긍정적 영향을 미치는 것으로 나타났다(임동호, 박경아, 2018).

노년기의 성생활에 대한 부부 상호 간의 이해와 배려부족, 사회적 편견으로 인해 노년기 부부의 성적 갈등이 야기된다고 할 수 있다. 노년기에는 부부 서로의 성적 노화를 이해하고 받아들일 필요가 있다. 나아가 솔직한 대화를 통해 노화된 성기능에 적절한 성적 보조기구나 치료를 병행할 수 있다. 더불어 젊은 시절의 육체적 쾌감에 집중하기보다는 상호 간에 정서적 교감을 나눌 수 있는 성적 적응이 요구된다.

3. 노부모와 성인자녀관계의 변화와 적응과제

1) 부모의 영향력 욕구 및 의존성 증가

윗세대인 부모세대는 아랫세대에게 지혜의 전수자가 되기를 원한다. 특히 자녀세대에게 계속 영향력을 미치고 부모로서 권위를 인정받고 싶은 욕구가 있다. 반면 노년기의 신체적, 심리적, 경제적, 사회적 기능의 약화로 인해 자녀세대에 대한 의존성은 점차 더 증가하게 된다. 자녀에게 영향력을 미치고 싶은 욕구와 의존하고 싶은 욕구가 공존하는 양가적 측면에서 갈등이 발생하게 된다.

따라서 노년기 부모세대는 성인자녀의 의견을 인정하고 존중해야 하며 자녀세대는 부모님의 조언에 지혜를 얻으려는 자세로 귀 기울일 줄 알아야 한다. 또한, 부모세대는 노년기 생활의 준비를 미리 해야 하며 성인 자녀세대는 부모에게 정서적인 관심을 갖고 지지체계를 유지해야 할 것이다. 인간에게 영유아기와 노년기는 절대적 의존기이다. 노년기의 의존은 생존을 위한 자연스러운 과정임을 깨달아야 한다.

2) 자녀세대의 부양의식 및 능력 감소

건강수명은 2022년 평균 65.8세인데(통계청, 2023), 갈수록 기대여명이 길어지면서 부양자 스트레스도 길어지고 있다. 즉 오래 살수록 병상에서 보내는 기간도 길어지기 때문이다. 부양자 스트레스는 부양으로 인한 시간제약, 피로, 근심, 우울, 건강악화 등이다. 노후 부양 책임의식은 가족책임에서 정부와 개인의 책임으로 변화하고 있다. 이에 가족의 부담을 줄여주고 요양보호가 필요한 노인의 생활자립을 지원하기 위해 2007년 노인장기요양보험법을 제정하여 2008년부터 시행하고 있다. 장기요양이 필요할 경우 등급 판정을 받아서 요양원, 재가서비스 등을 이용하는 제도이다. 노년기에 대한 건강적 · 경제적 대비와 장기요양보험제도 등의 노인복지서비스 활용을 통해 서로에게 부담을 최소화할 필요가 있다. 노부모와 성인자녀세대가 수정확대가족과 수정핵가족의 가구형태로 살면서 한 세대가 한 세대에 절대적으로 의존하기보다는 상호호혜적인 관계를 유지하는 것도 바람직하다.

3) 노부모-성인자녀 간의 세대차

한국사회는 문화적 · 경제적으로 급변하고 있으며, 부모의 첫 자녀 출생연령의 증가로 부모-자녀 간의 세대차이는 더욱 벌어지고 있다. 더구나 핵가족화가 더욱 진행되면서 노부모세대와 자녀세대가 물리적으로 함께 거주하지 않고 일상적인 소통이 부족해지면서 세대 간의 갈등은 더욱 악화된다고 할 수 있다. 따라서 노인세대와 젊은 세대가 서로의 가치관을 이해하고 열린 의사소통을 할 수 있도록 교류의 장을 마련하고 성인자녀 및 손자녀 세대와의 세대통합 교육 및 프로그램이 요구된다. 노인세대와 젊은 세대의 교류촉진을 목적으로 한 '세대 공존형 주택' 또는 '세대통합형 주택'은 한 집에 노인세대와 가족이 아닌 젊은 세대의 사람들이 함께 생활하는 주택 형태이다. 또한, 양로원과 유치원을 한 건물에 배치하고 초등학교나 유치원의 보조교사를 노인으로 활용하는 것도 세대 간 친근감과 상호이해를 높일 수 있다.

4. 홀로됨

1) 유가족의 자세

사별 이후 가족은 고인의 죽음을 인정하고 긍정적인 자세로 물리적 · 정신적 준비를 해야 한다. 모든 가족원은 한 가족원의 죽음에 의해 변화된 상황에 적응하기 위한 노력을 함께 기울여야 한다. 홍숙자(2001)가 제시한 임종가족의 자세를 기초로 하여 유가족의 자세를 정리하면 다음과 같다.

첫째, 임종을 맞이한 가족원에게 죽음에 대한 공포를 낮추고 삶을 정리할 기회를 부여해야 한다. 가족들은 임종을 맞이한 가족원이 의식이 있을 때 그의 지난 삶을 긍정적으로 재해석해 주고 지금까지의 고마움을 전한다. 또한, 임종을 맞이한 가족원의 말에 충분히 공감하고 위로해 주면서 섭섭하거나 서운한 마음을 풀 수 있도록 돕는다. 신앙을 통하여 영생에 대한 희망과 심리적 위로를 얻는 것도 바람직한 방법이다.

둘째, 유가족은 슬픈 마음을 충분히 표현하고 고인을 그리워하는 애도의 기간을 자연스럽게 거쳐야 한다. 하지만 애도의 기간을 거쳐 언젠가는 회복의 단계로 올라와 고인의 빈자리에 적응해 나가야 한다.

셋째, 고인의 빈자리로 인해 발생한 역할을 보완하기 위해 가족원의 역할을 재조정해야 한다. 또한, 경제적 역할을 담당하는 가족원의 죽음이라면 재정적 측면에 대한 대비책도 수립해야 한다.

넷째, 배우자의 사별로 인한 홀로됨에 적응해 나가야 한다. 가족 전체가 배우자의 사별로 홀로된 분을 격려하고 위로해야 한다. 배우자와 사별한 이는 새로운 취미나 역할을 시도하고 친구, 친지, 자녀와의 유대관계를 강화하여 사회적 소외를 극복해야 한다.

2) 비탄의 과정

가족원과의 사별로 인한 유가족의 비탄 과정을 정리하면(Bowlby, 1974; 정옥분, 2008) 첫째, 충격의 단계이다. 가족원의 죽음으로 격렬한 슬픔에 압도된 충격상태이다. 당황하여 넋을 잃게 되고 가슴이 먹먹하거나 메스꺼움을 느끼기도 한다. 고인의 상실에 대한 분노와 생존 시 더 잘해 주지 못한 것에 대한 죄책감을 느낀다. 둘째, 그리움의 단계이다. 고인을 다시 보고 싶고 고인에 대한 꿈을 꾸는 등의 그리움이 오래 지속된다. 고인이 살아 돌아올 수만 있다면 무엇이든 하겠다는 타협의 마음도 생긴다. 셋째, 절망의 단계이다. 고인의 죽음을 수용하지만, 고인의 빈자리로 인한 무력감, 우울증, 절망감이 밀려온다. 이 단계에서는 모든 일에 무관심해지고 냉담한 반응을 보이기도 한다. 넷째, 회복의 단계이다. 일반적으로 절망의 단계까지 1년 정도가 지나면 고인의 유품을 정리하면서 평온한 감정으로 고인을 회상할 수 있게 되고 가정이나 직장에서 예전과 같이 정상적인 생활로 회복된다.

3) 애도의식으로서의 장례

장례식은 고인과 가깝게 지내던 사람들이 모두 한자리에 모여 고인의 명복을 빌어주고, 고인의 죽음을 공식적으로 인정하는 의식이다. 또한, 장례식은 사별로 인한 슬픔을 자유롭게 표현하는 장이 되기 때문에 비탄과정을 용이하게 하는 작용을 한다. 한편 장례식이 유가족의 권력과 재력을 과시하는 장이 되어서는 안 될 것이다.

생전장례식

사망한 후에 치르는 장례가 아니라 생전에 장례식을 진행하여 자신이 직접 주변 사람들과 이별 인사를 하며 마지막을 준비하는 장례식이다. 2017년 일본의 '안자키 사토루'라는 기업 회장이 생전장례식을 개최한다는 신문광고를 게재하면서 널리 알려졌다. 이미 암 선고를 받았던 안자키 사토루는 생전에 도움을 받았던 이들에게 감사한 마음을 전하고 싶다는 뜻으로 이 같은 자리를 마련했다. 뜻깊은 행사를 한 후 약 1년 뒤 안자키 사토루는 생을 마감했다. 언젠가 다가올 죽음을 미리 준비하고 맞이한 '웰다잉'을 대표적으로 보여주는 사례이다.

출처: 헤럴드경제(2019.02.17.). [웰다잉] ① https://n.news.naver.com/article/016/0001499933

5. 웰다잉

우리 사회는 오랫동안 '죽음'이라는 화두를 금기시해 왔다. 하지만 고령화 사회에 접어들면서 잘 죽는 방법(well-dying)에 관한 관심이 늘어나고 있다. 태어나서 잘먹고 잘사는 법

(well-being) 이상으로 인생의 황혼에 이르러 아름답고 품위 있게 죽음을 맞이하는 것도 중요하게 주목받고 있다. 웰빙 전문가들은 웰다잉의 본질적인 의미는 '죽을 준비'가 아니라 '진실하고 참된 삶을 살기 위함'이라고 말한다. 웰다잉은 웰빙과 긴밀히 연관되어 있기 때문이다. 자살이라는 극단적인 죽음을 생각했던 사람들도 '죽음준비교육'을 통해 삶의 소중함을 깨닫고 돌아서게 되는 경우도 많다.

1) 웰다잉의 의의

웰다잉(well-dying)은 사전적으로 잘 죽는 것이며 품위 있는 죽음, 행복한 죽음, 건강한 죽음으로 해석된다. 웰다잉은 잘죽는 것이 잘사는 것의 완성이라는 시각에서 웰빙의 진화된 개념이라고 할 수 있다.

죽음과 생명은 다른 선상에 있는 것이 아니라 똑같이 고귀한 삶의 연장선상에 존재하는 것이다. 죽는 순간까지 죽음을 두려워하고 거부하며 아무런 준비 없이 갑자기 당하는 것이 아니라 아름답고 성숙한 죽음에 이를 수 있도록 사전에 준비하여 죽음을 맞이할 수 있어야 한다. 인간의 죽음은 자연스러운 현상이기 때문에 그 과정 자체도 자연스러워야 한다는 것이다. 따라서 웰다잉을 위해서 자신의 죽음 뒤에 남은 사람에게 어떻게 기억되고 싶은지, 후회하는 삶이 되지 않도록 죽기 전에 하고 싶었던 것은 무엇인지, 지금의 삶은 어떠한가를 고민하고 되돌아보는 과정을 거쳐야 한다. 이러한 웰다잉의 준비과정은 남은 삶의 중요성과 그 의미를 새로 발견하고 자신의 가치관을 재수립하는 계기가 되기도 한다.

2) 죽음에 대한 반응 단계

Kübler-Ross(1969)는 말기 암환자를 대상으로 연구한 결과, 죽음에 대한 반응을 다음과 같이 5단계로 구분하였다. 5단계가 반드시 연쇄적으로 발생하는 것은 아니다(김태현, 2007, 재인용).

(1) 부정과 고립단계

자신의 다가오는 죽음을 거부하고 부정하며 현실에서 스스로 고립상태에 빠지는 단계이다. 의사의 오진이라고 생각하고 다른 병원을 찾아다니기도 한다. 현실부정을 통해 자신을 보호하려는 완충작용이라고 할 수 있다.

(2) 분노단계

예정된 죽음을 이제는 부정할 수 없게 되면서 분노와 원망의 감정상태를 겪게 된다. "왜 하필 내가……"라며 주위사람에게 분노의 감정을 표현하기도 한다. 이는 자연스러운 반응이므로 환자의 이러한 분노의 감정을 표현할 수 있도록 위로하고 도와주어야 한다.

(3) 협상단계

삶을 조금이라도 연장하고자 하는 희망에서 의사나 신에게 타협하는 단계이다. 협상단계에서 환자들은 선행을 통해 삶의 연장이라는 보상을 얻을 수 있다고 믿게 되는 경향이 있다. 실제 더 살고자 하는 정신력이나 믿음은 기적을 일으키기도 한다. Philips(1992)의 연구결과에 의하면 시한부 환자들의 사망시점은 환자에게 상징적인 행사나 기간 이전보다 이후인 경우가 많았다.

(4) 우울단계

죽음을 더는 부정하지 않고 받아들이는 체념과 절망의 단계가 온다. 사랑하는 사람들과 이별해야 하고 자신의 존재가 사라진다는 상실의 슬픔으로 우울한 상태가 지속한다. 하지만 우울단계는 필요불가결한 단계이며 이 단계를 거쳐 이생을 체념하고 평온히 죽음을 맞이할 수 있다.

(5) 수용단계

우울감도 분노도 이제는 느끼지 않는 아무런 감정이 없는 상태이다. 침착하고 평온하게 죽음을 수용하는 단계이다. 그러나 모든 시한부 환자가 수용단계에 이르는 것은 아니다.

3) 죽음준비교육 프로그램

노년기에 죽음의 의미를 직시하는 것은 삶의 마지막 단계를 적절히 준비하게 한다. 또한, 죽음이 임박하여 닥쳐올 여러 가지 변화에 적극적이며 생산적으로 대처할 수 있게 되어 노인의 정신 · 심리 건강에 좋다. 따라서 죽음을 수용하고 받아들이는 것은 노년기의 성공적인 발달과업 중 하나라고 할 수 있다.

미국의 죽음준비교육은 초등학교부터 대학교까지 교과과정에 포함되어 있으며 평생교육의 차원으로 성인 후기의 개인에게까지 적극적으로 시행되고 있다. 독일이나 일본도 죽음준비교육을 오래전부터 실시했으며, 학교의 교과과정에 죽음준비교육 프로그램을 포함하고 있다. 영국에서는 전국가적으로 죽음알림주간(Dying Matters Awareness Week)이라는 행사를 매년 5월에 정기적으로 개최한다. 이때는 다양한 죽음 관련 행사가 열리고, 공공연하게 죽음에 대해 서로 이야기하고 삶과 죽음에 대한 깊이 있는 성찰이 이루어진다.

한국의 경우 2000년대 들어와 종교계에서 시작하여 사회복지시설 등에서 노인과 일반인들을 대상으로 임종체험, 인생 그래프 그리기, 사진으로 자서전 쓰기 등의 다양한 프로그램을 실시하고 있다. 구체적으로 인생 그래프 그리기는 과거, 현재, 미래의 인생 그래프 작성을 통해 연대별로 자신의 인생에 의미를 부여하며 앞으로 남은 삶은 어떻게 살 것인지에 대해 생각하게 하는 효과가 있다. 또한, 유언장 작성하기는 자기 죽음을 현실적으로 떠올리게 하는 효과가 있다. 나 자신에게 하고 싶은 말, 가족에게 하고 싶은 말, 신에게 드리고 싶은 말 등 진심을 담아 적어 본다. 버킷 리스트의 작성을 통해 죽기 전에 반드시 하고 싶은 일도 정리해 본다.

임종체험의 프로그램도 많이 이루어진다. 실제 수의를 입고 입관을 한 후 몇 분간 명상의 시간을 갖는다. 지나온 과거를 반성하고 회상하며 자신의 삶을 성찰할 기회가 된다. 더 나아가 자신의 장례방식을 고민하는 기회를 얻는다. 장례방식은 자신이 선택할 수 있는 존엄한 권리라고 할 수 있다. 장례식의 구체적인 절차나 방법, 장례식의 장소, 수의, 영정 사진, 관, 매장 또는 화장 여부 등을 고민하고 결정하는 과정을 통해 죽음에 대한 실제적인 준비가 이루어진다. 이상과 같은 죽음준비교육은 죽음의 공포와 심리적 압박감을 해방해 주는 효과가 있다.

한국보건사회연구원(2020)에서 노인(65세 이상)의 죽음 준비 실태를 조사한 결과, 수의(37.8%), 묘지(24.8%), 상조회 가입(17.0%) 등 장례 자체 준비에 비해 유서작성(4.2%), 장기기증서약(3.4%), 죽음준비교육수강(2.7%)은 미흡한 것으로 나타났다. 다만 학력이 높을수록 유서작성, 장기기증서약, 죽음준비교육수강 준비율이 높은 경향을 보였다. 노인이 생각하는 좋은 죽음(복수응답)은 가족이나 지인에게 부담을 주지 않는 죽음(90.6%), 신체적 · 정신적 고통 없는 죽음(90.5%), 스스로 정리하는 임종(89.0%), 가족과 함께 임종을 맞이하는 것(86.9%)으로 나타났다.

죽음에 대한 불안은 노인에게만 존재하는 것이 아니다. 그 때문에 전 생애에 걸쳐 죽음준비교육은 이루어져야 한다. 노인과 대학생을 대상으로 웰다잉 프로그램 효과성을 분석한 결과에 따르면(이영옥 외, 2019), 노인과 대학생 모두 유의하게 프로그램 제공 후 죽음불안이 감소하였다. 또한, 노인과 대학생 모두 프로그램 실시 후 좋은 죽음 인식도 유의하게 상승하였으며, 추후에도 모두 유의하게 유지되었다. 죽음준비도는 프로그램 실시 후 노인이 대학생보다 높아진 것으로 나타났다. 변미경 외(2017)는 노인복지관을 이용하는 65세 이상 노인들을 대상으로 8주간의 웰다잉 프로그램을 교육한 후 삶의 의미, 자기효능감 및 성공적 노화 등의 효과성을 입증하였는데, 이 연구에서 개발한 웰다잉 프로그램을 소개하면 다음의 〈표 13.2〉와 같다.

표 13.2 웰다잉 프로그램

구분	내용
1회기	'죽음준비교육의 이해' 참여자들이 죽음에 관해 관심 부족, 죽음과 삶의 의미에 대해 이해가 부족하여 공포의 죽음에 대해 생각하는 시간을 주고 죽음준비교육의 필요성 인식하도록 함
2회기	'나는 누구인가?' 에서 시작하여 살아오면서 겪었던 죽음에 대한 힘들었던 시간, 죽음불안의 행동적 표현방식, 자신의 감정과 반응, 죽음에 대한 태도와 영향요인에 대해 알고 또 다른 행복한 시간을 돌아보는 시간 갖도록 함
3회기	'나의 인생그래프' 나아가 미래 인생그래프를 설계하면서 죽음의 과정과 임종간호, 연명치료, 사전의료지시서 작성법, 임종대상자 돌봄과 연명치료의 문제점 인식하도록 함
4회기	'나의 사랑 나의 가족' 나의 존재의 의미와 나의 능력을 발휘할 수 있는 능력을 회복하여 가족과 주변 사람들에게 가치 있는 나를 만들기, 타인을 돕는 법을 알고 인식하도록 함
5회기	'나의 인간관계 알기' 건강한 이별을 위한 준비, 사별 후 경험하는 애도 과정을 알고 슬픔에 빠졌을 때 스스로 돕는 법과 다른 사람을 돕는 법을 알도록 함
6회기	'미래의 죽음준비' 상속과 유언, 장례문화와 상례, 제례의 장법에 대해 알고 자신의 장례식을 그려보도록 함. 유서쓰기와 묘비명 쓰기의 활동을 통하여 가치 있는 삶에 대해 인식하도록 함
7회기	'삶의 의미 찾기' 삶의 의미의 중요성 인식하도록 하고 자기 삶의 의미와 목표를 탐색하도록 함
8회기	'가치와 삶의 목표' 인생에 있어서 자신의 핵심가치를 탐색하여 그 가치를 바탕으로 새로운 삶의 목표를 세워보게 하였고 실천할 수 있는 의지를 갖도록 자신의 강점과 긍정에너지를 인식하게 함

출처: 변미경 외(2017). 웰다잉 프로그램이 노인의 삶의 의미, 자기효능감 및 성공적 노화에 미치는 효과.

4) 호스피스

최근 웰다잉에 대한 관심과 함께 시한부 환자들을 위한 호스피스 활동의 필요성도 고조되고 있다. 임종간호를 의미하는 호스피스(hospice)는 라틴어 'hospes'(손님을 접대하는 사람)와 'hospitum'(따뜻한 마음을 표현하고 접대하는 장소)에서 유래한 용어이다. 호스피스는 중세시대 예루살렘 성지순례자를 위해 편하게 하룻밤 쉬어갈 수 있도록 휴식처를 제공하던 것에서 유래하였다. 이러한 유래만큼이나 현대적인 호스피스는 말기 암 환자 등 회복의 가능성이 없는 환자를 대상으로 환자가 남은 생애를 고통 없이 인간답게 삶의 질을 유지하면서 생을 정리하도록 돌봄활동을 하는 것이다. 다시 말해 질병 그 자체에 초점을 두고 환자를 치료하는 것이 아니라 환자를 좀 더 편안하게 하고, 남은 날들을 좀 더 의미 있게 보낼 수 있도록 돕는 총체적인 케어 활동이다. 또한, 환자의 가족을 대상으로 준비된 이별을 통해 고통과 슬픔을 낮출 수 있도록 돕고 환자의 죽음 이후 적응을 도와주기 위한 정서적 지지와 각종 정보를 제공한다.

죽음을 수용하고 받아들이는 것은 노년기의 성공적 발달과업 중 하나이다. 하지만 웰다잉 프로그램이 노년층에게만 국한된 것은 아니다. 건전한 웰다잉 교육을 통해 죽음에 대한 비현실적인 공포감이나 환상을 줄이고 예견된 죽음에 대한 우울감을 개선할 수 있는 것은 분명하다.

죽음에 대한 막연한 두려움 때문에 죽음을 떠올리기조차 싫은 것은 아닌가? 또는 힘든 삶에 지쳐 죽음이 더 낫겠다고 쉽게 삶을 포기하고 싶은 마음이 드는 것은 아닌가? 아름다운 죽음에 대한 숙고를 통해 자기성찰과 삶의 비전을 모색해 보는 시간을 가져보기를 바란다.

"죽음을 앞둔 사람들은 한 번만 더 별을 보고 싶다고, 바다를 보고 싶다고 말한다. 삶의 마지막 순간에 바다와 하늘과 별 또는 사랑하는 사람들을 한 번만 더 볼 수 있게 해달라고 기도하지 말라. 지금 그들을 보러 가라. 마지막 순간에 간절히 원하게 될 것, 그것을 지금 하라."

— 엘리자베스 퀴블러 로스, 데이비드 케슬러, 류시화 역, 2006 —

워크시트 13

다음은 노년기(은퇴 이후) 준비 정도를 파악하기 위한 질문입니다. 항목마다 당신 또는 당신의 부모님에게 해당하는 점수를 기재하세요. 당신의 부모님도 응답할 수 있습니다.

항목	나	부모님
1. 나는(부모님은) 경제적인 노후준비를 하고 있다.		
2. 나의(부모님의) 대인관계(부부관계)는 원만하다.		
3. 나는(부모님은) 스스로(자녀가) 자립하도록 격려한다.		
4. 나는(부모님은) 은퇴 이후 여가시간에 대한 계획이 있다.		
5. 나는(부모님은) 평소 건강관리를 위해 노력한다.		

　　해당 점수를 바탕으로 당신 또는 부모님의 은퇴준비에 대해 평소 노력하고 있는 점과 앞으로 노력해야 할 점을 정리해 보세요. 가능하다면 부모님과 함께 이야기 나눠보세요.

_____

_____

_____

_____

참고문헌

가정폭력방지 및 피해자보호 등에 관한 법률.

가정폭력범죄의 처벌 등에 관한 특례법.

가족관계의 등록 등에 관한 법률.

가족친화 사회환경의 조성촉진에 관한 법률.

가족친화지원사업 홈페이지. (https://www.ffsb.kr/)

강동우 성의학클리닉연구소. (http://www.sex-med.co.kr)

강은송(2020). 이혼해도 괜찮아 졸혼해도 괜찮아 - 이대로 괴로울지, 버리고 행복할지 선택하라. 라온북.

건강가정기본법.

건강보험심사평가원(2023). 불임 및 난임 시술 진료현황 분석.

경찰청 교제폭력 통계자료. (https://www.police.go.kr/www/open/publice/publice0210.jsp)

경찰청브리핑(2017.03.03.). 데이트폭력 피해자 보호를 위한 현장대응 강화 추진.

경향신문(2017.05.22.). '말동무'에서 '간병'까지… 고령사회 반려로봇. (http://news.khan.co.kr/kh_news/khan_art_view.html?art_id=201705221656002#csidxa7ff9d0be5ddade901d7f45859cb112)

구미향(2006). 공개입양 가정의 부모가 경험하는 갈등의 유형과 특성. 아동학회지, 27(3), pp.117~133.

구미향(2008). 입양가정의 스트레스와 적응: 한국과 호주의 공개입양가정을 중심으로. 아동학회지, 29(6), pp.105~119.

국가인권위원회(2018). 노인인권종합보고서.

국립특수교육원(2009). 특수교육학 용어사전. 하우.

권중돈, 김동배(2005). 인간행동과 사회환경. 학지사.

근로기준법.

금융소비자정보포털 FINE. (http://fine.fss.or.kr)

김나비, 유영주(1999). 기혼 취업여성의 결혼생활 공평성 인지도와 결혼만족도와의

관계연구: 학동기 자녀를 둔 취업주부를 중심으로. 한국가족관계학회지, 4(2), pp.81~106.

김남진, 김영희(2010). 기혼남녀의 자아분화에 따른 부부갈등과 결혼만족도 및 안정성. 한국가족관계학회지, 15(1), pp.197~225.

김명자, 계선자, 강기정, 김연화, 박미금, 박수선, 송말희, 유지선, 이미선(2009). 아는 만큼 행복한 결혼 건강한 가족. 양서원.

김선희(2013). 기혼남녀의 자아분화와 삶의 만족 간의 관계: 가족기능과 사회적 지지의 매개효과. 한국가족관계학회지, 18(3), pp.25~44.

김성은, 박은민(2018). 교육기관 직장인의 자아분화와 적극적 스트레스 대처방식의 관계에서 사회적 지지의 매개효과. 복지상담교육연구, 7(2), pp.77~98.

김슬기, 최형재(2020). 자녀의 분거가 부모 - 자녀 간 관계만족도에 미치는 영향. 한국가족관계학회지, 24(4), pp.199~229.

김외숙(2016). 여가관리. 한국방송통신대학교 출판부.

김외숙, 박은정(2018). 한부모가족의 시간사용과 시간부족감의 성차 분석. 한국가족자원경영학회지, 22(3), pp.1~19.

김외숙, 송인숙(2018). 소비자와 소비생활. 한국방송통신대학교 출판부.

김외숙, 이기영(2015). 가사노동과 시간관리. 한국방송통신대학교 출판부.

김외숙, 이기영(2015). 가족자원관리학. 한국방송통신대학교 출판부.

김용섭(2017). 라이프트렌드 2018: 아주 멋진 가짜. 부키.

김용섭(2018). 라이프트렌드 2019: 젠더뉴트럴. 부키.

김용섭(2019). 라이프트렌드 2020: 느슨한 연대 Weak Ties. 부키.

김용섭(2019). 요즘 애들, 요즘 어른들. 21세기북스.

김은정, 백혜정(2007). 이혼으로 인한 가족상실, 경제소득 및 양육행동의 변화가 자녀의 자아존중감에 미치는 영향에 관한 연구. 가족과 문화, 19(3), pp.79~103.

김정미, 양성은(2013). 자발적 무자녀가족의 선택 동기와 사회적 인식에 대한 질적 연구. 한국가정관리학회지, 31(5), pp.79~95.

김정옥, 박귀영, 유가효, 전귀연, 홍계옥, 홍상욱(2012). 가족관계. 양서원.

김주엽, 박상언, 지혜정(2011). 일 - 생활 균형(Work - Life Balance)과 직무만 족 및 이직의도 간의 관계에 관한 실증연구. 인적자원개발연구, 14(1), pp.1~29.

김중술(2013). 사랑의 의미. 서울대학교 출판문화부.

김지경, 정연순, 이계백(2015). 20대 청년, 후기 청소년 정책 중장기 발전전략 연구: 4

년제 일반대학 재학 및 졸업자를 중심으로. 한국청소년정책연구원.

김춘경, 이수연, 이윤주, 정종진, 최웅용(2016). 상담학 사전. 학지사.

김태형(2011). 지금 당장 재무설계 공부하라. 한빛비즈.

김태현(2007). 노년학. 교문사.

김향은(2006). 입양가족의 적응과정에 관한 종단연구를 위한 기초연구: 공개입양 가정의
　　입양 현황과 자조집단 참여 경험을 중심으로. 인간발달연구, 13(1), pp.61~80.

김현철(2001). 노인의 성생활인식도에 영향을 미치는 요인에 관한 연구. 동아대학교
　　박사학위논문.

김혜경, 강이수, 김현미, 김혜영, 박언주, 박혜경, 손승영, 신경아, 은기수, 이선이, 이여
　　봉, 함인희, 황정미(2014). 가족과 친밀성의 사회학. 다산출판사.

김혜선, 박희성(2001). 델파이조사를 이용한 결혼준비진단에 관한 기초연구, 대한가
　　정학회지, 39(7), pp.125~144.

김혜선, 신수아(2002). 결혼준비도 척도 개발 연구 – 기혼 남녀를 중심으로, 대한가정
　　학회지, 40(3), pp.41~53.

김효숙, 이인수(2015). 결혼생활에서의 섹스리스 경험에 관한 연구. 한국가족치료학
　　회지, 23(3), pp.579~604.

김효순(2007). 재혼가족 청소년자녀의 적응과정에 대한 탐색적 연구. 인간발달연구,
　　14(4), pp.65~86.

김효순(2016). 재혼가족 관계향상을 위한 프로그램 효과: 청소년기 자녀를 둔 재혼자
　　를 중심으로. 보건사회연구, 36(3), pp.239~269.

남녀고용평등과 일·가정 양립 지원에 관한 법률.

남상인(2003). 청소년의 자아분화와 자아존중감의 관계. 순천향 인문과학논총, 12,
　　pp.77~91.

남순현(2009). 기혼여성의 성과 심리적 행복감 간의 관계: 성교부부 기혼여성과 비성
　　교부부 기혼여성 비교. 한국가족치료학회지, 17(1), pp.187~207.

남영옥(2010). 이혼가정 자녀와 양부모가정 자녀의 학교적응 비교 연구. 한국청소년
　　연구, 21(3), pp.219~243.

남영주, 옥선화, 김지애(2006). 삼, 사십대 기혼남녀의 성적 의사소통과 결혼의 질. 대
　　한가정학회지, 44(2), pp.113~126.

노인보호전문기관. (http://noinboho.or.kr)

노인복지법.

노인장기요양보험법.

농림축산식품부(2023). 2022년 동물보호에 대한 국민의식조사 결과 발표.

대한가정학회, 건강가정육성기본법추진위원회(2003). 건강가정육성기본법 제정을 위한 Workshop 자료집.

대한민국법원. (https://www.scourt.go.kr/)

대한법률구조공단. (https://www.klac.or.kr/)

더유니브(2018.08.21.). 집밥 먹으며 함께 소통하는 소셜다이닝 공간 5곳. (https://post.naver.com/viewer/postView.naver?volumeNo=16547335&memberNo=34545175)

동아일보(2016.04.15.). 스몰웨딩이 더 이상 '작은 결혼식'이 아닌 이유. (https://www.donga.com/news/article/all/20160415/77605261/2)

두란노아버지학교. (http://www.father.or.kr)

듀오휴먼라이프연구소. (https://www.duo.co.kr/html/duostory/humanlife.asp)

듀오휴먼라이프연구소(2023). 2023 결혼비용 실태 보고서. (https://m.duo.co.kr/duostory/humanlife_view.asp?idx=1733)

듀오휴먼라이프연구소(2023). 2023 이상적 배우자상. (https://m.duo.co.kr/duostory/humanlife_view.asp?idx=1738)

듀오휴먼라이프연구소(2024). 2024 혼인 이혼인식 보고서. (https://m.duo.co.kr/duostory/humanlife_view.asp?idx=1740)

마포구 가족센터. (https://mapo.familynet.or.kr)

머니투데이(2020. 01. 21). 가사노동하는 여성… 연 10조 8000억 달러 못받고 '공짜'로 일했다. (https://news.mt.co.kr/mtview.php?no=2020012015144514885)

문숙재(1988). 가정생산. 신광출판사.

문영지, 장수안(2023). 노후생활과 부양 문제에 관한 고령자의 견해. KOSTAT 통계플러스 2023년 여름호 이슈분석, pp.18~37.

문현숙, 김득성(2000). 이혼 후 적응과정에 관한 사례연구. 대한가정학회지, 38(3), pp.99~120.

문화체육관광부(2022). 2022 국민여가활동조사.

문화체육관광부, 농촌진흥원, 한국펫사료협회(2019). 2018년 반려동물 보유 현황 및 국민인식조사보고서.

박미정(2009). 국내 공개입양의 입양아동의 양육행동과 입양모-자녀 간 의사소통을 중심으로. 사회복지연구, 40(3), pp.69~98.

박세진(2017). 20~30대 1인 가구에 대한 비판적 담론 분석. 서강대학교 석사학위논문.

박영호, 신동면(2017). 예비입양부모의 입양 태도 및 동기와 입양사례 경험에 관한 탐색적 연구. 한국사회정책 제24권 3호, pp.55~84.

박정열, 손영미(2014). 여성 근로자의 일과 삶의 균형 유형화: 전일제 여성 임금근로자를 중심으로. 한국가족자원경영학회지, 18(2), pp.75~102.

박종서 · 임지영 · 김은정 · 변수정 · 이소영 · 장인수 · 조성호 · 최선영 · 이혜정 · 송지은 (2021). 2021년도 가족과 출산조사. 한국보건사회연구원.

방진실(2019). 지금의 나를 위해 YOLO 하자! 밀레니얼 세대의 소비성향. (https://blog.naver.com/hi_nso/221505393931)

배옥현, 홍상욱(2008). 대학생의 자아분화 정도가 스트레스 수준 및 대처방식에 미치는 영향에 관한 연구. 한국생활과학회지, 17(2), pp.27~34.

변금령, 이영호(2012). 기혼남녀의 성 의사소통 유형이 성생활의 질 및 사랑 요소에 미치는 영향. 한국심리학회지: 여성, 17(4), pp.623~652.

변미경, 한혜진, 박선정, 최은영(2017). 웰다잉 프로그램이 노인의 삶의 의미, 자기효능감 및 성공적 노화에 미치는 효과. 한국산학기술학회논문지, 18(1), pp.413~422.

보건복지부. 국내·외 입양통계. (https://www.mohw.go.kr/menu.es?mid=a10711030500)

보건복지부(2023). 2022년 아동학대 주요통계.

서경현(2009). 이성관계에서 행해지는 데이트 폭력에 관한 연구의 개관. 한국심리학회지: 건강. 14(4), pp.699~727.

서지원, 윤정혜, 성영애(2015). 가계재무관리. 한국방송통신대학교 출판부.

성미애, 이강이, 정현심(2019). 인간발달. 한국방송통신대학교 출판부.

성미애, 이현숙(2019). 노인복지론. 한국방송통신대학교 출판부.

성미애, 최여진(2015). 학령기 자녀와 함께 사는 분거 가족 기혼여성의 스트레스 관련 변인고찰. 가족과 문화, 27(4), pp.89~111.

스기야마 유미코 저, 장은주 역(2017). 졸혼시대: 낡은 결혼을 졸업할 시간. 더퀘스트.

스토킹범죄의 처벌 등에 관한 법률.

신용회복위원회. (https://www.ccrs.or.kr/)

아누파르타넨 지음, 노태복역(2017). 우리는 미래에 조금 먼저 도착했습니다. 원더박스.

아동권리보장원 홈페이지. (http://www.ncrc.or.kr)

아동권리보장원 입양특례법상 예비입양부모교육 안내. (https://www.kadoption. or.kr/adoptedu/adopteduinto.jsp)

아동보호전문기관. (https://www.korea1391.go.kr)

아동학대범죄의 처벌 등에 관한 특례법.

안소영(2020). 고령사회의 노인혐오. 보험연구원 고령화리뷰 제35호, pp30~32.

안현숙, 변상해(2012). 배우자 직업유무가 부부공평성, 부부갈등대처방식, 의사소통 기술, 결혼만족도의 관계에 미치는 영향: 한국인부부와 국제결혼부부의 비교. 벤처 창업연구, 7(2), pp.215~225.

안혜림(2011). 대학생의 자아분화수준에 따른 이성교제 시 갈등해결전략. 한국부모교 육학회, 8(1), pp.87~114.

앤소니 기든스, 황정미, 배은경 역(2001). 현대사회의 성·사랑·에로티시즘. 새물결.

엘리자베트 벡 게른스하임, 박은주 역(2005). 가족 이후에 무엇이 오는가?. 새물결.

엘페이 엘포인트(2020.03.05.). 연애는 필수, 결혼은 선택! 결혼식 말고 비혼식! (https://blog.naver.com/lpoint_korea/221838300912)

여성가족부(2018). 가정폭력 예방교육: NO MORE! 가정폭력!

여성가족부(2021). 다양한 가족에 대한 국민인식조사.

여성가족부, 고용노동부(2023). 2023년 여성경제활동백서.

여성긴급전화. (https://www.women1366.kr)

영유아보육법.

오종현(2016). 원가족 경험과 결혼만족 관계에 미치는 자기분화와 자아존중감의 매개 효과. 인문사회 21, 7(2), pp.509~532.

유민상, 신동훈, 신영규, 박미희(2022). 청년 사회 첫 출발 실태 및 정책방안 연구 II : 성인이행기 청년의 자립. 한국청소년정책연구원.

유영주(2017). 새로운 가족학. 신정.

유영주(2004). 한국 건강가정의 의미와 방향 모색. 한국건강가족실천운동본부 UN 세 계가정의 해 10주년 기념 심포지엄 자료집.

유영주, 김순옥, 김경신(2009). 가족관계학. 교문사.

유재인, 김현주(2014). 섹스리스 부부의 결혼유지 과정: 중년 기혼 여성을 중심으로. 한국가족관계학회지, 19(3), pp.67~90.

이경옥, 김영희(2003). 기혼여성의 성과 결혼만족도. 대한가정학회지, 41(7), pp.39~58.

이경희(2010). 아동발달과 부모교육. 교문사.

이기숙, 김득성, 공미혜, 김은경, 전영주(2009). 결혼의 기술. 신정.

이기춘, 박명희, 김영신, 김기옥, 이승신, 서정희, 손상희, 심영, 최은숙, 강이주, 김외숙, 윤정혜, 송인숙, 이은희, 여정성, 김경자(2001). 소비자학의 이해. 학현사.

이미정, 정지연, 구미영, 정수연, 김희주, 박종석(2018). 임신기 및 출산 후 미혼모 지원방안. 한국여성정책연구원.

이상붕(2019). 노인의 성생활실태와 다면적 요인분석. 노인복지연구, 74(1), pp.253~271.

이성희, 한희선(2011). 결혼과 가족. 파란마음.

이소미, 고영건(2009). 자아분화가 결혼적응에 미치는 효과: 갈등대처행동의 매개효과를 중심으로. 한국심리학회지: 일반, 28(3), pp.643~658.

이소영, 김은정, 박종서, 변수정, 오미애, 이상림, 이지혜(2018). 전국출산력 및 가족보건·복지실태조사. 한국보건사회연구원.

이승연(2018). 팍스, 가장 자유로운 결혼. 스리체어스.

이신애, 황원경, 정승환(2022). 2022년 한국 1인가구 보고서. KB금융지주 경영연구소.

이여봉(2006). 탈근대의 가족들: 다양성, 아픔, 그리고 희망. 양서원.

이영옥, 김필환, 박미라, 제남주(2019). 웰다잉(well-dying) 프로그램이 죽음불안, 좋은 죽음에 대한 인식, 죽음준비도에 미치는 효과: 노인과 대학생을 비교. 한국산학기술학회 논문지, 20(8), pp.514~522.

이영호(2015). 한부모가족의 시간빈곤 해결을 위한 전략과 과제. 한국가족자원경영학회 2015년 추계학술대회 자료집, pp.157~168.

이유리(2023). 성인지적 일·생활균형 조직문화 교육 콘텐츠 개발: 전남지역의 중소기업을 중심으로. 가족자원경영과 정책, 27(4), pp.49~62.

이유리, 이성훈, 박은정(2017). 에코세대의 연애 및 결혼, 출산 및 양육의 자신감에 대한 결정요인: 미혼 취업자 1982-1992년생을 중심으로. 한국가정과교육학회지, 29(4), pp.101~116.

이유리, 이성훈, 박은정(2020). 기혼남녀근로자의 일-생활 만족유형화 연구: 직장내 휴가 관련 가족친화제도를 중심으로. 한국가족자원경영학회지, 24(2), pp.1~21.

이유리, 홍정순(2016). 성인초기 개인의 자아분화 수준과 사회적 문제해결능력의 관계에서 사회적 지지의 조절 효과. 발달지원연구, 5(2), pp.151~165.

이정우, 김명자, 계선자(2001). 현대결혼과 가족문화. 숙명여자대학교 출판부.

이준석, 김현주(2016). 경제적 자립전망과 자아정체성 유예가 대학생의 직업가치에 미치는 영향. 미래청소년학회지, 13(1), pp.169~194.

이창식, 장하영, 유은경(2019). 직장인의 '졸혼' 찬반 관련 요인: 판별분석의 적용, 디지털융복합연구, 17(3), pp.439~448.

이혜경, 이은희(2011). 부모의 자아분화 수준과 자녀의 문제행동과의 관계에서 갈등대처행동과 부부갈등의 매개역할. 한국청소년연구, 22(3), pp.43~68.

이혜자, 김윤정(2004). 부부관계(사랑과 성)가 노년기 삶의 질에 미치는 영향. 한국노년학, 24(4), pp.197~214.

인구보건복지협회 온라인 채널(2022). 2022년 제1차 저출산인식조사 토론회/ 청년의 연애, 결혼 그리고 성인식 조사. (https://www.youtube.com/watch?v=VRQ3e7ZaqAM&t=1s)

임동호, 박경아(2018). 노인의 성에 대한 인식이 삶의 만족에 미치는 영향. 한국콘텐츠학회 논문지, 18(8), pp.187~196.

임춘희(2006). 재혼가족 청소년의 친부모관계와 새부모관계에 대한 연구: 재혼가족에 대한 고정관념과 재혼가족 신화와의 관계를 중심으로. 인간발달연구, 13(3), pp.79~102.

임춘희(2006). 재혼가정 청소년의 적응교육 프로그램 개발을 위한 기초 연구: 가족관계 인식과 교육요구도를 중심으로. 한국생활과학회지 15(5), pp.743~760.

입양특례법.

전국은행연합회. (https://www.kfb.or.kr/)

전영수(2020). 각자도생 사회. 블랙피쉬.

전지현(2015). 취업모의 종사상 지위별 생활시간 사용 양태 및 시간부족감. 서울대학교 석사학위논문.

정선기(2007). 입양에 대한 기독교 윤리학적 고찰. 장로신학대학교 석사학위논문.

정선이, 김현주(2017). 섹스리스 부부의 결혼유지 과정: 중년남성의 경험을 중심으로. 한국가족치료학회지, 25(1), pp.89~113.

정옥분(2008). 성인·노인심리학. 학지사.

정옥분, 정순화, 홍계옥(2009). 결혼과 가족의 이해. 시그마프레스.

정재현, 정연순, 송수종, 김태환, 김기헌, 전예원, 이혜나, 양찬주(2021). 청년고용정책 사각지대 발굴 및 정책 제언. 한국고용정보원.

정현숙, 유계숙, 임춘희, 전춘애, 천혜정(2000). 재혼가족에 대한 실태 및 재혼생활의 질에 대한 연구. 대한가정학회지, 146(4), pp.1~20.

정혜원(2020). 데이트폭력의 현실, 새롭게 읽기. KOSTAT 통계플러스 2020년 가을 호, pp.26~39.

정혜정(2003). 대학생의 가정폭력 경험이 데이팅 폭력 가해에 미치는 영향. 대한가정 학회지, 41, pp.73~91.

조성자, 한완수(2019). 청년 및 대학생의 Sexuality 인식 및 성역할 관련 태도와 데이 트폭력성 간의 관계: 젠더감수성 조절 효과. 사회복지경영연구, 6(2), pp.345~368.

조성호(2015). 부부의 가사 및 육아분담에 관한 국제비교연구. 여성경제연구 12(1), pp.163~187.

조성호, 김유경(2017). 청년층의 경제적 자립과 가족형성에 관한 한일 비교 연구. 한 국보건사회연구원

조은경, 정혜정(2002). 기혼남녀의 자아분화수준에 따른 대처행동 및 결혼적응에 관 한 연구. 한국가정관리학회지, 20(1), pp.1~16.

조흥식, 김인숙, 김혜란, 김혜련, 신은주(2018). 가족복지학, 학지사.

조희금, 김경신, 정민자, 송혜림, 이승미, 성미애, 이현아(2010). 건강가정론. 신정.

주간조선(2017.05.04.). 랜선이모, 랜선맘, 랜선집사…1인 가구가 부른 랜 가족 시대. (https://weekly.chosun.com/news/articleView.html?idxno=11497)

주소희(2007). 부모의 이혼과 자녀의 적응: 부모자녀관계와 자아효능감 매개효과를 중심으로. 한국가족복지학, 20(8), pp.107~136.

중앙일보(2020.01.03.). "남자 없이 잘 산다" 여성들의 '비혼 타운'. (https://m.post. naver.com/viewer/postView.nhn?volumeNo=27207912&memberNo=118 80830&vType=VERTICAL)

차승은, 한경혜(1999). 청년기 자녀의 경제적 자립도 및 분거 경험이 독립성에 미치는 영향. 한국가족관계학회지 4(2), pp.131~151.

찾기쉬운 생활법령정보. (https://www.easylaw.go.kr/)

최규련(2007). 가족관계론. 공동체.

최성애(2010). 최성애 박사의 행복수업 소중한 인생을 함께하기 위한 가트맨식 부부 감정코칭. 해냄출판사.

최연화(2012). 대학생의 자아분화, 성인애착, 관계중독과 친밀한 관계에 대한 두려움 간의 관계. 상담학연구, 13(2), pp689~704.

통계청(2018). 2018년 사회조사결과.

통계청(2019). 2018 한국의 사회지표.

통계청(2020). 2019년 생활시간조사 결과.

통계청(2021). 2019년 가계생산 위성계정(무급 가사노동가치 평가).

통계청(2021). 2020년 인구주택총조사 표본 집계 결과: 인구 · 가구 기본특성항목.

통계청(2022). 2022년 사회조사 결과.

통계청(2022). 국민 삶의 질 2021.

통계청(2022). 장래가구추계: 2020~2050.

통계청(2023). 2022년 인구주택총조사 결과: 등록센서스 방식.

통계청(2023). 2022년 생명표.

통계청(2023). 2022년 신혼부부통계 결과.

통계청(2023). 2022년 초중고 사교육비조사 결과.

통계청(2023). 2022년 혼인 · 이혼 통계.

통계청(2023). 2023년 3/4분기 가계동향조사 결과.

통계청(2023). 2023년 고령자통계.

통계청(2023). 2023 청소년통계.

통계청(2023). 국민 삶의 질 2022.

통계청(2024). 국민 삶의 질 2023.

통계청(2023). 사회조사로 살펴본 청년의 의식변화.

통계청(2023). 장래인구특별추계: 2022~2072년.

통계청(2023). 저출산과 우리 사회의 변화.

통계청(2024). 2023년 12월 및 연간고용동향.

통계청, 금융감독원, 한국은행(2021). 2021년 가계금융복지조사결과.

통계청, 금융감독원, 한국은행(2023). 2023년 가계금융복지조사결과.

표준국어대사전.

패밀리서울. (https://familyseoul.or.kr/wedding)

한겨레신문(2017.02.13.). 지금 미국인들은 '따로 또 같이' 살고 싶어 해요. (http://www.hani.co.kr/arti/society/society_general/782467.html)

한겨레신문(2023.05.29.). '데이트폭력' 대신 '교제폭력'이라 쓰겠습니다. (https://www.hani.co.kr/arti/society/women/1093724.html)

한경혜, 성미애, 진미정(2016). 가족발달. 한국방송통신대학교 출판부.

한국가정법률상담소(2023). 2022년도 상담 통계.

한국경영자총협회(2023). 근로시간 현황 및 추이 국제비교 분석 보고서. 포춘코리아 (FORTUNE KOREA). (https://www.fortunekorea.co.kr)

한국남성의전화. (http://www.manhotline.or.kr)

한국노인인력개발원(2017). 우리나라 연령주의 실태에 대한 조사연구-노동시장을 중심으로.

한국보건사회연구원(2018). 저출산·고령사회 대응 국민 인식 및 욕구 모니터링.

한국보건사회연구원(2018). 청년층의 주거특성과 결혼 간의 연관성 연구.

한국보건사회연구원(2020). 2020년도 노인실태조사. 보건복지부.

한국보건사회연구원(2022). 2022년 청년 삶 실태조사. 국무조정실·국무총리비서실.

한국보건사회연구원 (2023). 2023년 고립·은둔 청년 실태조사결과. 보건복지부.

한국여성정책연구원(2021). 2020년 가족실태조사 분석 연구. 여성가족부.

한국여성의전화. (http://www.hotline.or.kr/)

한국여성의전화(2018). F언니의 두 번째 상담실: 데이트 폭력대응을 위한 안내서.

한국여성의전화(2022). 2021년 한국여성의전화 상담통계 분석 -친밀한 관계 내 여성 폭력을 중심으로. (https://hotline.or.kr/board_statistics/73574)

한국여성의전화(2023). 2022년 한국여성의전화 상담통계 분석 -친밀한 관계 내 여성 폭력을 중심으로. (https://hotline.or.kr/board_statistics/76834)

한국여성인권진흥원 디지털성범죄 피해자지원센터 홈페이지(2020). (https://d4u.stop.or.kr/)

한국여성정책연구원(2021). 2021년 양성평등 실태조사 결과. 여성가족부.

한국여성정책연구원(2021). 2021년 한부모가족 실태조사. 여성가족부.

한국여성정책연구원(2021). 비혼동거 실태 분석 연구 - 2020년 가족실태조사 부가 연구 -. 여성가족부.

한국여성정책연구원(2022). 2022년 가족폭력실태조사 연구. 여성가족부.

한국청소년정책연구원(2021). 2020년 청소년종합실태조사. 여성가족부.

한영숙(2007). 부부의 자아분화 수준에 따른 부부갈등과 결혼만족도에 관한 연구. 한국생활과학회지, 16(2), pp.259~272.

허예지, 서미경(2014). 데이트 폭력 인식과 폭력경험에 관한 연구. 사회과학연구, 30(4), pp.79~103.

헤럴드경제(2019.02.17.). "잘 살아보세"하던 시대는 지났다?...죽음을 준비하다. (https://n.news.naver.com/article/016/0001499933)

홍숙자(2001). 노년학 개론. 하우.

홍주현(2019). 환장할 우리 가족. 문예출판사.

황두영(2020). 외롭지 않을 권리. 시사IN북.

황재필(2005). 국내입양가족의 입양방법에 따른 가족적응. 경성대학교 석사학위논문.

Arnett, J. J. (2000). Emerging adulthood: A theory of development from the late teens through the twenties. American Psychologist, 55(5), pp.469~480.

Arnett, J. J. (2004). Emerging adulthood: The winding road from the late teens through the twenties. New York, NY: Oxford University Press.

Arnett, J. J. (2007). Socialization in Emerging Adulthood: From the Family to the Wider World, from Socialization to Self-Socialization. In J. E. Grusec & P. D. Hastings (Eds.), Handbook of socialization: Theory and research (pp.208~231). The Guilford Press.

Bandura, A.(1973). Aggression: A social learning analysis. Englewood Cliffs, Prentice - Hall.

Bartholomew, K., & Horowitz, L. M.(1991). Attachment style among young adults: A test of four - category model. Journal of Personality and Social Psychology, 61, pp.226~244.

Baumrind, D.(1991). The influence of parenting style on adolescent competence and substance abuse. Journal of Early Adolescence, 11(1), pp.56~95.

Baumrind, D.(1995). Child maltreatment an optimal care - giving in social contexts. New York: Garland.

Bowen, M.(1976). Theory in the practice of psychotherapy. In Family therapy: Theory and practice, P.J. Guerin, ed. New York: Gardner Press.

Bowen, M.(1978). Family therapy in clinical practice. New York: Jonson Aronson.

Bowlby, J.(1974). Psychiatric implications in bereavement. In A. H. Kutcher(Ed.), Death and bereavement. Springfield, IL: Charles C.Thomas.

Bowlby, J.(1980). Attachment and loss: Vol. 3. Loss: Sadness and depression.

New York: Basic Books.

Broderick, C. B.(1992). Marriage and the family(4th ed). Englewood Cliffs, NJ: Prentice Hall.

Broderick, C. B.(1993). Understanding family process: Basics of family system theory. Newbury Park, CA:Sage.

Burgess, E. W., & Locke, H. J.(1960). The family from institution to companionship. New York: American Book Company.

e-나라지표. (https://www.index.go.kr/enara)

Ensler, E.(1998). The vagina monologues. New York: Villard, 류숙렬 역(2001). 버자이너 모놀로그. 북하우스.

Erikson, E. H.(1963). Childhood and society(2nd ed.), New York: Norton.

Evans, I. R.(1967). Dialogue with erik erikson. New York: Harper & Row.

Friedman, S. (2006). The plague of the Sexless Marriage: They're in love, so how come they're snoring most night?. Variety(Winter), pp.1~3.

Fromm, E.(1956). The Art of Loving. 황문수 역(2019). 사랑의 기술. 문예출판사.

Giddens, A.(1992). The transformation of Intimacy: Sexuality, love & eroticism in modern societies. Stanford University Press, California, USA.

Gilbert L., & Rachlin V.(1987), Mental health and psychological functioning of dual - career families. The Counseling Psychologist, 15, pp.7~49.

Gottman, J. M., 최성애, 조벽(2011). 내아이를 위한 감정코칭. 한국경제신문사.

Gottman, J. M., & Silver, N.(2000). The seven principles for making marriage work. Three Rivers Press, 임주현역(2002). 행복한 부부, 이혼하는 부부. 문학사.

Hazan, C., & Shaver, P.(1987). Romantic love conceptualized as an attachment process. Journal of Personality and Social Psychology, 52, pp.511~524.

hooks, b.(2000). All about Love. 이영기 역(2012). 올 어바웃 러브. 책읽는수요일.

HUFFPOST(2018.12.31.). 新しい家族のかたち「拡張家族」。拡き方の次は、家族拡を見直していこう。

KBS 1 다큐세상(2020.01.25.). 혼자 밥먹는 시대, 청춘을 말하다.

Ken Blanchard(2002). Whale Done! Free Press, 조천제 역(2003). 칭찬은 고래도

춤추게 한다. 21세기북스.

Kerr, J., & Bowen, M.(1988). Family evaluation. New York: W.W.Norton & Company.

Kitson, G. C.(1992). Protrait of divorce: Adjustment to marital breakdown. New York: Guklford Press.

Kitson, G. C., & Raschke, H.(1981). Divorce research: What we do, what we need to know. Journal of Divorce, 4, pp.1~38.

KOSIS 국가통계포털. 이혼사유별 이혼. (https://kosis.kr/statHtml/statHtml.do?orgId=101&tblId=DT_1B85004)

Kübler - Ross, E.(1969). On death and dying. New York: Macmillan.

Kübler - Ross, E., & Kessler, D.(2000). Life Lessons. Scribner, 류시화 역(2006). 인생수업. 이레.

Lee, J. A.(1973). Colors of love. Toronto: New Press.

Lewis, R. A.(1973). A longitudinal test of the developmental framework for premarital dyadic formation. Journal of Marriage and the Family, 35, pp.16~25.

Makepeace, J. M.(1981). Courtship violence among college students. Family Relations, 30, pp.97~102.

Marcia, J. E.(1980). Identity in adolescence. In J. Adelson (Ed.), Handbook of Adolescent Psychology. New York: Wiley.

Marcia, J. E.(1991). Identity and self-development. In R. M. Lermer, A. C. Petersen, & J. Brooks-Gunn (Eds.), Encyclopedia of adolescence (Vol. 1). New York: Garland.

Malani, P., Clark, S., Solway, E., Singer, D., & Kirch, M.(2018). National Poll on Healthy Aging. Healthcare policy & innovation Institute for Healthcare Policy and Innovation: University of Michigan. 1 - 4.

Mead, M.(1935). Sex temperament in three primitive societies. New York: Morrow.

Murstein, B. I.(1987). Feedback, A clarification and extension of the SVR theory of dyadic paring. Journal of Marriage and the Family, 49(4), pp.929~933.

O'Brien, K. M., & Zamostny, K. P.(2003). Understanding adoptive families: An integrative review of empirical research and future directions for counseling psychology. The Counseling Psychologist, 31(6), pp.679~710.

Olson, D., & Stephens, D.(2001). The couple's survival workbook, Oakland: New Harbinger Publications, 신희천 외 역(2009). 부부, 연인보다 아름답게 사는 법. 학지사.

Olson, D.(2011). FACES IV and the Circumplex Model: Validation study. Journal of Marital and Family Therapy, 37(1), pp64~80.

Olson, D. H.(2004). Marital and family strengths: An international perspective. KIFS. Korean International Family Strengths Conference.

Olson, D. H., & OLson, A. K.(2000). Empowering couples. Life Innovations, 21세기가족문화연구소 역(2003). 건강한 부부관계 만들기. 양서원.

Olson, D. H., & Olson, A. K.(2000). PREPARE/ENRICH Program: Version 2000. Journal of Family Ministry, 11(4), pp.28~53.

Olson, D. H., DeFrain, J., & Olson, A. K.(1998). Building relationships. Life Innovations, 21세기가족문화연구소 편역(2002). 행복한 결혼 건강한 가족. 양서원.

Olson, D. H., DeFrain, J., & Skogrand, L.(2014). Marriages & Families: Intimacy, diversity, and strengths (8th Edition). New York: McGraw‑Hill Education.

Orthner, D. K.(1975). Leisure activity patterns and marital satisfaction over the marital career. Journal of Marriage and the Family, 37(1), pp.91~102.

Putman, R. D., 정승현 역(2013). Bowingalone. 페이퍼로드.

Reiss, I, L.(1960). Toward a sociology of the heterosexual love relationship. Marriage and Family Living, 22(2), pp.139~145.

Robertson, B. J.(1999). Leisure and family: Perspectives of male adolescents engage in delinquent activity as leisure. Journal of Leisure Research, 31(4), pp.335~358.

Ross, D. P.(1996). Fatherhood. Harvard University Press, 김성봉 역(2012). 아버지만이 줄 수 있는 것이 따로 있다: 아버지가 주는 고유한 영향력 아버지 효과. 샘터.

Sabina, C., & Straus, M. A.(2008). Polyvictimization by dating partners and mental health among U.S. College Students. Violence and Victims, 23, pp.667~682.

Shaver, P. R., & Hazan, C.(1993). Adult attachment: Theory and research. In W. Jones & D. Perlman(Eds.), Advances in personal relationships(Vol. 4). London: Jessica Kingsley.

Sternberg, R. J.(1986). A triangular theory of love. Psychological Review, 93, pp.119~135.

tvN 판타스틱 패밀리 제작팀(2017). 당신은 누구와 살고 있습니까?. 중앙북스.

Udry, J.(1971). The social context of marriage. Lippincott Company.

Weiten, W., & Lloyd, M. A.(2003). Psychology applied to modern life: Adjustment in the 21st century, 김정희, 강혜자, 이상빈, 박세영, 권혁철 역(2006). 생활과 심리학. 시그마프레스.

Williams, B., Sawyer, S., & Wahlstrom, C.(2006). Marriages, Families, and intimate relationships: A practical introduction, 1/E.

World Health Organization. (https://www.who.int/)

Zariskie, R. B., & McCormick, B. P.(2001). The influences of family leisure patterns on perceptions of family functioning. Family Relations, 50(3), pp.281~289.

결혼과 가족: 슬기로울 결혼생활

초판발행	2024년 3월 1일
지은이	이유리
펴낸이	안종만·안상준
편 집	조영은
기획/마케팅	최동인
표지디자인	BEN STORY
제 작	고철민·조영환
펴낸곳	㈜ **박영사**
	서울특별시 금천구 가산디지털2로 53, 210호(가산동, 한라시그마밸리)
	등록 1959.3.11. 제300-1959-1호(倫)
전 화	02)733-6771
f a x	02)736-4818
e-mail	pys@pybook.co.kr
homepage	www.pybook.co.kr
ISBN	979-11-303-1979-7 93330

copyright©이유리, 2024, Printed in Korea

정 가   13,900원